KB091647

PRINCIPLES OF WEB API DESIGN

웹 API 설계 원칙

PRINCIPLES OF WEB API DESIGN

웹 API 설계 원칙

마이크로서비스 아키텍처로의 효과적인 전환

i!i
에이콘

에이콘출판의 기틀을 마련하신 故 정완재 선생님 (1935-2004)

아내에게,
당신의 지원과 격려가 모든 것을 가능하게 합니다.

할아버지 J.W.에게,
8살 때 나에게 코모도어 64$^{\text{Commodore 64}}$를 선물해줬습니다.
"컴퓨터는 언젠가는 매우 중요해질 것이고,
내 손자는 컴퓨터를 사용할 줄 알아야 한다."고 믿었기 때문입니다.

그리고 작가로서 그의 발자취를 따르도록 영감을 줬습니다.

아버지께,
J.W.의 작업을 계속한 사람, 난 당신이 그리워요.

내 아들에게,
마인크래프트^{Minecraft}에서 끝없는 코딩으로 우리 집 전통을 이어가고 있습니다.

그리고 나에게 매일 더 나은 글을 쓸 수 있도록 영감을 주는 내 딸에게...

"지난 몇 년 동안 제임스와 함께 일하며 배울 수 있던 것은 내게 행운이었다. 제임스의 실용적인 애플리케이션을 위한 관점과 경험의 깊이에서 오는 다양한 지식은 동료 사이에서도 특별했다. 이제 여러분이 이 책을 통해 더 나은 API를 만드는 방법에 대한 제임스의 강력하고 실용적인 비전을 활용할 기회를 갖게 된 것이 기쁘다. 『웹 API 설계 원칙』은 사용 가능한 기술의 범위를 조사하고 규범적이고 적용하기 쉬운 접근 방식을 제시한다. 이 책의 지침을 적용하는 팀은 고객과 더 잘 소통하고 더 짧은 시간에 더 많은 비즈니스 가치를 제공하며 더 적은 유지 보수가 필요한 API를 만들 것이다. 이 책을 매우 강력하게 추천한다."

— 매튜 레인볼드^{Matthew Reinbold} / 포스트맨^{Postman}의 API 에코시스템 이사

"제임스는 업계 최고의 API 설계 전문가 중 한 명이며, 이 종합 가이드는 그 사실을 여실히 증명한다. API 설계를 비즈니스 결과 및 디지털 기능의 맥락에서 적용한 이 가이드는 디지털 트랜스포메이션을 겪고 있는 모든 조직에 중요한 지침이 된다."

— 매트 맥라티^{Matt McLarty} / 세일즈포스 사 뮬소프트^{MuleSoft}의 API 전략 글로벌 리더

6

"현대 소프트웨어 개발에서 API는 결국 우리가 직면한 많은 문제의 원인이자 해결책이 된다. 개념에서 캐싱에 이르기까지 API를 분해, 분석, 설계하는 제임스의 프로세스는 팀이 생성하는 것보다 더 많은 문제를 해결할 수 있도록 반복 가능한 접근 방식을 제공한다."

— **D. 키이스 케이시 주니어**[D. Keith Casey, Jr.]/ API Problem Solver, CaseySoftware, LLC

"제임스의 명확하고 따르기 쉬운 가이드에 따라 나는 프로세스를 실제 사용 사례에 적용할 수 있었다. 이를 통해 프로젝트를 수행하는 데 도움이 되는 실용적인 지침, 기술 및 명확한 예를 알게 됐다. API에 연결돼 있고 API로 작업하는 모든 사람에게 권장하는 책이다."

— **조이스 스택**[Joyce Stack]/ 아키텍트, Elsevier

"이 책은 원칙 그 이상을 보여준다. 독자들은 API를 설계하는 방법인 프로세스를 배우게 될 것이다."

— **아노드 로렛**[Arnaud Lauret]/ API Handyman

"이 통찰력 있는 플레이북은 생산적인 협업, 가치 있는 기능 식별 및 모범 사례 작성을 촉진하는 구조화된 프로세스를 통해 API 팀을 안내한다. 제임스는 API 제품을 정의하고 개선하기 위한 실용적인 로드맵으로 수년간의 경험을 정제하고 API 보안, 이벤트, 복원력 및 마이크로서비스 적용에 대한 입문서를 제공한다. API 분야를 처음 접하거나 새로운 팀을 온보딩하고 구조화된 API 정의 프로세스를 도입할 책임이 있는 설계자가 반드시 읽어야 할 책이다."

— **크리스 하다드**[Chris Haddad]/ 수석 아키텍트[Chief Architect], Karux LLC

『The Addison-Wesley Signature Series(Vaughn Vernon)』는 아래에서 더 자세히 설명하는 유기적 성장과 세련미를 강조한다. 그 전에 처음으로 저자와 내가 어떻게 관심을 갖게 됐는지 조금 얘기하겠다.

사막에서 여름을 보낸 적이 있다면 더위가 매우 불편하다는 것을 알고 있을 것이다. 미국 애리조나의 소노란 사막의 여름 온도는 거의 섭씨 49°C까지 올라간다. 섭씨 47.8°C가 되면 피닉스 스카이 하버 공항은 운영을 중단한다. 그러니 더위에서 벗어나고 싶다면 사막에 갇히기 전에 빠져나와야 한다. 2019년 7월 초에 제임스와 내가 이전에 살았던 콜로라도 볼더로 탈출했을 때의 일이다. 이 책의 저자인 제임스가 콜로라도의 콜로라도 스프링스로 이사했다는 사실을 알고 그 근처 콜로라도 시티에서 며칠 동안 제임스를 만날 수 있는 기회를 얻었다. 『The Addison-Wesley Signature Series(Vaughn Vernon)』를 소개한 후 협업에 대해 자세히 설명했다.

『The Addison-Wesley Signature Series(Vaughn Vernon)』는 소프트웨어 개발 성숙도의 발전과 비즈니스 중심 사례를 통한 더 큰 성공으로 독자를 안내하게 설계하고 선별됐다. 이 시리즈는 다양한 접근 방식(반응형, 객체형, 기능적 아키텍처 및 프로그래밍, 도메인 모델링, 적절한 규모의 서비스, 패턴 및 API) 관련 기반 기술을 유기적으로 조합해 나열된 기술을 다룬다.

여기에서는 지금 유기적 개선organic refinement이라는 두 단어에 집중하고 있다.

최근 친구와 동료가 소프트웨어 아키텍처를 설명하는 데 사용했을 때 첫 번째 단어인 유기적organic이 눈에 띄었다. 나는 소프트웨어 개발과 관련해 유기적이라는 단어를 듣고 사용했지만 개인적으로 함께 사용되는 '유기적 아키텍처'를 사용했을 때만큼 신중하게 그 단어에 대해 생각하지 않았다.

유기적이라는 단어와 유기체^{organism}라는 단어에 대해서도 생각해보자. 대부분의 경우 이것들은 생물을 언급할 때 사용되지만 생명체와 유사한 몇 가지 특성을 가진 무생물을 설명할 때도 사용된다. 유기농은 그리스어에서 유래한다. 그것의 어원은 신체 기관과 관련이 있다. 기관의 어원을 읽어보면 더 넓은 의미로 쓰이고 실제로 유기적인 의미(신체 기관, 구현, 만들거나 하는 도구를 설명, 악기)가 뒤따랐다.

우리는 아주 큰 것부터 미세한 단세포 생명체에 이르기까지 수많은 유기적 객체^{organic objects}을 쉽게 생각할 수 있다. 그러나 두 번째 단어인 유기체는 예제가 쉽게 떠오르지 않을 수 있다. 한 가지 예는 '유기적'과 '유기체'의 접두사를 포함하는 조직^{organization}이다. 이 유기체의 사용에서 나는 양방향 의존성으로 구조화된 무언가를 설명하고 있다. 조직은 조직된 부분을 갖고 있기 때문에 유기체다. 이런 유기체는 부분 없이는 살 수 없고 부분은 유기체 없이 살 수 없다.

그런 관점에서 우리는 이 생각을 생물체의 특성을 나타내는 무생물체에 계속 적용할 수 있다. 원자를 생각해보자. 모든 단일 원자는 그 자체로 시스템이며 모든 생물은 원자로 구성돼 있다. 그러나 원자는 무기물이며 번식하지 않는다. 그럼에도 끝없이 움직이고 작동한다는 점에서 원자를 생명체로 생각하는 것은 어렵지 않다. 원자는 다른 원자와도 결합한다. 이것이 발생하면 각 원자는 그 자체로 단일 시스템일 뿐만 아니라 하위 시스템으로서 다른 원자와 함께 하위 시스템이 되며 결합된 동작으로 더 큰 전체 시스템을 생성한다.

따라서 소프트웨어에 관한 모든 종류의 개념은 무생물이 여전히 살아있는 유기체의 측면에 의해 '특성화^{characterized}'된다는 점에서 매우 유기적이다. 구체적인 시나리오를 사용해 소프트웨어 모델 개념을 논의하거나 아키텍처 다이어그램을 그리거나 단위 테스트 및 해당 도메인 모델 단위를 작성할 때 소프트웨어가 살아나기 시작한다. 한 시나리오가 다른 시나리오로 이어지는 경우 아키텍처와 도메인 모델에 영향을 미치는 개선 방법을 계속 논의하기 때문에 정적이지 않다. 계속 반복하면서 개선된 가치의 증가는 유기체의 점진적인 성장으로 이어진다. 시간이 지남에 따라 소프트웨어도 발전한다. 우리는 유용한 추상화를 통해 복잡성과 씨름하고 해결하며, 소프트웨어는 성장하고 모양을 변경한다. 이 모든 것은 전 지구적 규모에서 실제 살아있는 유기체에 대한 작업을 개선하려는 명백한 목적이다.

슬프게도 소프트웨어 유기물은 잘 자라는 것보다 잘 자라지 못하는 경우가 더 많다. 건강하게 생활을 시작한다 해도 질병에 걸리고, 기형이 되고, 부자연스러운 부속기관이 자라며 위축되고 악화되는 경향이 있다. 더 나쁜 것은 이러한 증상이 상황을 개선하는 대신 잘못된 소프트웨어를 개선하려는 노력으로 인해 발생한다는 것이다. 최악의 부분은 모든 시도가 실패할 때마다 이 복잡하게 병든 몸에 문제가 있는 모든 것이 죽음을 초래하지 않는다는 것이다(오, 그들이 그냥 죽을 수 있다면). 대신 우리는 그들을 죽여야 하고 그들을 죽이려면 드래곤 슬레이어의 신경, 기술 및 강인함이 필요하다. 아니, 한 명이 아니라 수십 명의 강력한 드래곤 슬레이어. 실제로 정말 큰 두뇌를 가진 수십 명의 드래곤 슬레이어를 만들어야 한다.

자, 이제 『The Addison-Wesley Signature Series(Vaughn Vernon)』가 등장할 시간이다. 나는 반응형, 객체형, 기능형 아키텍처 및 프로그래밍과 같은 다양한 접근 방식(도메인 모델링, 적절한 규모의 서비스, 패턴 및 API)으로, 성숙하고 더 큰 성공에 도달할 수 있게 설계된 시리즈를 큐레이팅하고 있다. 그와 함께 이 시리즈는 관련 기반 기술을 가장 잘 다룬다. 물론 한 번에 이뤄지지 않는다. 목적과 기술을 갖춘 유기적 세련미가 필요하다. 나와 다른 작가들이 도와주겠다. 우린 목표 달성을 위해 최선을 다했다.

제임스와 내가 2019년 7월에 며칠 동안 모였을 때 우리는 관련 주제와 함께 API 및 도메인 기반 설계에 대한 많은 내용을 다뤘다. 나는 우리의 대화가 본질적으로 유기적이라고 생각한다. 우린 다양한 주제를 반복하며 관심 수준에 따라 의식의 흐름이 이끄는 대로 지식 교환을 개선해 나갔다. 이 과정을 통해 다른 사람들이 기술을 확장하고 더 큰 성공을 향해 성장할 수 있도록 소프트웨어 구축 접근 방식을 확장하려는 우리 자신의 열망과 결의가 커져갔다. 우리의 책을 읽는 사람들과 우리의 컨설팅 및 교육 고객은 가장 많은 효과를 얻은 사람들이다.

최소한 API의 모든 것에 대한 제임스의 백과사전적인 지식에 깊은 인상을 받았었다. 함께하는 동안 나는 제임스에게 책을 쓰는 것에 대해 물었다. 그는 한 권의 책을 스스로 출판했지만 그 당시에는 다른 책을 집필할 생각이 없었다고 말했다. 내가 『The Addison-Wesley Signature Series(Vaughn Vernon)』를 제안받기 약 9개월 전이었다. 시리즈 기획이 진행 중일 때 나는 즉시 제임스에게 시리즈의 제작에 대해 이야기했다. 나는 그가 수락하고 ADDR^{Align-Define-Design-Refine}과 같은 유기적 소프트웨어 설계 및 개발 기술을 제안한 것이 매우 기뻤다. 그의 책을 읽으면 내가 왜 제임스를 내 시리즈에 포함하게 됐는지 이해할 수 있을 것이다.

— 반 버논^{Vaughn Vernon}

| 추천의 글 |

API 및 API 관리에 관한 IDC의 최근 보고서에 따르면 설문조사 대상 중 75%가 API의 설계 및 구현을 통한 디지털 트랜스포메이션에 중점을 뒀으며 절반 이상이 트래픽 및 응답 시간이 급격히 증가할 것으로 예상했다. 그리고 대부분의 조직은 내부 및 외부 API에 대한 기대치를 충족하는 데 어려움을 겪고 있음을 인정했다. 이 모든 것의 중심에는 기존 조직을 이끌고 변화시키는 데 도움이 되는 일관되고 안정적이며 확장 가능한 API 설계 프로그램이 필요하다. 제임스는 이 책에서 "오늘날 API 프로그램의 가장 큰 과제는 지속적이고 확장 가능한 방식으로 개발자가 이해하고 통합할 수 있는 API를 계속 성공적으로 설계하는 것이다."라고 말한다.

그렇기 때문에 이 책이 내 책상 위에 놓이게 돼 너무 기뻤다. 나는 수년 동안 제임스와 함께 일하는 즐거움을 누렸고 그의 작업과 명성을 알고 있었으며, 그가 웹 API 설계를 다루는 책을 쓰고 있다는 소식을 듣고 매우 기뻤다. 이제 이 책을 다 읽고 나서 독자인 당신에게도 이 책을 추천할 수 있어 기쁘다.

웹 API 분야와 이를 설계하는 작업은 지난 몇 년 동안 빠르게 발전했고 최신 개발을 따라가는 것이 주요 과제다. API 역할에 대한 비즈니스 기대치 변화와 같은 문제 API 설계 작업을 수집, 기록, 문서화하기 위한 성숙한 프로세스, 진화하는 기술 변화와 API 코딩, 릴리스, 테스트 및 모니터링의 모든 작업은 소수의 사람들이 성공적으로 처리할 수 있을 만큼 충분히 큰 API 환경이 만들어졌다. ADDR^{Align-Define-Design-Refine} 프로세스를 통해 제임스는 독자가 웹 API의 기존 공간을 탐색하고 미래의 불가피한 변화에 대비하는 데 도움이 되는 훌륭한 권장 사항, 예제 및 경험 기반 조언을 제공한다.

항상 눈에 띄는 제임스의 작업 중 하나는 조직 내 API 및 API 프로그램의 기술적 측면뿐만 아니라 사회적 및 비즈니스 측면에 도달하는 능력이다. 제임스는 은행, 보험, 글로벌 배송, 심지어 컴퓨터 하드웨어 제공업체의 비즈니스 부문에 걸쳐 많은 글로벌 고객 목록을 보유하고 있으며, 이 책의 내용은 제임스의 깊이 있는 경험을 반영한다. 이 책에 자세히 설명된 기술과 프로세스는 모든 종류의 기업 환경에서 시도되고 테스트됐으며, 효과가 있는 것을 이 한 권에 추출하는 제임스의 능력은 인상적이다. REST, GraphQL, 이벤트 기반 플랫폼과 같은 다양한 기술에 대한 일반 설계, 비즈니스와 기술 연결 또는 구현 세부 정보에 대한 조언을 찾고 있다면 이 책에서 중요하고 실행 가능한 조언을 찾을 수 있다.

특히 계속 성장하는 엔터프라이즈 API 프로그램 내에서 API 설계 및 구현 노력을 개선하는 방법에 대한 자료가 시기적절하고 가치 있음을 발견했다. 조직 내에서 웹 기반 API의 역할을 시작, 관리, 확장하는 일을 맡은 사람에게 웹 API 설계 원칙은 책장에 추가돼야 할 책이다.

앞서 언급한 IDC 보고서에서 알 수 있듯이 전 세계의 많은 기업은 중요한 디지털 트랜스포메이션 과제에 직면해 있으며, API는 조직이 고객의 요구 사항을 충족하고 자체 수익을 지속적으로 개선하는 데 중요한 역할을 한다. API 설계, 구축, 배포 또는 유지 관리 중 어디에 중점을 둬도 이 책에는 유용한 통찰력과 조언이 포함돼 있다.

나는 이 책이 API 프로그램을 계속 발전시키고 성장시키기 위해 모든 종류의 회사와 함께 일할 때 내 도구의 중요한 부분이 될 것이라는 것을 알고 있으며, 여러분도 이 책이 유용하다는 것을 알게 되기를 바란다. 이 책을 읽으면서 모든 기회와 도전이 생각났다. 제임스의 다른 말을 빌리자면 "이것은 시작일 뿐이다."

— 마이크 아문센^{Mike Amundsen}, API 전략가^{Strategist}

| 옮긴이 소개 |

정영민(kda21034@gmail.com)

2010년 삼성전자에서 커리어를 시작해 삼성전자의 삼성페이^{Samsung Pay}, 빅스비^{Bixby} 등 글로벌 스케일 서비스를 클라우드^{Cloud} 환경 위에서 설계하고 운영하며, 대규모 서비스의 모니터링 전략, 운영 절차들을 수립했다. 현재는 앞선 경험을 기반으로 AWS에서 엔터프라이즈 고객이 높은 수준의 아키텍처 설계를 선택하고 AWS 서비스를 통해 사용 사례를 구축할 수 있게 지원하는 업무를 담당하고 있다.

이혁(viros1984@gmail.com)

2011년 모바일의 물결과 함께 안드로이드 앱 개발자로 사회생활을 시작했다. 내가 만든 것을 UI를 통해 즉시 볼 수 있고, 다양한 사람들이 사용할 수 있다는 것이 굉장히 큰 매력이었다. 이후 삼성전자의 다양한 글로벌 스케일 서비스에서 DBA로의 삶을 살며 지구상의 다양한 디바이스가 24시간 인터넷을 통해 만들어내는 트래픽을 경험할 수 있었다. 현재는 클라우드의 물결과 함께 AWS에서 솔루션즈 아키텍트^{SA, Solutions Architects} 역할을 통해 고객의 비즈니스를 돕고 있다.

김은호(eunho13k@gmail.com)

삼성전자 미디어 솔루션 센터에서 프로페셔널 커리어를 시작해 무선 사업부를 거치면서 계속해서 B2C 서비스의 개발 팀에서 경험을 쌓았다. 클라우드 컴퓨팅 기술을 적극적으로 활용해 지속적으로 변화하는 사용자들의 요구와 개발 팀이 구현해내는 아이디어를 안정적으로 빠르게 연결하는 목표를 달성하고자 일했다. 데브옵스^{DevOps}와 SRE 등 여러 사례를 소속된 팀에 적용해 성과를 만들고자 노력했다. 이후 AWS의 솔루션즈 아키텍트로 자리를 옮겨 대규모 분산 시스템을 설계하고 운영했던 경험을 바탕으로 여러 도메인의 고객과 함께 주어진 비즈니스 문제 해결을 위해 일했고, 현재는 스타트업 회사인 인텔렉투스의 데이터플랫폼 솔루션 팀에서 다음 성과를 위한 도전을 이어나가고 있다.

IT 업계에 적을 두고 있는 사람으로서 최근만큼 다채로운 주제가 다양한 방식으로 변화를 가져오는 경우가 이제껏 있었나 하는 생각이 든다. 모놀리식^{Monolithic}에서 마이크로서비스 아키텍처^{MicroService Architecture}로의 전환은 업계 사람들 사이에서 가장 많이 논의되는 주제 중 하나다. 이미 소개된 많은 책이 이를 대변하고 있다.

바꿔 말하면 이미 많은 책과 글에서 마이크로서비스 아키텍처로 구성된 결과물을 두고 어떤 것이 마이크로서비스 아키텍처이고 왜 하는지를 설명하고 있다. 이 책은 마이크로서비스 아키텍처만을 소개하고자 작성된 책은 아니다. 오히려 설계 관점에서 비즈니스 문제를 어떻게 인식하고 어떠한 절차를 거쳐 API를 설계하는 것이 효과적이고 효율적인지 얘기한다. 그 과정에서 데이터 기반 설계^{Data Driven Design} 패턴의 개념이 사용되기도 하고 API 설계의 한 결과로 마이크로서비스의 사례를 소개하기도 한다.

AWS CEO였던 앤디 제시^{Andy Jassy}는 언젠가 AWS의 공식 행사에서 연사로 나와 "경험을 압축하는 알고리듬은 없다."고 말했다. 개인적으로 좋아하는 말이다. 누군가의 경험을 압축해서 내 것으로 만드는 방법은 없다. 하지만 누군가의 경험을 토대로 앞으로 나아갈 방향을 결정하는 데 참고하고 더 밀도 있는 자신만의 경험을 쌓을 수 있다. 현재 애플리케이션의 현대화를 고민 중이라면 이 책은 좋은 지침서가 될 것이다.

– 정영민

현대의 서비스에서 API가 얼마나 중요한지는 모두 알고 있다. 이 책은 API 설계를 위한 기술적 구현 방법보다는 프로덕트(비즈니스)에 집중하며 API라는 도구를 통해 어떻게 다양한 관계에 있는 이해관계자들과 목표를 일치시키고 커뮤니케이션할 수 있는지에 대해 초점을 맞추고 있다. 그리고 그 방법을 ADDR 프로세스를 통해 구체적으로 제안하고, 독자가 정확히 이해하고 도입할 수 있도록 자세히 설명하고 있다.

우리는 IT를 이용해 많은 일을 하고 있지만 여전히 사람과 함께 살고 있는 것처럼 이 책은 기술에만 초점을 맞춘 책과는 다른 인사이트를 제공한다. 꼭 개발자가 아니더라도 프로덕트 오너 그리고 기획/운영 팀 등 API를 통해 비즈니스를 하는 조직 내의 누구라도 읽어볼 수 있는 책으로, 조직의 API 설계 지침 기반을 만드는 작업에 유용한 도구가 될 것이다.

– 이혁

API는 비즈니스를 운영하는 조직에게 중요한 자산이다. 디지털 전환의 흐름 속에서 IT 업계뿐 아니라 거의 모든 업계에서 API로 구현된 고유의 비즈니스 기능을 자산 관점에서 중요하게 여긴다. 잘 설계된 API는 직면한 비즈니스 문제를 효과적으로 해결하며, 지속적으로 변화하는 비즈니스 환경에서도 적시에 새로운 문제 해결을 위한 기반이 된다. 이 책은 이러한 실질적인 본질을 책 전반에 거쳐 현실적인 사례를 기반으로 전달하고 있다. 중요성을 잘 알면서도 어떻게 적용하는지 막막한 경우가 많다. 비즈니스 영역에 대한 이해와 기술적인 설계 및 고도화를 책 한 권으로 전부 습득할 수는 없을 것이다. 잘 정리된 이론과 저자의 경험, 실질적인 사례를 통해 이 문제 해결 방법을 체득한다면 이제 각자의 고유한 상황과 문제를 대입해서 새로운 성과를 만들 수 있을 것이다.

– 김은호

| 지은이 소개 |

제임스 히긴보텀^{James Higginbotham}

25년 이상의 앱 및 API 개발 및 배포 경험을 가진 소프트웨어 개발자이자 설계자다. 기업의 디지털 혁신 여정을 안내하고 제품 기반 사고를 통해 비즈니스와 기술 간의 조정을 보장해 우수한 고객 경험을 제공한다. 팀 및 조직과 협력해 비즈니스, 제품 및 기술 전략을 좀 더 구성 가능한 모듈식 엔터프라이즈 플랫폼으로 조정하는 데 도움을 준다. 또한 기능 간 팀이 ADDR 프로세스를 사용해 API 설계 우선 접근 방식을 적용하는 데 도움이 되는 워크숍을 제공한다. 업계 경험으로는 은행, 상업 보험, 서비스, 여행 그리고 말 그대로 항공사를 착공하게 도운 항공 산업이 포함된다. https://launchany.com 및 트위터^(현X) @launchany에서 최근 노력을 자세히 알아볼 수 있다.

| 감사의 말 |

먼저 지난 몇 년 동안 많은 면에서 저를 지지해준 아내와 아이들에게 감사하다는 말을 전하고 싶다. 가족의 기도와 격려가 나에게 큰 힘이 됐다.

자바가 출시되기 전인 1996년에 최초의 자바 책을 작성해야 한다고 제안한 제프 슈나이더Jeff Schneider에게 특별히 감사드린다. 당신의 통찰력과 끝없는 멘토링은 나를 놀라운 커리어로 안내했고 당신과의 우정이 그 길을 소개했다.

책을 공동 저술하고 전 세계 사람들에게 API 워크숍을 제공하도록 저를 초대해준 D. 키스 케이시 주니어에게 감사한다. 이 책은 여러분의 우정, 격려, 통찰력이 없었다면 출간되지 못했을 것이다.

몇 년 전에 우리가 어떻게 협력할 수 있는지 묻는 메시지를 보낸 반 버논 덕분에 결국 이 책이 완성됐다. 여행에 초대해줘 감사하다.

내 꿈을 실현하고자 모든 위험을 무릅쓰도록 격려한 마이크 윌리엄스Mike Williams는 항상 영감을 주는 좋은 친구다.

이 책의 많은 평론가에게 특별한 감사를 드린다. 종종 시간이 촉박한 상황에서 각 장을 검토해준 마이크 아문센, 브라이언 콘웨이Brian Conway, 아담 두반데르Adam DuVander, 마이클 하이베이Michael Hibay, 아노드 로렛, 엠마누엘 파라스카키스Emmanuel Paraskakis, 매튜 레인볼드, 조이스 스택, 반 버논, 올라프 짐머만Olaf Zimmermann의 헌신에 감사드린다.

모든 API 에반젤리스트와 인플루언서 여러분의 개인적이고 전문적인 토론에 감사드린다. 토니 블랭크Tony Blank, 마크 보이드Mark Boyd, 로린다 브랜든Lorinda Brandon, 크리스 버스Chris Busse, 빌 도어펠트Bill Doerfeld, 마쉬 가디너Marsh Gardiner, 데이브 골드버

그^{Dave Goldberg}, 제이슨 하몬^{Jason Harmon}, 커스틴 헌터^{Kirsten Hunter}, 킨 레인^{Kin Lane}, 매트 맥라티^{Matt McLarty}, 메디 메자위^{Mehdi Medjaoui}, 프랜 멘데즈^{Fran Mendez}, 로니 미트라^{Ronnie Mitra}, 대럴 밀러^{Darrel Miller}, 존 무서^{John Musser}, 맨디 웨일리^{Mandy Whaley}, 제레미 휘틀록^{Jeremy Whitlock}, 롭 자주에타^{Rob Zazueta} 그리고 Slack 채널에 있는 사람들의 지원에 감사드린다.

그 과정에서 저를 지지해준 피어슨^{Pearson} 출판사의 모든 분께 감사드린다. 저자가 되는 과정을 최대한 쉽게 할 수 있게 해준 헤이즈 험버트^{Haze Humbert}께 감사드린다. 그리고 전체 제작 팀에 감사드린다. 여러분의 노고에 감사드린다.

마지막으로 내가 운전할 수 있는 나이가 되기 전에 컴퓨터 프로그래밍 책을 조사하는 동안 도서관에서 끝없는 시간을 보내주신 어머니께 감사드린다.

| 차례 |

1부 – 웹 API 설계 소개

01장   API 설계 원칙   41

3부 – API 후보 정의

4부 – API 설계

07장 REST API 설계   157

5부 – API 설계 개선

10장 API에서 마이크로서비스까지

14장 변화를 위한 설계   347

| 들어가며 |

이 책을 쓰기 위한 여정의 시작을 정확히 말하기는 어렵다. 아마도 약 10년 전에 시작됐을 것이다. 수천 시간의 훈련, 수만 마일의 여행, 셀 수 없을 만큼 많은 단어와 코드 라인이 쓰인 결과다. API 여정을 막 시작했거나 이미 모험을 시작한 전 세계 조직의 통찰력으로 구성돼 있다. 이 책에는 내가 만나서 반가웠던 전 세계 API 실무자들의 통찰력이 포함돼 있다.

아니면 내가 소프트웨어 업계에 처음 입문한 거의 25년 전에 여정이 시작됐을 수도 있다. 많은 조언자가 책과 기사를 통해 통찰력을 제공했다. 멘토들은 소프트웨어에 대한 나의 사고방식을 형성하는 데 도움을 줬고, 내가 선호하는 소프트웨어 아키텍처 실현의 토대를 마련해줬다.

이 여행은 거의 40년 전에 할아버지가 나에게 코모도어 64 컴퓨터를 선물했을 때부터 아마 시작됐을 것이다. 할아버지는 토목 기사이자 비용 엔지니어였으며 낮에는 가족을 부양하고자 일하면서 야간 학교에 다녔다. 할아버지는 지식에 목말랐고 모든 것을 읽고 흡수했다. 할아버지는 컴퓨터가 작동하는 것을 보고 "나는 여전히 텔레비전이 어떻게 작동하는지 놀랍다!"라고 말하며 우릴 즐겁게 해줬다. 그러나 할아버지는 "컴퓨터는 언젠가는 중요해질 것이고 내 손자는 컴퓨터를 사용할 줄 알아야 한다."며 마법의 컴퓨터를 나에게 선물했다. 이 단한 번의 이벤트로부터 소프트웨어 개발에 대한 내 평생의 사랑이 시작됐다.

실제로 이 여정은 70여 년 전 현재 컴퓨팅 시대의 개척자들이 오늘날 우리가 소프트웨어를 구성하는 데 사용하는 많은 기본 원칙을 확립했을 때 시작됐다. 기술 선택이 바뀌고 트렌드가 바뀌지만 이 모든 것은 소프트웨어 업계와 그 너머에 있는 많은 사람의 작업을 기반으로 한다. 수많은 사람이 오늘날 우리가

하는 일의 길을 개척하는 데 도움을 줬다.

내가 말하고 싶은 것은 API가 역사 속에 있었던 모든 노력 없이는 오늘날의 API가 될 수 없다는 것이다. 따라서 우리는 오늘날 우리가 하는 일의 이면에 있는 '어떻게'와 '왜'를 더 잘 이해하고자 우리 산업의 역사를 이해하는 노력이 필요하다. 그런 다음 우리는 이 교훈을 미래의 모든 일에 적용하려고 노력해야 한다. 그 과정에서 우리는 다른 사람들도 그렇게 하도록 영감을 줄 수 있는 방법을 찾아야 한다. 이것이 할아버지와 아버지가 내게 가르친 것이므로 이 교훈을 여러분에게 전하려고 한다. 이 책은 내가 지금까지 여정에서 배운 것들을 반영하고 있다. 다음 세대를 준비하는 동안 여기에 제시된 내용을 바탕으로 새로운 통찰력을 얻길 바란다.

▌이 책의 대상 독자

인간을 즐겁게 할 단일 API 또는 일련의 API를 설계하려는 모든 사람을 대상으로 한다. 제품 소유자와 제품 관리자는 팀이 API를 설계하는 데 필요한 요소를 더 깊이 이해할 수 있다. 소프트웨어 아키텍트와 개발자는 소프트웨어 아키텍처의 원리를 적용해 API를 설계하는 방법을 배우면 도움이 된다. 테크니컬 라이터는 API 문서의 명확성에 기여할 뿐만 아니라 API 설계 프로세스 전반에 걸쳐 가치를 추가할 수 있는 방법을 식별할 수 있다. 간단히 말해 『웹 API 설계 원칙』은 개발 또는 비개발 역할에 관계없이 API 설계에 관련된 모든 사람을 위한 것이다.

▌이 책의 구성

API 설계를 위한 일련의 원칙과 프로세스를 간략하게 설명하는 책이다. 이 책에서 다루는 ADDR 프로세스는 개인 및 여러 팀이 API 설계의 복잡성을 탐색하는 데 도움이 되도록 설계했다. 고객의 소리, 수행해야 할 작업, 프로세스 매핑과 같은 개념을 적용해 API 설계에 대한 객관적인 관점을 갖길 권장한다. 『웹 API 설계 원칙』은 처음부터 새로운 예시를 통해 안내하지만 기존 API에도 사용될 수 있다.

이 책은 요구 사항 단계에서 고객에게 제공할 준비가 된 API 설계에 도달하는 것까지 API 설계의 모든 측면을 다룬다. 또한 개인, 팀 및 API 소비자 간의 좀 더 효과적인 의사소통을 위해 API 설계를 문서화하는 방법에 대한 지침도 포함 돼 있다. 마지막으로 API 설계에 영향을 줄 수 있는 API 전달의 몇 가지 요소를 다룬다.

이 책은 5개의 부로 구성된다.

- **1부: 웹 API 설계 소개**에서는 API 설계가 중요한 이유에 대한 개요와 이 책에서 사용되는 API 설계 프로세스를 소개한다.
- **2부: API 결과에 따른 조정**에서는 API를 설계하는 팀과 모든 고객 및 이해 관계자 간의 조정을 보장한다.
- **3부: API 후보 정의**에서는 API 프로파일에 원하는 결과를 제공하는 데 필요한 API 작업을 포함해 필요한 API를 식별한다.
- **4부: API 설계**에서는 API 프로파일을 대상 개발자의 요구 사항을 충족하는 하나 이상의 API 스타일로 변환한다. 다루는 스타일에는 REST, gRPC, GraphQL, 이벤트 기반 비동기 API가 포함된다.
- **5부: API 설계 개선**에서는 문서, 테스트 및 피드백에서 얻은 통찰력을 기 반으로 API 설계를 개선한다. 또한 API를 마이크로서비스로 분해하는 장도 포함돼 있다.

마지막으로 이 책은 대규모 조직에서 설계 프로세스를 확장하는 방법에 대한 팁으로 마무리된다.

부록에서는 웹 기반 API에 사용되는 웹 언어인 HTTP에 대한 복습이 필요한 사람들을 위해 시작하는 데 도움이 되는 훌륭한 입문서를 제공한다.

▌책에서 다루지 않는 것

API 설계 세부 정보를 캡처하는 데 사용되는 일부 마크업 외에는 코드 목록이 없다. 이 책에서 설명하는 프로세스와 기술을 활용하고자 소프트웨어 개발자가 될 필요는 없다. 특정 프로그래밍 언어를 다루거나 특정 설계 또는 개발 방법론을 규정하지 않는다.

전체 API 설계 및 제공 라이프사이클의 범위는 크다. API 설계를 넘어 확장된 일부 통찰력이 제공되지만 발생할 수 있는 모든 세부 사항과 상황을 캡처하는 것은 불가능하다. 대신 이 책은 팀이 아이디어에서 비즈니스 요구 사항으로 그리고 궁극적으로 API 설계로 이동할 때 직면하는 문제를 다룬다.

이제 시작해보자.

업데이트 또는 수정 사항이 제공되는 대로 편리하게 액세스할 수 있도록 InformIT 사이트의 웹 API 설계 원칙을 등록한다. 등록 절차를 시작하려면 informit.com/register로 이동해 로그인하거나 계정을 만든다. 제품 ISBN(9780137355631)을 입력하고 제출을 클릭한다. 등록된 제품 탭에서 이 제품 옆에 있는 액세스 보너스 콘텐츠 링크를 찾고 해당 링크를 따라 사용 가능한 보너스 자료에 액세스한다. 새 에디션 및 업데이트에 대한 독점 제안에 대한 알림을 받으려면 확인란을 선택해 이메일을 수신한다.

한국어판에 관한 질문은 에이콘출판사 편집 팀(editor@acornpub.co.kr)이나 옮긴이의 이메일로 문의하길 바란다.

한국어판 정오표는 에이콘출판사 도서정보 페이지(http://www.acornpub.co.kr/book/web-api-design)에서 찾을 수 있다.

1부

웹 API 설계 소개

API는 영속적이다. 출시된 API가 애플리케이션에 한번 연동되면 대규모 변경은 잠정적으로 연동된 작업을 단절시킬 가능성이 있기 때문에 실질적으로 어렵다. 설계 과정에서 성급한 의사결정은 혼란을 유발하고 유지 보수 상황에서 문제를 일으키거나 비즈니스 상황에서 기회를 잡지 못하는 결과를 초래하기도 한다. API 설계의 각 단계는 전반적인 출시 일정 중에 각각 중요한 부분이다.

1부에서는 소프트웨어 설계의 기본 사항과 API 설계에 어떻게 긍정적 또는 부정적인 영향을 미칠 수 있는지 알아본다. 그런 다음 API의 첫 번째 설계 프로세스를 검토하고 API 설계 프로세스의 개요를 제시한다. 이 프로세스는 조직 외부에서 내부를 바라보는 관점으로 고객, 파트너, 내부 인력의 요구 사항을 만족하는 효과적인 API를 제공하는 과정을 구체화한다.

1장

API 설계 원칙

> 모든 아키텍처는 설계이지만 모든 설계가 아키텍처인 것은 아니다. 아키텍처는 시스템의 기능과 형태를 결정하는 의미 있는 의사결정의 집합이다.
>
> - 그래디 부치^{Grady Booch}

API는 언제나 우리 주변에 있다. API는 라이브러리와 컴포넌트의 형태로 시작해서 내부적으로는 조직 간 공유되고 외부에는 유상으로 제공된다. 그리고 분산 객체 통합을 위한 CORBA와 분산 서비스 통합을 위한 SOAP 같은 기술 표준으로 진화했다. 이러한 분산 컴포넌트 통합을 위한 기술들은 상호운용성^{Interoperability}이 강조됐지만 높은 복잡도로 인해 실제 활용에서 통합을 구현하는 데 많은 시간이 걸린다.

이러한 분산 컴포넌트 통합 기술은 일부를 제외하고 웹^{Web} API로 대체됐다. 개발자들은 최적의 설계를 위해 과거와 같이 너무 많은 시간을 할애하지 않으며, 어느 때보다 빠른 속도로 다양한 API를 제공하고 있다. 웹 API는 내부 시스템의 통합뿐 아니라 외부 서비스와의 연결까지 영역을 넓혔다.

오늘날의 웹 표준 기반 API는 개발 조직을 그들의 고객 및 외부 파트너 그리고 이해관계자들과 연결한다. 수많은 소프트웨어 라이브러리와 개발 프레임워크가 API의 개발 생산성 향상을 위해 존재하며 지속적인 통합 및 배포^{CI/CD, Continuous}

Integration and Continuous Delivery 도구들은 자동화된 파이프라인을 구축해 API를 효율적이며 빠르게 개발 조직 내부와 비즈니스 환경에 공급한다.

개발자가 일관성 있고 확장 가능한 API를 설계하는 것은 여전히 가장 큰 과제다. 가장 먼저 웹 API가 단순히 기술적인 문제가 아니라는 것을 이해해야 한다. 마치 시각 예술 작업에서 빛과 색의 조화가 필요한 것처럼 API를 성공적으로 설계하려면 비즈니스 관점에서의 기능, 프로덕트 중심 사고, 개발자 경험 모두를 고려해야 한다.

▌웹 API 설계 요소

API는 시장에서 어떤 비즈니스에 주목하고 있는지를 보여준다. API가 잘 설계된 것인가에 대한 평가는 비즈니스에 얼마나 기여했는가에 달려 있다. API가 직간접적으로 얘기하는 모든 것이 개발 조직에서 어떤 것을 중요하게 생각해야 하는지 말해준다. 효과적인 웹 API 설계를 위해서는 비즈니스 관점에서의 기능, 프로덕트 중심 사고, 개발자 경험이라는 3가지 중요한 요소의 유기적인 통합이 필요하다.

비즈니스 관점에서의 기능

비즈니스 관점에서의 기능은 API가 기술적인 영역을 넘어서 비즈니스 환경에서 유의미한 기능을 제공하는 것을 의미한다. 예를 들면 고유한 프로덕트 설계, 탁월한 대고객 서비스 또는 최적화된 공급망과 같이 대외적인 것들과 판매 관리망, 자산 신용평가와 같은 대내적인 것들을 포함한다.

비즈니스 관점에서의 기능을 제공하는 3가지 방법이 있는데, 직접 하거나 아웃소싱을 활용하거나 이들을 적절히 조합하는 것이다.

동네에서 맞춤 커피 블렌드[1]를 판매하는 비즈니스 사례로 이야기해보자. 먼저

---

1. 2개 이상의 다른 원산지 커피 원두를 혼합한 것 - 옮긴이

재료가 되는 원두의 구매는 외부 유통업체를 통해 아웃소싱한다. 그리고 고유의 커피 로스팅을 통해 커피 블렌드를 제조한다. 생산한 제품의 소매점 판매를 위해 POS^Point-Of-Sale 시스템을 도입해 관리 체계를 구축한다. 재료의 수급과 판매 관리망 시스템과 같은 전문화된 비즈니스 관점에서의 기능은 아웃소싱하거나 외부 프로세스를 도입하고, 고유의 기능인 커피 블렌드 제조에 집중하는 전략으로 시장에서의 차별화를 이뤄낼 수 있다.

API는 시장에 비즈니스 관점에서의 기능을 제공하는 것을 디지털화한다. 새로운 API를 설계하거나 기존의 API를 확장할 때 기반이 되는 비즈니스를 잘 이해하고 API 설계에 반영해야 한다.

프로덕트 중심 사고

웹 API 방식이 발전하기 전부터 개발 조직은 파트너 및 고객과 밀접하게 연관돼 있었다. 대부분의 개발 조직이 직면한 문제는 각 고객의 요구 사항에 따라 개별적으로 대응해야 하는 것이었다. 새로운 파트너 및 고객을 위해서는 매번 개발자, 프로젝트 매니저, 영업 담당으로 구성된 새로운 팀이 필요했다.

웹 API의 영역 확대와 서비스형 소프트웨어^SaaS, Software-as-a-Service 비즈니스 모델의 성장은 특정 파트너와 고객을 위한 시스템 통합 방식에서 프로덕트 중심 사고로의 전환을 가져왔다.

API 설계 프로세스에 프로덕트 중심 사고를 적용하는 것은 개별 고객이나 파트너를 위한 업무 방식에서 특정 고객의 요구 사항에 종속되지 않게 해 자동화가 가능한 효과적인 API 설계로 개발 팀이 집중할 수 있도록 만든다. 또한 개발자, 기업 고객, 사용자 스스로가 자신의 시스템 통합을 셀프 서비스로 가능하게 한다.

API 프로덕트는 맞춤형 기능을 제공하는 것보다 확장 가능하고 비용 효율적인 방식으로 시장 요구 사항을 충족하는 데 초점을 맞춘다. 재사용 가능한 API는 여러 고객을 동시에 고려하는 것부터 시작된다. 새로운 API를 설계할 때 프로덕트 중심 사고를 바탕으로 실제로 사용할 고객으로부터 피드백을 얻는다면 API

설계를 더 빠르게 완성하고 재사용 기회를 늘릴 수 있다.

개발자 경험

사용자 경험^{UX, User eXperience}은 회사와의 상호작용부터 서비스 및 프로덕트 자체와의 상호작용까지 사용자의 정확한 요구를 충족시키는 분야다. 개발자 경험^{DX,} developer experience은 프로덕트 및 서비스를 위한 사용자 경험만큼 API에 있어 중요하다. 개발자 경험은 API 프로덕트를 사용할 개발자를 다양한 방법으로 참여시키는 것에 초점을 맞추며, API 프로덕트에 대한 첫 인상부터 일상적인 사용 및 지원까지 모든 측면을 포함한다.

훌륭한 개발자 경험이 제공되면 개발자는 웹 API를 빠르고 쉽게 사용할 수 있으므로 API 성공의 필수 요소다. 또한 개발자를 시스템 통합 역할에서 API 전문가로 만듦으로써 제품화된 API의 시장 지배력을 강화할 수 있다. API 전문가들은 더 빠르고 적은 노력으로 고객과 비즈니스에 실질적인 가치를 전달할 수 있게 된다.

개발 팀이 API에 대한 훌륭한 경험을 설계하는 방법을 이해하려고 할 때 내부 개발자들을 위한 개발자 경험도 중요하다는 것을 잊으면 안 된다. 예를 들어 API 문서화가 잘 돼 있다면 내부 개발자들이 API를 빠르게 이해하고 사용할 수 있지만 문서화 수준이 떨어지는 API는 정확한 사용 방법을 알고자 담당 부서에 문의할 수밖에 없다. API를 설계하고 구현한 개발자에게 직접 문의할 수도 있지만 서로 불필요한 시간을 허비한다. 이처럼 훌륭한 개발자 경험은 내부 개발자가 비즈니스 가치를 더 빠르게 창출할 수 있게 만든다.

사례 연구

은행에서 프로덕트 중심 사고와 API 적용 사례

'캐피탈 원(Capital One)'은 2013년 엔터프라이즈 API 플랫폼을 개발하며 API 여정을 시작했다. 초기의 플랫폼 API는 조직 전체에 자동화를 제공해 업무 속도를 향상시키고 조직 간 불필요한 장벽을 허무는 것이 목적이었다.

API 플랫폼에서 지원되는 기능이 늘어남에 따라 캐피탈 원은 조직 내부에서만 사용하던 API를 시장의 일부 프로덕트에 적용해보기 시작했다. 소수의 API 프로덕트들을 DevExchange at South by Southwest(SXSW)[2]라는 공개 개발자 포털에 출시했으며, 은행 등급 승인, 보상 프로그램, 신용카드 사전 자격, 신규 저축 계좌를 생성할 수 있는 API도 포함돼 있었다.

캐피탈 원은 IT 역량을 집중해 API를 위한 옴니채널(Omnichannel)을 개발하는 것으로 아이디어를 확장해 나갔다. 웹 사이트와 모바일 앱에서 사용된 API들은 아마존 알렉사(Amazon Alexa) 플랫폼을 사용하는 음성 기반의 대화형 경험[3]과 Eno(One을 거꾸로 읽은 단어)라는 대화형 챗봇의 기반이 됐다.

다양한 분야의 디지털 역량[4]에 대한 포트폴리오를 기반으로 API에 프로덕트 기반의 접근 전략을 취하며 캐피탈 원은 고객 및 파트너와 새로운 비즈니스 기회를 찾을 수 있었다. 이는 하루아침에 이뤄진 것이 아니라 API의 중요성을 이해한 경영진의 비전과 조직 전체의 실행력이 가능하게 만든 일이다.

▌API 설계는 커뮤니케이션

소프트웨어 설계에 대해 생각할 때 개발자는 클래스^{class}, 메서드^{method}, 함수^{function}, 모듈^{module}, 데이터베이스^{DataBase}가 떠오를 것이다. UML 시퀀스 및 액티비티 다이어그램이나 간단한 도형과 화살표로 만들어진 다이어그램이 코드를 이해하는 데 사용되며, 이런 자료들은 개발 팀이 요구 사항을 이해하거나 신규 개발자 교육에 사용하는 커뮤니케이션 프로세스의 일부다.

이와 유사하게 API를 설계하는 것도 하나의 커뮤니케이션 프로세스다. 다만 API는 커뮤니케이션이 하나의 팀 내부에서 머물기보다 커뮤니케이션을 외부로 확장시키는 것으로 볼 수 있다. 커뮤니케이션에 대한 설명은 다음 3가지로 표현된다.

---

2. SxSW 2017에 기재된 Capital One DevExchange, 2017. 03. 27. https://www.youtube.com/watch?v=4Cg9B4yaNVk

3. SxSW 2016에 기재된 캐피탈 원의 알렉사 통합 데모, 2016. 09. 06. https://www.youtube.com/watch?v=KgVcVDUSvU4&t=36s

4. digital capability: 저자는 API로 할 수 있는 기능을 digital capability라는 단어로 묘사하고 있으며, 본문에서는 이를 문맥에 맞춰 디지털 역량 혹은 디지털 기능으로 번역했다. - 옮긴이

1. **네트워크 통신**: 프로토콜 정의를 포함한 API 설계는 해당 API의 성능과 효율에 영향을 준다. 예를 들어 HTTP와 같은 네트워크 프로토콜은 단위 데이터 크기가 큰 커뮤니케이션에 유리하다. 반면 MQTT^{Message Queuing Telemetry Transport}나 AMQP^{Advanced Message Queuing Protocol}와 같은 프로토콜은 단위 데이터가 작고 각 네트워크 경계 간 세밀한 규약이 있는 메시징 API와 같은 커뮤니케이션에 더 적합하다. 이렇듯 API 설계는 시스템 간의 통신 빈도와 네트워크 지연 및 병목 현상으로 인해 성능에 미칠 수 있는 영향이 고려돼야 한다. 다시 말해 API 설계 프로세스는 클라이언트^{client}와 서버^{server} 간 성능에 중요한 영향을 미친다.

2. **개발자와의 커뮤니케이션**: API 설계와 설계 문서는 개발자들에게 사용자 인터페이스와 같다. API 설계 문서는 개발자에게 어떻게, 언제 각 API를 사용해야 하는지 알려준다. 또한 개발자들에게 좀 더 복잡한 결과를 얻으려면 어떤 조합의 API를 사용해야 하는지 알려주는 것도 API 설계 문서다. API를 사용할 개발자와 API 설계 초기 단계부터 자주 커뮤니케이션하는 것은 API를 사용할 개발자의 요구 사항을 만족시키기 위한 필수 요소다.

3. **비즈니스 환경^{marketplace}과 커뮤니케이션**: API 설계와 설계 문서는 미래의 고객과 파트너 및 내부 개발자에게 API가 제공하는 기능을 통해 어떤 결과를 얻을 수 있는지 알려준다. 효과적인 API 설계는 API의 디지털 역량을 사용자들이 잘 활용할 수 있게 한다.

API 설계는 커뮤니케이션의 중요한 부분이기 때문에 설계 단계부터 앞서 언급된 커뮤니케이션의 3가지 측면을 고려해야 한다.

▌소프트웨어 설계 원칙 다시 보기

소프트웨어 설계는 하나의 코드를 기번으로 하는 소프트웨어 구성 요소들의 조직화와 커뮤니케이션에 중점을 둔다. 코드의 주석, 시퀀스 다이어그램 또는 설계 패턴의 적절한 사용과 같은 기법들은 팀 구성원 간 원활한 커뮤니케이션이 되도록 돕는다.

웹 API 설계는 설계 원칙을 기반으로 하면서 '팀' 또는 '조직'의 범위가 확장된다. 커뮤니케이션의 범위가 단일 팀이나 조직을 넘어 전 세계의 개발자로 확장됨을 의미한다. 하지만 커뮤니케이션의 범위가 확장됐다 하더라도 모듈화modularization, 캡슐화encapsulation, 느슨한 결합loose coupling과 높은 응집도high cohesion 같은 일반적인 소프트웨어 설계 원칙이 웹을 기반으로 한 API 설계에도 여전히 적용된다. 앞에 언급된 주제들이 대다수 개발자에게 매우 익숙할지 모르지만 이 주제들은 API를 설계함에 있어서 다른 어떤 API 설계 절차보다 먼저 되짚어봐야 할 원칙이다.

모듈화

모듈은 소프트웨어 프로그램에서 하나의 속성을 갖는 가장 작은 단위다. 이 모듈은 클래스, 메서드 또는 함수를 포함하는 하나 또는 여러 개의 소스 파일로 구성된다. 모듈은 기술적인 기능과 비즈니스 기능을 같은 코드베이스 내의 모듈이 사용할 수 있도록 지역 또는 전역 API를 제공한다. 모듈은 때에 따라 **컴포넌트** 또는 **코드 라이브러리**로 불리기도 한다.

대다수의 프로그래밍 언어는 네임스페이스나 패키지 코드 그룹 형태를 통해 모듈을 지원한다. 같은 네임스페이스 내부에서 함께 동작하는 연관된 코드를 그룹화하는 것은 높은 응집도를 가져온다. 모듈 내부의 세부 사항은 프로그래밍 언어에서 제공하는 접근 제어자에 의해 보호된다. 예를 들어 자바 프로그래밍 언어는 public, protected, package, private과 같은 접근 제어자를 통해 모듈의 외부 노출을 차단하면서 동시에 느슨한 결합을 구현하는 데 도움을 준다.

하나의 소프트웨어 시스템은 많은 모듈이 결합해 가며 생성된다. 그림 1.1에서와 같이 하위 시스템과 모듈을 조합해 더 큰 모듈을 이루고, 이것이 복잡한 솔루션을 구성하는 요소가 된다.

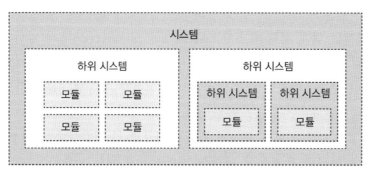

그림 1.1 모듈이 더 큰 단위로 결합돼 하나의 시스템을 구성

동일한 모듈화 개념을 웹 기반의 API 설계에 적용하는 것은 각각의 API 경계와 책임을 나타내게 한다. 이를 통해 모듈 내부의 세부 구현 사항을 숨기면서 특정 기능을 외부에 제공하는 데 중점을 둔 상호 보완적인 API들 간의 상호 책임을 명확하게 한다. API를 사용하는 개발자는 API의 기능을 빠르고 효율적으로 이해할 수 있는 이점이 있다.

캡슐화

캡슐화^{Encapsulation}는 컴포넌트 내부의 세부 정보를 숨기는 것을 추구한다. 범위 접근 제어자를 통해 모듈의 코드에 접근하는 것이 제한된다. 모듈은 모듈 내부의 세부 사항은 숨기면서 public 메서드나 함수를 외부에 제공한다. 모듈의 public 메서드의 특성에 따라 하나의 모듈 내부에서 변경은 다른 모듈에 영향을 미치지 않을 수 있다.

캡슐화는 데이비드 파나스$^{David\ Parnas}$가 1970년대에 그의 연구[5]에서 개괄한 정보 은닉과 정확히 동일하지 않지만 관련이 있다.

웹 API는 이 개념을 확장해서 프로그래밍 언어, 웹 프레임워크의 선택, 클래스와 객체, 데이터베이스 설계 정보들을 HTTP 기반 API 뒤에 숨긴다. 캡슐화를

---

5. Parnas, David L. (1971). 'Information Distribution Aspects of Design Methodology' – 옮긴이

통해 상세 정보를 은닉하면 메시지 중심의 느슨한 결합의 API 설계가 가능하다. 개발자들은 구현 상세에 대한 전체 이해 없이 API가 제공하는 사용법을 이해해서 원하는 결과를 얻을 수 있다. 예를 들어 온라인 결제 기능을 구현하고자 '지불 게이트웨이payment gateway' 같은 시스템의 데이터베이스 설계와 데이터 모델 같은 상세 정보를 이해해야 하는 것이 아니라 API의 사용법만 알면 되는 것이다.

높은 응집도와 낮은 결합도

높은 응집도는 모듈 내의 코드가 동일 기능에 밀접하게 연관돼 있는 것을 말한다. 응집도가 높은 모듈은 전체 코드베이스의 다른 모듈에 대해 광역적인 함수 호출을 일으키지 않기 때문에 '스파게티 코드'가 될 가능성이 적다. 반대로 동일 기능에 대한 코드가 전체 코드베이스에 흩어져 있으면 서로 다른 모듈 사이에 호출이 빈번히 발생하게 된다. 이런 유형의 코드를 낮은 응집도를 나타낸다고 말한다.

결합도는 둘 이상의 구성 요소 간의 상호의존성 정도다. 강하게 결합된 구성 요소들은 상세 구현 정보에 의한 제약이 많다. 반면 느슨하게 결합된 구성 요소들은 상세 정보를 은닉하고 서로에 대한 정보를 호출할 수 있는 공개된 인터페이스나 프로그래밍 언어 API로 제한한다.

그림 1.2는 모듈 사이의 높은 응집도와 낮은 결합도의 개념을 보여준다.

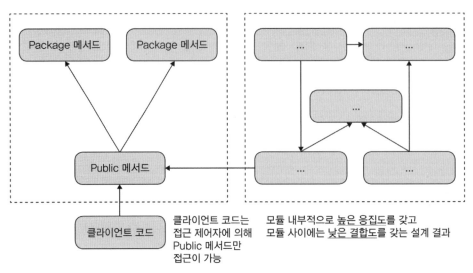

그림 1.2 높은 응집도와 낮은 결합도는 모듈 방식 API 설계의 기본 원칙이다.

웹 API는 높은 응집도를 위해 연관된 API 호출을 그룹화해 기존 개념을 확장하는 동시에 낮은 결합도를 위해 상세 정보를 은닉하는 캡슐화를 추구한다.

▎리소스 기반 API 설계

리소스는 어떤 개념에 관한 디지털 표현이다. 주로 정보의 단위라고 할 수 있는 엔터티나 엔터티 모음이다. 리소스는 문서, 이미지, 다른 리소스들의 모음 또는 현실 세계의 어떤 것을 디지털화한 것을 참조할 수 있는 고유 이름이나 식별자를 포함한다. 리소스는 비즈니스 프로세스나 업무의 흐름을 나타낼 수도 있다.

리소스 기반의 API는 리소스가 어떤 방식으로 저장되는지 또는 어떻게 객체로 표시되는지에 관계없이 네트워크를 통한 상호작용에만 중점을 둔다. 특정 리소스에 대해 상호작용이나 연쇄 작용을 일으킨다. 또한 리소스는 웹 애플리케이션, 모바일 애플리케이션, 시각화 도구 등에서 JSON, XML과 같은 다양한 미디어 형식을 사용해 리소스와 상호작용할 수 있는 여러 표현을 지원한다.

리소스는 데이터 모델이 아니다

리소스가 데이터 모델과 동일하지 않다는 것을 이해하는 것이 중요하다. 주로 스키마 설계 방식으로 구현되는 데이터 모델은 읽기, 쓰기 작업에 필요한 I/O(입출력) 성능 지원과 데이터 활용에 대한 요구 사항을 위해 최적화된다.

데이터 모델은 API의 일부가 될 수 있지만 API 설계의 기초로 사용해서는 안 된다. 데이터 모델은 읽기 및 쓰기 작업의 성능, 저장소 최적화, 데이터 쿼리^{query} 최적화와 같은 요구 사항을 고려한다. 즉, 데이터 모델은 애플리케이션의 세부 정보에 최적화된다는 의미다.

프로그래밍 언어나 프레임워크를 선택하는 것과 같이 데이터베이스 유형과 공급업체는 시간에 따라 변한다. API 설계에 직접 데이터 모델이나 객체 모델을 반영하는 것은 API 사용자에게 세부 정보를 노출하는 것이다. 이렇게 설계된 API는 데이터 모델이 변경될 때마다 전면적인 설계 변경이 필요한 취약한 API다.

웹 API 설계는 네트워크를 통한 접근성, 프로그래밍 언어에 대한 독립성과 같이 다양한 목표를 추구한다. API는 서로 다른 시스템의 통합에 사용되기 때문에 장기간에 걸쳐 안정적으로 유지돼야 한다. 데이터 모델은 새로운 기술이나 추가적인 요구 사항들에 의해 언제든 변경될 수 있기 때문에 API 설계 목표에 부합하지 않는다.

API가 데이터 모델에 영향을 미칠 수 있지만 API 설계는 데이터베이스의 기술 동향과 무관하게 독립적으로 발전시켜야 한다.

데이터 모델을 API로 노출시키면 어떻게 될까?

끊임없는 코드 변경: API가 데이터베이스와 일치해야 하므로 데이터베이스의 스키마 변경으로 인해 API도 변경된다. 사용자는 데이터 모델에 대한 변경이 있을 때마다 API 사용 코드를 다시 작성해야 하는 복잡한 구조를 받아들여야만 한다. 이러한 비효율은 단위 코드 변경을 분리할 수 있는 계층을 추가해 개선할 수 있지만 이러한 계층 구조를 계속 유지 보수해야 하기 때문에

높은 개발 비용이 발생한다.

빈번한 네트워크 통신 발생: 데이터 모델의 테이블 단위로 API를 제공하면 사용자는 각 테이블에 대해 여러 차례 API 호출을 하기 때문에 빈번한 네트워크 통신이 발생한다. 'n+1 쿼리 문제'[6]로 알려진 데이터베이스의 성능 저하 문제와 유사하다. n+1 문제가 데이터베이스에서 성능 병목 구간이 되는 것과 같이 빈번한 API 호출은 API 성능을 크게 저하시킨다.

데이터 불일치: 빈번한 네트워크 통신은 성능이 크게 저하되는 것 외에도 데이터 불일치 문제를 야기한다. 클라이언트는 여러 API 호출에 대해 개별 결과가 통합된 단일 결과를 기대한다. 개별 데이터 모델에 대한 빈번한 API 호출은 트랜잭션의 범위를 넘어 데이터 일관성을 보장하기 어렵게 만들기 때문에 데이터는 불완전하거나 손상될 수 있다.

API 세부 정보 혼동: 데이터베이스 관점에서의 성능 최적화를 위한 데이터 모델은 API에서 추가적인 설명 없이는 의미가 없다.[7]

민감한 데이터 노출: 데이터 모델이 API를 통해 직접 노출되면 개별 데이터 항목들에 대한 관리가 어렵다. SELECT * FROM [테이블 이름]과 같은 쿼리는 테이블의 전체 데이터를 표시한다. 개인 식별 정보(PII) 등 API 사용자에게 노출되지 않게 관리해야 할 데이터도 노출시킬 수 있다. 또한 해커들이 세부 사항을 더 잘 이해해 시스템을 공격하는 데 도움이 되는 정보들이 유출될 수 있다.

▍리소스는 객체 또는 도메인 모델이 아니다

API 리소스는 객체지향 프로그램에서의 객체와 다르다. 객체는 코드 레벨에서 연동이 가능하다. 개체는 데이터 모델을 코드에 매핑해 사용하기 쉽게 하는 데 자주 사용한다. 객체는 API에서 데이터 모델을 노출하는 것과 동일한 끊임없는 코드 변경, 빈번한 네트워크 통신, 데이터 불일치의 문제를 겪는다.

일반적으로 객체로 구성된 도메인 모델은 특정 비즈니스 도메인을 나타내며 시스템의 요구 사항 구현을 위해 다양한 방법으로 사용한다. 적용 방법에 따라서는 서로 다른 트랜잭션 콘텍스트를 사용할 수 있다. 반면 웹 API에서는 내부

---

6. 선행 쿼리 결과 데이터 n건과 연관 데이터 쿼리를 위해 n번의 쿼리를 수행해 총 n+1번의 쿼리를 수행해야 하는 문제 – 옮긴이

7. 문자열의 길이를 명시하는 CHAR(1)과 같은 데이터 모델은 데이터베이스에서는 최적화돼 처리되지만 API 호출에서는 사용자가 직접 데이터 모델에 대해 이해하고 성능 최적화를 구현해야 한다.

도메인이나 객체의 동작을 직접 노출하기보다는 트랜잭션의 경계 외부에서 고려하는 것이 가장 효과적이다.

API 사용자는 데이터 모델의 상세 내용과 API 내부의 모든 코드를 보고 이해할 필요가 없다. 그들은 데이터 모델이 결정되기까지의 과정에 참여하지 않았고, 그러한 설계 결정이 내려진 이유에 대한 맥락적 이해도 없다. 훌륭한 API 설계는 데이터 모델 설계를 메시지 설계로 전환함으로써 데이터베이스 설계와 세부 정보를 노출하지 않는다.

▌리소스 기반 API 메시지 교환

리소스 기반 API는 비즈니스와 사용자 또는 원격 시스템 간의 대화를 만든다. 프로젝트를 관리하는 애플리케이션에서 사용자가 API 서버와 통신을 하고 있다고 가정하면 그림 1.3과 같이 보일 수 있다.

API를 대화 세션으로 생각하는 것이 이상해 보인다면 앨런 케이[Alan Kay]가 객체지향 프로그래밍이란 용어를 처음 만들었을 때 의도를 상기해보면 좋겠다.

> 나는 오래 전에 이 주제에 대해 '객체(Object)'라는 용어를 만든 것을 유감스럽게 생각한다. 많은 사람이 상대적으로 덜 중요한 아이디어에 집중하게 만들었기 때문이다. 중요한 아이디어는 '메시징'이다.[8]

객체지향 프로그램에서 케이의 본래 의도와 마찬가지로 웹 API는 메시지 기반이다. 요청 메시지를 서버에 송신하고 응답 메시지를 수신한다. 대부분의 웹 API는 요청을 보내고 응답을 기다리면서 메시지 교환을 동기화한다.

API 설계는 비즈니스 이해관계자가 원하는 결과 도출을 위해 시스템 간 대화 방식의 메시지 교환을 고려한다. 훌륭한 API 설계는 요구 사항의 변화에 따라 이 대화가 어떻게 발전하는지도 고려한다.

---

8. Alan Kay, 'Prototypes vs Classes was: Re: Sun's HotSpot," Squeak Developer's List, October 10, 1998, http://lists.squeakfoundation.org/pipermail/squeak-dev/1998-October/017019.html.

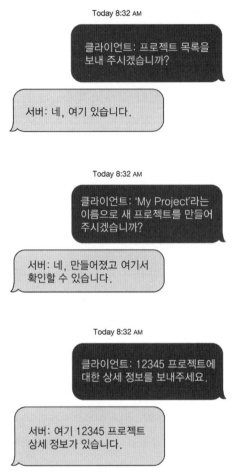

그림 1.3 사용자가 서버와 대화하는 것처럼 API 클라이언트와 API 서버 사이의 상호작용에 대한 예제다.

▌웹 API 설계 원칙

API 설계에는 강력한 디지털 기능과 뛰어난 개발자 경험 사이의 균형이 고려돼야 한다. 견고한 기초를 위한 일련의 원칙들을 잊지 않아야 한다. 다음의 다섯 가지 원칙에서는 핵심적인 내용을 언급하고 자세한 내용은 이어지는 장에서 설명한다.

원칙 1: API는 고립된 상태에서 설계하면 안 된다. 좋은 API를 위해서는 협업을 통한 설계가 필수다(2장).

원칙 2: API 설계는 결과에서 출발한다. 모든 사람이 필요로 하는 결과가 무엇인지 명확히 하고 초점을 맞춰야 한다(3 - 6장).

원칙 3: 필요에 맞는 API 설계 요소들을 선택한다. 처음부터 완벽한 API 설계 방식을 찾는 것은 헛된 노력이다. REST, GraphQL, gPRC 또는 새롭게 소개된 기술 등 필요에 적합한 API 요소를 이해하고 적용한다(7 - 12장).

원칙 4: API 문서는 개발자에게 가장 중요한 사용자 인터페이스다. API 문서는 항상 최우선순위로 두어야 하고 마감 일정을 앞두고 시간에 쫓기듯 작성해서는 안 된다(13장).

원칙 5: API가 영원할 것처럼 계획을 세운다. 신중한 설계와 진화적 접근 방법을 결합해 API가 변화에 유연하게 대응할 수 있어야 한다(14장).

▌요약

웹 API 설계는 성공적인 API를 제공하고자 비즈니스 관점에서의 기능, 프로덕트 중심 사고, 개발자 경험이라는 3가지 중요한 요소를 내재화한다. 이러한 복합적인 이해관계는 API 설계에서 프로세스의 중요성을 방증한다. 개발자, 아키텍트, 비즈니스 현업 전문가, 프로덕트 관리자가 함께 협력해 시장의 요구 사항에 부합하는 API를 설계해야 한다.

웹 API는 모듈화, 캡슐화, 느슨한 결합, 높은 응집도와 같은 소프트웨어 설계의 원칙에 기초한다. API 설계는 내부의 상세 정보를 은닉해야 하며 데이터 모델을 노출해서는 안 된다. 유연하면서도 변화에 탄력적으로 대응할 수 있는 시스템 간 메시지 교환에 집중해야 한다.

어떻게 하면 비즈니스 요구 사항에서 고객과 파트너 및 내부 인력이 모두 만족하는 결과를 도출하면서도 발전 가능한 API 설계가 가능할까? 2장에서 비즈니스 및 프로덕트의 요구 사항을 API 설계에 반영하는 프로세스를 소개한다.

API 설계 협업

과잉 설계는 어리석은 일이지만 그렇다고 설계 자체를 하지 않는 것은 더욱 어리석은 일이다.

- 데이브 토마스^{Dave Thomas}

기술적인 관점에서 훌륭한 API 설계가 직면한 문제 해결에 항상 적합한 것은 아니다. API 설계의 초기 가정은 현실 세계의 고객, 파트너, 내부 이해관계자들의 요구와 직면했을 때 변경될 수 있기 때문이다.

API 계약 설계^{contract design}는 소프트웨어 개발에 있어서 개별적이고 중요한 단계다. API 설계 프로세스는 조직 내부는 물론 외부의 API 사용자와의 의사소통을 촉진한다. 잘못된 가정을 식별하고 요구 사항을 검증할 수 있다. 또한 API 설계자와 개발자 사이의 원활한 협업이 가능하게 한다.

2장에서는 단일 API에서 중대형 엔터프라이즈 API 플랫폼까지 활용할 수 있는 유연한 설계 프로세스를 소개한다. 10명 미만의 작은 팀에서 10,000명 이상인 큰 기업에 이르기까지 이 협업 설계 프로세스를 사용했다. 1장의 'API 설계 원칙'을 바탕으로 아웃사이드인^{outside-in}[1] 방식의 설계를 적용해 고객 중심의 비즈니스 가치를 제공한다.

---

1. 고객의 입장에서 시장을 바라보고 목표를 설정하는 전략. 보유하고 있는 내부 역량의 장점을 극대화해서 핵심 비즈니스에 집중하는 인사이드아웃(inside-out) 전략과 대조 - 옮긴이

API 설계 프로세스를 사용하는 이유

본격적으로 시작하기 전에 정형화된 API 설계 프로세스가 API 설계와 개발의 성공에 있어 필수 요소가 아니라는 것을 이해할 필요가 있다. 나는 전형적인 설계 프로세스 없이도 성공 사례를 만들어낸 전 세계의 많은 회사와 협업 경험이 있다. 그러나 많은 경우에 API 설계가 반복적으로 변경되면서 프로젝트의 일정이 길어졌다. API 설계 프로세스에 의해 설계되지 않은 것들은 API 사용에 대한 충분한 통찰이 부족했다.

API 설계 프로세스는 프로젝트 전반에 걸쳐 효율성을 향상시킨다. API 계약에 우선 초점을 맞춤으로써 설계에 사용자와 개발자의 요구를 주요 관심사로 반영한다. 또한 세부 정보를 은닉해 시간이 지남에 따라 API 설계가 변경돼야 하는 취약한 API가 될 가능성이 낮아진다.

모든 프론트엔드 API는 백엔드 API의 개발이 완료돼야 제공될 수 있다. 프론트엔드 개발자가 백엔드 API 구현이 완료될 때까지 기다리면 최종 완료까지의 전체 프로세스가 너무 오래 걸린다. 프론트엔드 API의 개발이 완료된 이후에 사용자 피드백을 수집할 수 있고 설계에 대한 에러 식별도 가능해진다. 그림 2.1은 이 문제에 대해 일정에 미치는 영향을 보여준다.

API 설계 프로세스는 전반적인 효율성 향상을 위해 점진적으로 반복되며 협업 중심적인 방법을 추구한다. 프론트엔드 개발자와 백엔드 개발자는 설계 과정에 참여해야 하고 병렬화된 협업 체계를 구축해야 한다. 프로젝트 후반에 전면적인 변경이 발생하는 것을 방지하고자 사용자 피드백의 수집을 앞당길 수도 있다. 그림 2.2에서 보여주는 것처럼 각 릴리스 주기에 사용자 피드백 통합을 반복해 전체 설계 프로세스를 가속화한다. API 설계의 에러를 이른 시점에 발견할수록 수정 비용이 낮아진다는 점을 기억할 필요가 있다.

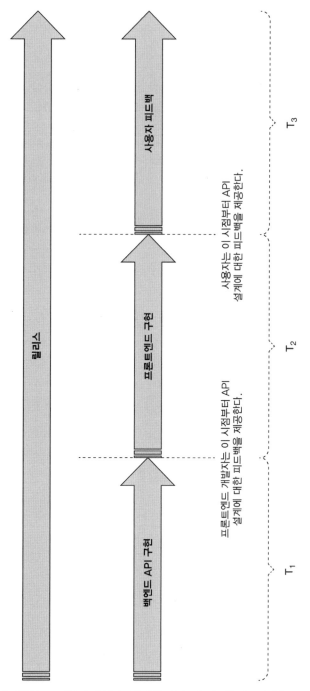

그림 2.1 API가 개별적으로 제공될 때 부정적인 영향. 릴리스에 필요한 최소 시간은 $T_1 + T_2 + T_3$이다.

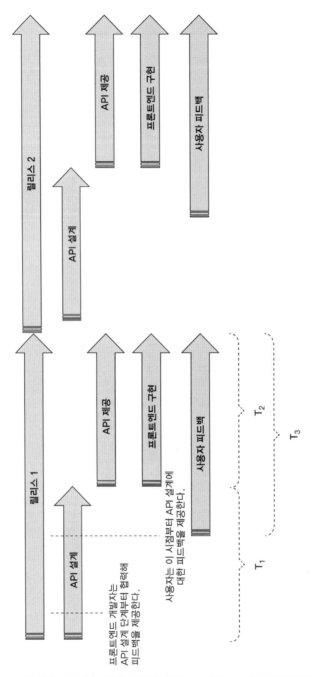

그림 2.2 효율성과 점진적인 반복을 위해 최적화된 API 설계 프로세스의 긍정적인 영향.
릴리스에 필요한 최소 시간은 $T_1 + max(T_2 + T_3)$이다.

▌API 설계 프로세스 안티패턴

API 설계 프로세스가 없거나 효과적이지 못한 프로세스를 채택하면 팀과 프로젝트 전체에 부정적인 영향을 미칠 수 있다. 여기서 설명된 공통 API 설계의 안티패턴을 확인하고 해당하는 것이 없는지 점검해보자.

허술한 추상화 안티패턴

API 설계 프로세스가 정립되지 않은 환경에서는 코드의 결과가 설계로 이어지는 반대 순서로 작업이 이뤄지기 쉽다. API 설계에는 기술적인 수준에서 결정된 내용들이 반영되며, 이러한 설계는 데이터베이스나 클라우드 서비스 공급자의 특정 기술을 노출시키기도 한다.

예를 들어 어떤 추천 엔진을 위한 공개 API는 API를 사용하고자 아파치 루씬 Apache Lucene[2]에 대한 이해가 필요했다. 이 API에서는 추천 엔진의 설정 파일을 HTTP POST 방식을 통해 직접 변경하는 기능을 지원했다. API 사용자에게 내부 구현 요소가 직접 노출되면서 API의 사용법이 아닌 아파치 루씬에 대한 전문적인 이해가 있어야만 API를 사용할 수 있었다.

API의 프로토타이핑을 제작하거나 API의 구현과 설계를 병행해 점진적으로 진화하는 방식으로 API를 설계해야 한다. 이러한 방법론에서는 프로토타이핑의 범위를 정하는 것과 아웃사이드인 방식을 통해 식별한 사용자의 요구를 통합하는 것이 중요하다.

출시 버전마다 변경되는 설계 안티패턴

API 설계 프로세스가 정립되지 않은 상태에서는 현재 버전의 API가 사용자에게 공개되기 전부터 다음 버전에 대한 계획을 수립하기도 한다. 현재 버전에서 API 설계 자체를 변경할 수 없기 때문이다. 전면적인 수정이 불가피한 설계

---

2. 오픈소스 검색 엔진 라이브러리 소프트웨어, https://lucene.apache.org – 옮긴이

변경은 즉각적으로 반영할 수 없고 백로그에 쌓아둬야 한다.

문제는 변경이 어려운 복잡한 코드다. 복잡한 코드는 변경 시간이 오래 걸리기 때문에 올바른 설계 결정을 반영할 수 없는 상황이 발생하는 것이다. 부적절한 API 설계는 우선 릴리스됐지만 멀지 않은 미래에 새로운 릴리스를 위해 개발 팀 인력이 계속 투입돼야 한다. 현재 버전의 사소한 에러나 오타와 같은 작은 수정 사항들도 전체 코드에 미치는 영향도 때문에 즉시 수정할 수 없다.

2장에서 설명하는 API 설계 프로세스와 14장에서 소개할 API 안정성 계약은 이러한 문제를 해결할 수 있다.

과잉 설계 안티패턴

비즈니스 영역의 전문가들은 해당 시장의 요구 사항을 충족시키고자 고객과 시장 요구 사항에 대한 통합적인 시각으로 접근한다. 이 방식은 고객과 시장에 대한 전문성을 갖춘 소규모 팀에게 효과적일 수 있다.

새롭게 시작되고 있는 비즈니스 영역처럼 전문가를 구하기 어려운 경우 요구 사항에 대한 예측이 어려워 API 설계에 상당한 노력이 요구된다. API 릴리스를 향한 과정에서 하루에도 몇 차례 설계 변경을 위한 회의가 반복되는 혼란은 과잉 설계의 뚜렷한 징후다. 계획된 시간이 얼마 남지 않은 상황에서 파일럿 사용자에 의해 중대한 결함이 보고되는 것은 흔한 상황이다. 개발 팀은 출시 전에 문제를 해결할 수 있는 설계 솔루션을 찾고자 안간힘을 쏟을 것이다. 그리고 제한된 시간 내에 최소한으로 '작동'되도록 빠르게 패치가 적용된다.

API 설계 프로세스는 처음부터 완벽한 설계를 보장하지 않는다. 다만 예측한 문제들이 실제로 해결되는지 빨리 확인한다. 또한 각 영역의 전문가들이 초기 단계에서 의사소통을 해 설계상의 문제를 발견하게 한다. 작업이 이미 상당히 진행된 후에는 문제를 바로잡는 데 더 많은 노력과 비용이 발생하기 때문이다.

미사용 API 안티패턴

프로젝트가 실패로 간주되거나 실제로는 비즈니스 환경에서 거의 사용되지 않고 잊히는 상황은 누구도 원치 않을 것이다. API 설계가 비즈니스의 기본적인 목표와 요구를 놓치면 이러한 경우가 발생한다. 큰 기대와 함께 출시한 API일지라도 거의 사용되지 않거나 다른 시스템과의 통합에 활용되지 않는다면 도태될 뿐이다.

▌API 설계 우선 방법론

API 설계 프로세스는 비즈니스 요구 사항을 API 설계에 반영하는 예측 가능한 방법이다. API 설계의 목표는 내외부의 당사자들이 확장 가능한 방식으로 그들의 솔루션을 탐색하고 통합하고 배포할 수 있게 하는 것이다.

지속 가능한 API를 위해 API 설계 우선 방법론은 중요하다. 일단 API가 다른 시스템에서 통합 목적으로 사용되면 완전히 변경된 다음 버전의 API로 이관시키는 것은 상당히 어렵다.

API 설계 우선 방법론에서는 비즈니스 맥락에서 제공해야 할 기능을 식별하는 것으로 시작해서 기대 결과를 충족하는지 검토한다. 이 모든 과정은 개발 코드가 작성되기 이전에 모두 이뤄진다.

현실에서 이런 방법론이 완벽히 실행되는 것은 아니다. 코드와 데이터가 이미 주어진 상황에서 프로젝트가 진행될 수도 있고 기존 시스템을 최대한 활용해서 효율을 높이는 방식이 필요할 수도 있다. 그러므로 API 설계 우선 방법론을 모든 경우에 엄격하게 적용할 수는 없다. 하지만 소프트웨어 제품 출시에서 매우 중요하고 독립적인 단계로 강조해야 한다는 것은 분명하다.

API 설계 우선 방법론은 그림 2.3과 같이 빠르게 반복 실행되는 5가지 단계가 있다.

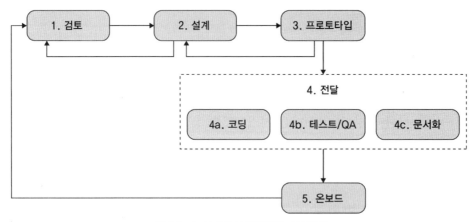

그림 2.3 API 설계 우선 방법론의 다섯 단계〉

1. **검토**^{Discover}: API가 제공해야 하는 기능을 결정하고 이미 활용 가능한 API가 제공되고 있지 않은지 검토한다.

2. **설계**^{Design}: (1. 검토 단계에서 확인된) 필요하지만 현재 제공되지 않는 API에 대한 신규 설계나 기존 API에 대한 설계를 개선한다.

3. **프로토타입**^{Prototype}: 프로토타입 API를 개발해 이해관계자들의 피드백을 수집한다. 수집된 피드백으로 이전 단계인 설계를 다시 수행해서 설계에 반영한다.

4. **전달**^{Deliver}: 개발, QA, 운영, 문서화 등 팀 전반의 다각적인 협력을 통해 API 번역를 출시한다. API 설계에서 결정된 합의에 따라 출시는 예측 가능한 방식으로 주기적으로 이뤄진다.

5. **온보드**^{Onboard}: 고객, 파트너, 내부 개발 팀이 API를 본인들의 솔루션에 통합할 수 있도록 사용법에 대한 교육 자료 및 지원 등을 제공한다. 복잡한 통합 요구 사항이 있는 팀에서도 API를 도입할 수 있게 지원하는 것이 이 단계에서 중요하다.

이해관계자의 피드백을 수집하고 반영하는 과정에서의 반복적인 설계 프로세스에 주목할 필요가 있다. 피드백은 초기 단계부터 자주 통합되며 이 과정에서 설계에 반영돼야 한다. 구현 방법에 대한 세부 정보를 제공하는 API 계약은 이러한 과정을 통해 정립된다. 프로토타입은 전체 과정이 실행되기 이전에 동작하는 API를 보여준다. API가 출시되면 각 팀은 동시에 각자의 역할을 수행하게 되는데, API 계약이 기본적인 합의로 작용한다. 사용자가 API를 사용할 수 있게 지원할 필요가 있는 이유는 개발자들이 API를 사용하면서 발생하는 추가 피드백이 다시 새로운 설계에 반영돼야 하기 때문이다.

> **원칙 1: API 설계가 고립되면 안 된다.**
>
> 협업은 좋은 API 설계의 핵심이다. 엔지니어와 비즈니스 담당자 모두 API 설계 프로세스 전반에 걸쳐 참여해야 한다. 개발 팀만 참여하는 API 설계는 비즈니스 환경에서의 잠재력을 극대화해 성공하기 어렵다.

▌API 설계 우선 방법론에서의 애자일

API 설계 우선 방법론에서 중요하게 생각하는 것은 설계와 출시 프로세스 전반에 걸친 반복적인 피드백 수렴과 변경에 대한 기회를 갖는 것이다. API 설계 방법론에서는 본격적으로 코드가 작성되기 이전에 모든 설계 작업이 완료돼야 한다고 말하지 않는다. API 설계 방법론을 적용하는 방법을 이해하려면 애자일^{Agile} 소프트웨어 개발 선언을 상기할 필요가 있다.

애자일 소프트웨어 개발 선언

애자일 소프트웨어의 원칙을 되짚어보면 애자일 개발 방법론이 어떻게 API 설계 우선 방법론과 연결되는지 이해할 수 있다. API 설계 우선 방법론과 관련이 있는 애자일 소프트웨어의 원칙[3]을 보면 다음과 같다.

- 우리의 최우선순위는 고객을 만족시키는 것이다.
- 개발의 후반부일지라도 요구 사항 변경을 환영하라.

---

3. 켄트 백(Kent Beck), '애자일 선언 이면의 원칙', https://agilemanifesto.org/principles.html

- 작동하는 소프트웨어를 자주 전달하라.
- 비즈니스 쪽의 사람들과 개발자들은 프로젝트 전반에 걸쳐 날마다 함께 일해야 한다.
- 작동하는 소프트웨어가 진척의 주된 척도다.
- 기술적 탁월성과 좋은 설계에 대한 지속적 관심이 기민함을 높인다.
- 단순성(하지 않는 일의 양을 최대화하는 기술)이 필수적이다.

이러한 원칙을 유념해 API 설계에 대해 이해관계자들과 조기에 그리고 자주 소통하면서 민첩함을 유지해야 한다. 이해관계자는 개발 팀, 파트너, API를 사용해서 시스템 통합을 수행하는 개발자 등이 포함될 수 있다.

API 설계를 점진적으로 완성해가는 방식은 변화하는 요구 사항에 대해 열린 자세로 수용하고 작동하는 소프트웨어를 자주 전달하는 원칙에 부합하게 한다. 프로젝트 일정 막바지에 API 설계에 부정적인 영향을 미치는 결정도 피할 수 있다.

'단순함 추구' 원칙은 명료한 API 설계를 말한다. 이해하기 어려운 복잡한 설계는 바람직하지 않다. 사용 사례를 기반으로 직관적이어야 하며 불필요한 정보들이 노출돼 혼란을 야기하는 것을 피해야 한다. 또한 비즈니스 영역에서의 용어를 사용해 이해하기 쉬워야 한다.

API 설계 우선 방법론의 민첩성

API 설계 우선 방법론은 향후 전면적인 변경 위험을 관리할 수 있도록 충분한 상세 정보 파악을 목표로 해야 한다. 개발이 본격적으로 시작되기 전에 모든 설계를 확정하는 것이 목표가 되면 안 된다. API 설계 방법론은 애자일 개발 방법론과 동일한 맥락에서 이해할 수 있다.

API 설계 우선 방법론은 신속하고 예측 가능한 방식으로 프로젝트를 수행할 수 있게 해서 민첩하게 초기 단계부터 변경에 대응할 수 있다. 점진적인 반복의 과정이 없이 순차적인 방식인 폭포수^{waterfall} 방법론과 완전히 반대다.

▌ADDR 프로세스

대부분의 API 설계 팀이 직면하는 가장 큰 문제 중 하나는 사용 사례, 스프레드 시트, 와이어프레임 등 다양한 형식의 비즈니스 요구 사항을 API 설계로 변환하는 방법이다. 소프트웨어 비즈니스 분석에 대한 배경 지식을 갖춘 전문가의 경우에는 이 과정을 쉬운 작업 중 하나로 인식할 수 있다. 하지만 이러한 도메인 모델과 기능 요구 사항들을 웹 기반 API 설계에 반영하는 작업은 결코 쉬운 일이 아니다. 문제는 기능 관련 직군이거나 그렇지 않은 모든 구성원이 상황에 대한 맥락 이해와 기대 결과를 일치시켜야 한다는 것이다.

이름에서 알 수 있듯이 ADDR^{Align-Define-Design-Refine, 조정-정의-설계-정제} 프로세스[4]는 API 설계 우선 방법론을 바탕으로 팀원들에게 가이드를 제시한다.

1. **조정**^{Align}: 기대 결과를 중심으로 비즈니스, 프로덕트 및 기술 전반에 걸친 이해와 목표 조율
2. **정의**^{Define}: 목표 결과를 제공하고자 비즈니스 및 환경과 고객의 요구 사항을 API의 기초가 될 디지털 기능과의 관계 정의
3. **설계**^{Design}: 원하는 결과에 부합하게 각 API에 대한 특정 설계 단계에서

---

4. ADDR 프로세스는 API 설계 코칭 경험에서 얻은 많은 교훈을 기반으로 한다.

하나 이상의 API 스타일을 적용해 설계

4. **정제**^{Refine}: 문서화, 프로토타이핑 및 테스트와 같이 개발자의 피드백을 이용해서 API 설계를 개선

단계별로는 7단계가 있으며 나중에 자세한 내용을 설명한다.

1. **디지털 기능 식별**: 고객의 요구와 기대 결과를 분석해 필요한 디지털 기능을 도출한다.
2. **API 액티비티 단계 캡처**: API 설계를 위한 협업 세션을 통해 요구 사항에 대한 이해를 일치시키고 디지털 기능을 명확히 한다.
3. **API 경계 식별**: 디지털 기능을 API 경계로 그룹화하고 API가 이미 존재하는지 또는 새로운 API가 필요한지 결정한다.
4. **API 프로파일 모델링**: API 모델링을 위한 협업 세션을 통해 리소스 및 작업을 도출하는 하이레벨 API 설계를 API 프로파일에 정의한다.
5. **하이레벨 설계**: 각 API 프로파일에 적용한 API 스타일을 선택하고 하이레벨 설계 요소를 문서화한다.
6. **설계 정제**: 개발자의 경험을 개선할 수 있는 기술을 사용해 API 사용자의 설계에 대한 피드백을 수집하고 반영한다.
7. **API 문서화**: API의 이용을 촉진하고자 참조 문서 및 시작 가이드를 포함한 API 문서를 작성한다.

그림 2.4는 설계 우선 방식을 지원하는 ADDR 프로세스를 요약해서 보여준다. 이 프로세스의 목표는 다음과 같다.

- 고객이 이해할 수 있는 용어를 사용해서 문제에 대한 이해를 명확하게 하고 이를 해결하기 위한 API 설계를 제공한다.
- 프로세스가 정립되지 않은 상황에서 흔히 나타나는 설계에 대한 변경을 최소화한다.
- API 설계 및 출시를 위한 전체 과정을 개발자 중심이 아닌 이해관계자

전체를 위해 최적화한다.

- 신속한 출시를 위해 불필요한 단계를 제거한다.

- 기술 영역의 역할을 맡는 엔지니어와 비즈니스에 관련된 다른 모든 업무 영역의 역할 담당자가 함께 참여하면서 반복적으로 수행되는 설계 프로세스를 만든다. 일부 참여자는 API 설계의 맥락 전체를 이해할 수 없지만 도움이 되는 통찰력^{insight}을 얻을 수 있다.

- API 설계 결과물에 대한 이유와 의도를 전달하지 못하는 화이트보드의 낙서보다는 팀 내에서 공유하고 활용할 수 있는 형태의 정제된 산출물을 만든다.

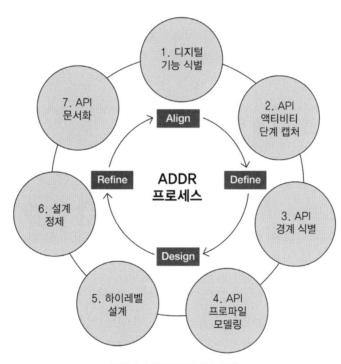

그림 2.4 ADDR 프로세스 요약

이러한 결과물들은 지속 가능하고 성공적인 API 프로덕트에 기여한다. 이 책에서는 ADDR 프로세스를 자세히 설명하고 실제 설계 프로젝트 시나리오에 각 단계를 적용해본다.

- 개발자와 최종 사용자가 수행해야 하는 작업을 기반으로 원하는 결과를 제공하는 데 필요한 API를 정의한다(3 - 6장).
- 일반적인 패턴 및 사례와 함께 적절한 API 스타일을 적용해 기대 결과를 충족시키기 위한 API를 설계한다(7 - 9장).
- 필요한 상황에서 복잡성을 재구성하고자 API를 작은 규모의 서비스 단위로 분리한다(10장).
- 문서와 개발 라이브러리, 커맨드라인 인터페이스 및 테스트 전략 등 개발자 경험을 개선하기 위한 지원을 제공해 사용자가 쉽고 빠르게 API를 사용할 수 있게 한다(11 - 13장).
- 지속 가능하고 장기적인 관점에서 진화하는 API를 설계한다(14장).
- 데이터의 유출을 방지하는 API 보안(15장)
- API 설계의 지속적인 발전을 위한 설계 노력의 확장(16장)

▌API 설계에서 DDD의 역할

앞에서 언급했듯이 API 설계 프로세스는 고객이 이해할 수 있는 용어를 사용해 문제를 명확히 하고 해결 방법을 찾는다. 이를 위해서는 API가 시장에서 고객의 요구 사항을 해결하고자 비즈니스 전략과 어떻게 결합되는지를 깊이 이해해야 한다. 이러한 부분을 간과하면 잘 설계된, 사용하기 쉬운 API가 되기 어렵다.

도메인 기반 설계DDD, Domain-Driven Design는 비즈니스 도메인 전문가와 소프트웨어 개발자 사이의 협업을 권장하는 방법론이다. DDD의 핵심 원칙에는 토론, 경청, 이해, 발견, 차별화된 전략적 비즈니스 가치 전달이 포함된다. 기술 영역의 역할이 부여된 구성원과 비기술 영역의 구성원 모두 소프트웨어 제품의 비즈니스 혁신에 유의미하게 기여해야 한다. DDD를 처음 접하는 사람은 DDD에 대해 소개하고 있는 에릭 에반스Eric Evans의 책[5]과 DDD를 팀에 도입하는 방법을 설명한

---

5. 『도메인 주도 설계』(위키북스, 2011)

반 버논의 『도메인 주도 설계 구현』[6]을 읽어보면 좋다.

ADDR 프로세스는 DDD에서 찾을 수 있는 개념과 사례를 일부 참조해 구축된다. 그러나 이 프로세스를 적용하려면 DDD를 잘 알아야 하거나 직접적으로 DDD를 도입해야 하는 것은 아니다. DDD에 익숙한 사람들은 사용된 개념과 기술 중 일부를 알 수 있을 것이다. 하지만 ADDR 프로세스는 다양한 상황에서 적용하고 반복적으로 실행될 수 있게 하고자 필요하다면 DDD의 범주를 벗어날 수도 있다는 사실이 중요하다. 오히려 DDD에 친화적인 사람들이 ADDR 프로세스를 자신의 필요와 선호에 맞게 조정하고 싶을지도 모른다.

▌ 모두가 참여하는 API 설계

소프트웨어 개발에는 다양한 역할을 맡은 사람들이 참여한다. 비즈니스 리더와 PO[Product Owner] 시장의 환경과 요구 사항을 분석한다. 소프트웨어 아키텍트와 기술 영역의 리더는 요구 사항을 해결하고자 중요한 설계 결정을 내린다. 개발자는 모든 것이 제대로 동작하도록 코드를 설계하고 구현한다. 디자이너와 UX(사용자 경험) 전문가는 사용성을 향상시키고자 기능들을 사용자 인터페이스로 설계한다.

각 담당자는 자신의 경험과 강점을 살려 API 설계 프로세스의 일부에 참여하고 기여할 수 있다. 팀의 규모에 따라 한 사람이 여러 역할을 수행할 수도 있다. 가능하다면 다양한 관점의 확보하고자 API 설계 과정의 참여자는 기술적인 역할의 사람들과 프로덕트나 비즈니스 담당자들 간의 균형을 유지하는 것이 좋다.

API 설계 세션에 일반적으로 관련된 역할들은 다음과 같다. 하지만 여기 한정되는 것은 아니다.

- API 디자이너와 아키텍트는 설계 프로세스를 촉진하고 API 설계 전문 지식을 전달한다.

---

6. 『도메인 주도 설계 구현』(에이콘, 2016)

- 주제 전문가[SME, Subject Matter Experts] 및 도메인 전문가는 요구 사항을 명확히 하고 API 설계에 사용될 용어를 정의하는 데 기여한다.
- 기술 리더는 구현에 필요한 리소스를 지원한다. 필요한 리소스를 예측하고자 추가적인 질문이 필요할 수 있다.
- 프로덕트 관리자는 시장의 상황과 고객의 요구 사항을 API 설계에 반영한다.
- 테크니컬 라이터[Technical writers]는 제공해야 할 프로덕트의 기능 범위를 명확히 하기 위한 질문을 한다. 그리고 출시할 API 문서와 사용 가이드 작성에 참여한다.
- 스크럼 마스터[Scrum Masters]와 프로젝트 관리자는 일정을 조율하고 위험 요소들을 파악하는 데 도움이 되는 정보를 제공한다.
- QA 팀은 테스트 가능한 API 설계에 대한 정보를 제공하고, 웹 API 테스트 방법과 일정을 결정한다. 설계에 대한 테스트는 개발과 병행하게 할 수 있다.
- 인프라 및 운영 팀은 API를 구축하기 위한 네트워크, 서버, 컨테이너 환경, 메시지 브로커, 스트리밍 플랫폼 등 필요한 인프라 리소스를 관리한다.
- 보안 팀은 개인 식별 정보[PII], 비공개 정보[NPI, NonPublic information] 등 보안 문제에 대해 API 설계를 검토하고 위험을 식별한다. 알려진 공격 패턴에 대해 노출을 제한하고 데이터에 대한 접근 관리 방법을 결정하는 데 기여한다.

API 설계 프로세스는 이러한 각 역할의 고유한 관점들을 통합해서 비즈니스를 개발 팀과 연결한다. API의 명확한 목표와 기대 결과를 정의하고 목표를 달성하고자 API를 설계한다. 3장에서 이 프로세스의 자세한 내용을 살펴본다.

▌프로세스를 효과적으로 적용

ADDR 프로세스는 기존 프로세스와 통합할 수 있다. 처음에는 일부 단계에서 명확하지 않거나 어색해 보일 수 있다. 시간이 지남에 따라 팀의 숙련도가 높아지면서 프로세스가 성숙되고 성과가 나타나기 시작할 것이다. 적응하는 데 시간이 필요하다. 기존 문제를 나열하고 프로세스를 통해 어떻게 해결할 수 있을지 정리해보면 도움이 된다.

이 프로세스를 한 번에 도입하는 것이 아니라 점진적으로 팀에 통합할 수 있다. 4장에서 설명하는 것처럼 API에 필요한 활동과 단계를 식별하는 것을 먼저 시작하고, 6장에서 다루는 'API 모델링'을 진행하는 것이 좋다. 다른 단계들도 점진적으로 도입할 수 있다.

▌요약

API 설계는 소프트웨어 제품 출시에서 별도의 중요한 단계다. API 설계를 위해서는 API를 사용하는 회사나 커뮤니티 및 개발자와의 소통이 필요하다. 잘못된 가정과 불명확한 요구 사항을 바로잡을 수 있기 때문이다. 또한 비즈니스, 프로덕트와 관련된 업무 담당자와 기술 영역의 담당자 사이의 의사소통도 원활히 이뤄져야 한다.

API 설계 우선 방식은 솔루션을 구축하는 사용자와 개발자에 초점을 맞춰 API 설계에 대한 외부 관점을 반영한다. 상향식 설계 방식과 조합하면 API는 도메인과 고객 그리고 개발자의 요구 사항을 모두 반영하는 균형 잡힌 설계가 완성된다. API 설계 프로세스에는 API가 제공해야 할 기능 및 기대 결과를 정의하고 조율하기 위한 다양한 역할들이 협업해야 한다.

API 설계 기술과 기본적인 내용들에 대한 소개에 이어 ADDR 프로세스의 첫 번째 단계인 조정^{Align}을 자세히 알아본다.

2부

API 결과에 따른 조정

API를 설계할 때 팀이 직면하는 과제 중 하나는 비즈니스 요구 사항에서 API 설계로 이동하는 방법을 결정하는 것이다. 팀은 제공하려는 API가 이해관계자의 요구 사항을 충족한다는 확신을 갖길 원한다. 또한 비즈니스 및 기술 팀이 API 설계 및 기본 구현의 막바지 정밀 검사를 방지하고자 노력하고 있다는 사실을 알고 싶어 한다.

2부에서는 ADDR 프로세스의 조정 단계를 도입해 이런 문제를 해결한다. 3장과 4장에 제공된 프로세스 및 기술은 비즈니스 요구 사항을 고객, 파트너, 외부 조직이 요구하는 디지털 기능으로 변환하는 프로세스를 통해 팀을 가이드한다. 팀이 프로세스의 권장 단계를 적용한 후에는 범위에 대한 확신을 갖고 이해관계자와 협력해 필요한 API를 정의하고 설계하는 과정을 진행할 것이다.

3장

디지털 기능 식별

우리는 제품을 구매할 때 업무에 도움을 받고자 제품을 '고용'한다. 작업이 잘 수행되면 다음에 같은 작업을 할 때 같은 제품을 다시 고용하는 경향이 있다. 하지만 이 제품이 도움이 되지 않는다면 '해고'하고 대안을 찾는다.

- 클레이튼 크리스텐슨^{Clayton M. Christensen}, 태디 홀^{Taddy Hall},
카렌 딜런^{Karen Dillon}, 데이빗 던컨^{David S. Duncan}

API는 웹, 모바일 앱, 파트너 시스템 통합, 인력 소개 솔루션들을 지원하는 가장 일반적인 표현 방식이다. 이를 통해 일반 또는 전문 개발자 누구든 데이터, 비즈니스 프로세스, 내부 시스템을 프로그래밍함으로써 원하는 결과를 얻을 수 있다. 조직은 반드시 디지털 기능(그림 3.1 참고)을 식별하는 능력을 개발하고 이를 이용해 사용자가 원하는 결과를 생성하는 데 도움이 되도록 API를 설계해야 한다.

ADDR 프로세스는 고객에게 결과로 전달할 필요가 있는 디지털 기능을 정의하는 것부터 시작된다. 또한 API 설계 전에 결과를 제공하는 데 필요한 특정 활동과 단계를 자세히 설명한다.

3장에서는 디지털 기능의 개념을 소개하고 API와 어떻게 연관돼 있는지 설명하며, 요구 사항을 필요한 디지털 기능을 식별하는 형식으로 매핑하는 방법을 설명한다. 이러한 디지털 기능은 프로덕트 및 플랫폼 API의 설계 내역을 알리는 데 사용한다.

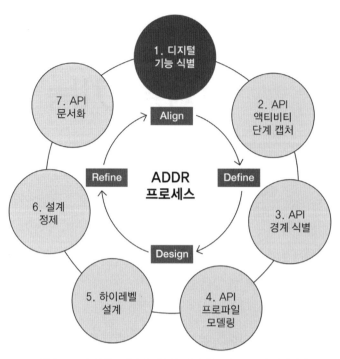

그림 3.1 조정 단계는 디지털 기능을 식별하는 것으로부터 시작된다.

▌이해관계자의 의견 수렴

2장에서 다룬 것처럼 API 설계는 커뮤니케이션 절차다. API가 제공하는 디지털 기능은 팀과 조직 경계를 넘어 내외부 개발자들과 커뮤니케이션한다. API를 제작하는 팀 이외에 사용하는 사람들은 작동 방식을 완벽하게 이해하고자 실제 코드를 읽을 필요가 없으며 그렇게 해서도 안 된다. 따라서 API 설계 및 관련 문서는 가장 간단한 방법으로 개발자와 커뮤니케이션하도록 노력해야 한다.

훌륭한 API 설계는 고객의 요구를 반영한다. 이런 맥락에서 고객이란 API 설계에 따라 좋거나 나쁜 경험을 갖는 개발자 및 최종 사용자 그룹으로 정의된다. API 설계를 고객 요구에 맞게 유지하면 훌륭한 사용자 및 개발자 경험을 제공하는 데 도움이 된다.

요구 사항이 잘못 파악된 API 설계는 좋지 않은 경험을 제공하며 종종 기존의 시스템 통합을 깨뜨리는 큰 변경을 요구할 때가 있다. API가 운영 환경에 하나 이상 통합되면 내부 또는 외부 팀이 API의 다음 버전으로 업그레이드하는 데 필요한 시간과 비용을 소비하게 설득하긴 매우 어렵다. 이는 하위 호환성을 깨는 API 설계를 위한 여지를 남기지 않는다. 따라서 고객의 요구에 맞는 API를 설계하려면 추측보다 고객에게 집중하는 것이 필요하다.

조직이 개발자와 고객 간 직접적인 커뮤니케이션을 지원할 만큼 작지 않은 경우 프로덕트 오너, 프로덕트 매니저, 비즈니스 분석가, 소프트웨어 분석가, 어카운트 매니저와 같은 여러 역할이 포함된다. 각 역할은 고객의 요구 사항을 대변한다. 훌륭한 API 설계는 레거시 시스템이나 데이터 저장소에서 입출력 방법에 대한 기술적인 세부 사항뿐만 아니라 조직의 다양한 역할로부터 수집된 의견이 포함된다.

또한 이해관계자들과 API 구현을 담당하는 개발 팀 간의 조율이 필요하다. API가 비즈니스 콘텍스트가 없는 경우엔 고객의 요구 사항은 충족할 수 있지만 비즈니스 목표를 충족하기 위한 요소는 충분하지 않을 수 있다. API에 고객 콘텍스트가 없다면 비즈니스 요구 사항을 충족하지만 고객이 원하는 결과를 제공하지 못할 수 있다. 둘 다 없다면 API는 목적을 달성하지 못하고 버려질 것이다. ADDR 프로세스에서 디지털 기능은 비즈니스, 고객, 기술 간의 의견 수렴을 통해 이러한 부정적인 결과를 방지하는 데 사용한다.

▌무엇이 디지털 기능인가?

비즈니스 기능은 조직이 시장에 제공하는 조력자를 나타낸다. 비즈니스 기능의 예로는 소비자 프로덕트 설계, 프로덕트 제조, 고객 지원이 있다.

디지털 기능은 자동화를 통해 원하는 결과를 현실로 만드는 자산으로 인력 시장, 파트너, 고객에게 조직과 디지털 방식으로 상호작용할 수 있게 한다. 디지털 기능은 하나 이상의 기술 솔루션 형태를 취할 수 있다. 예를 들면 REST API,

시스템 통합을 위한 웹훅^{Webhook} 기반 비동기 API, SOAP 서비스, 메시지 스트림, 주기적으로 수행되는 대량의 파일 기반 배치 프로세스가 있다.

사내 또는 경쟁사의 프로덕트나 서비스가 제공하는 디지털 기능을 리뷰하는 것은 해당 마켓 영역을 포함해 조직이 가치 있게 여기는 것에 대한 더 큰 통찰력을 얻을 수 있다.

디지털 기능 포트폴리오는 조직이나 프로덕트가 제공하는 디지털 기능의 모음이다. 시장에서 둘 이상의 당사자를 연결하는 플랫폼을 구축하는 조직의 경우는 디지털 플랫폼이나 플랫폼 기능이라는 용어가 더 익숙할 수 있다.

디지털 기능은 비즈니스 기능에 매핑될 수 있지만 서로 다른 관심 수준에서 작동한다. 비즈니스 설계자는 고객 서비스와 같은 비즈니스 기능을 정의하고 KPI^{Key Performance Indicator} 또는 OKR^{Objectives and Key Results}을 연결해 비즈니스 성장을 추적한다. 디지털 기능은 결과물을 제품화하는 것에 초점을 두고 조직의 비즈니스 기능을 제공하는 데 필요한 활동을 포함한다. 비즈니스 기능은 조직의 '무엇'을 설명하고 디지털 기능은 '어떻게'를 설명한다.

표 3.1 REST 기반의 프로젝트 관리 API로 보여주는 디지털 기능

디지털 기능	REST 기반 API 설계의 예
프로젝트 시작부터 종료까지 관리	POST /projects
프로젝트에 공동 작업자 추가	POST /projects/{projectId}/collaborators
프로젝트를 이슈 단위로 세분화	POST /issues
완료된 이슈로 표기	POST /issues/{issueId}/completed
미완료 이슈 확인	GET /issues?status=incomplete
활성 프로젝트 확인	GET /projects?status=active

표 3.1은 프로젝트 관리 애플리케이션의 디지털 기능과 REST 기반 API를 통해 실현할 수 있는 방법 간의 차이점을 보여주고자 일반적인 프로젝트 관리 애플리케이션의 예를 보여준다.

디지털 기능이 고객과 고객이 원하는 결과에 초점을 맞춰 작성되는 방식에 주목해야 한다. REST, GraphQL 또는 gRPC(7장과 8장에서 자세히 설명)와 같은 API 설계 스타일의 선택은 디지털 기능의 일부가 아니고 디지털 기능이 표현되는 방식의 일부다. 경우에 따라 단일 디지털 기능에 대해 여러 API 설계 스타일이 제공될 수도 있다.

비즈니스 및 프로덕트 요구 사항을 확인해 API로 디지털 기능을 설계하는 데 사용할 수 있는 몇 가지 방법이 있다. ADDR 프로세스는 설계에 대한 작업 수행 방식에 기반을 둔 작업 사례를 사용할 것을 권장한다.

▋수행해야 할 작업에 집중

JTBD[Jobs To Be Done]는 프로덕트 또는 서비스 제공을 통해 충족되는 특정 요구다. JTBD에는 고객의 문제, 수행할 작업, 원하는 결과를 캡처하는 작업이 포함된다.

JTBD[1]는 『혁신 기업의 딜레마』[2]의 저자인 클레이튼 크리스텐슨에 의해 프로덕트나 서비스를 설계할 때 고객의 관점을 고려하는 방법으로 공식화됐다. JTBD는 프로덕트가 특정 요구를 충족해 시장에서 채택될 가능성이 높아진다. 우선 고객의 요구, 즉 업무를 식별하고 그 요구를 프로덕트나 서비스가 어떻게 충족시킬지를 정의한다.

JTBD에서 작업은 수행해야 하는 기능 그 이상이다. 작업은 정말 원하는 결과나 성취에 관한 것이다. 작업은 새롭고 해결되지 않은 것일 수도 있고 고객의 요구를 충족시키지 못하는 방식으로 해결될 수도 있다. 원하는 결과를 얻을 수 있는 프로덕트는 수행해야 할 작업에 대한 모든 요소를 고려하는 프로덕트다. JTBD는 API뿐만 아니라 조직 내 제품 및 소프트웨어 설계의 다른 모든 측면에 적용된다.

---

1. Christen Institute의 'Jobs to Be Done', 2021.08.12, https://www.christenseninstitute.org/jobs-to-be-done
2. 클레이튼 크리스텐슨(Clayton M. Christensen)의 『혁신 기업의 딜레마: 미래를 준비하는 기업들의 파괴적 혁신 전략』(세종서적, 2020)

JTBD의 아이디어는 프로덕트 매니저들이 고객 중심 사고방식을 받아들여 프로덕트 성능을 향상시키려고 했던 1980년대 중반부터 고객의 목소리[VOC, Voice Of the Customer][3]에 뿌리를 두고 있다. VOC는 시장조사 데이터, 설문조사, 고객 인터뷰를 통해 파악된 특정 요구 사항을 결합한다.

크리스텐슨은 프로덕트가 해결하려고 하는 일에는 감정적이고 사회적인 측면이 있다는 것을 상기시킨다. 일은 당면한 문제를 넘어 관련된 불안감을 줄이거나 제거하는 것을 포함한다. 프로덕트는 바람직한 결과를 향해 나아가는 과정에서 긍정적인 경험을 제공해야 한다. 어떤 프로덕트들은 심지어 일을 완수하는 동안 즐거움을 주기까지 할 수도 있다.

> **원칙 2: API 설계는 결과 기반에서 시작한다**
>
> 결과에 초점을 맞추면 API가 모든 사람에게 가치를 제공할 수 있다. 이를 위해서는 데이터와 시스템 통합만으로 이뤄지는 API 설계가 아닌 프로덕트 사고(product-thinking)적 접근이 필요하다. ADDR 프로세스는 이런 결과를 식별하고 실현하는 데 중점을 두고 있다.

▌작업 스토리가 무엇인가?

고객과 사용자는 API, 마이크로서비스, 서버리스 또는 사용되는 프론트엔드 프레임워크 취향에 관심이 없다. 문제의 해결책을 원하고 결과에 신경을 쓴다.

작업 스토리[job stories]는 고객의 동기, 이벤트, 새로운 프로덕트, 서비스 또는 API에 대한 기대 등 모든 프로덕트에 대해 수행해야 할 작업이 담겨 있다. 고객의 관점에서 설계상의 모든 문제를 정리한다. 작업 스토리는 고객이 안고 있는 문제와 고객이 달성하고 싶은 최종 결과를 파악한다. 이러한 문제마다 해결할 수 있는 것이 작업이다. API는 이러한 JTBD를 통해 원하는 결과를 얻을 수 있는 디지털 기능을 제공한다.

---

3. 위키피디아의 'Voice of the Customer', 2021.07.15, https://en.wikipedia.org/wiki/Voice_of_the_customer

작업 스토리는 앨런 클먼트[Alan Klement][4]에 의해 작성됐고 크리스텐슨에 의해 공식화된 JTBD에 기초하고 있다. 작업 스토리는 수행해야 할 작업의 모든 측면을 캡처할 수 있는 단순한 프레임워크를 제공한다.

작업 스토리를 작성하는 팀은 API 설계가 청중이 원하는 결과에 더 초점을 맞추고 있음을 알게 될 것이다. 또한 자동 테스트의 합격 기준을 작성하고자 필요한 상세 정보도 취득할 수 있다. 작업 스토리는 구체적인 구현 내용이 포함돼 있지 않아야 한다. 대신 결과를 전달하는 데 필요한 진행을 만들고자 어떤 일이 일어나야 하는지 자세히 설명해야 한다.

ADDR 프로세스는 고객 중심적인 방법으로 비즈니스 요구 사항을 파악하고자 작업 스토리에 크게 의존한다. 작업 스토리는 고객의 요구 사항을 간단한 형식으로 표현하고 API 설계를 추진하는 디지털 기능을 자연스럽게 식별할 수 있는 방법을 제공한다.

▍작업 스토리의 구성 요소

작업 스토리는 "언제, 하고 싶은 대로, 할 수 있다"의 3가지 컴포넌트로 구성돼 있다.

1. **언제:** 인간관계를 확립하는 트리거 이벤트는 고객이 결과를 원하는 상황이나 이유다. 트리거 이벤트는 API가 사용되는 시기에 대한 핵심 지표다.
2. **하고 싶은 대로:** 기능은 고객이 취해야 할 조치로 식별한 것이다. 기능은 API가 원하는 결과를 제공하고자 수행할 중요한 역할을 식별한다. 또한 API가 제공할 작업을 분해하는 데 사용한다.
3. **할 수 있다:** 결과는 원하는 최종 상태다. 트리거링 이벤트가 발생했을 때 기능을 적용한 결과다. 결과는 API 설계에 대한 허용 기준을 결정한다.

---

4. 앨런 클먼트가 〈사용자 스토리를 작업 스토리로 대체(Replacing the User Story with the Job Story)〉를 JTBD.info에 게제, 2013.11.12, https://jtbd.info/replacing-the-user-story-with-the-job-story-af7cdee10c27

그림 3.2는 3가지 컴포넌트를 강조해 비밀번호 분실 작업 스토리의 예를 보여준다.

그림 3.2의 예제 작업 스토리는 디지털 기능 설계를 알리고자 작업 스토리를 사용하는 방법을 보여준다. 이 경우 '비밀번호 초기화'라는 디지털 기능을 캡처한다. 이는 API가 대상 고객의 요구 사항을 충족하고자 제공해야 하는 많은 디지털 기능 중 하나다.

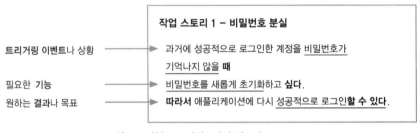

그림 3.2 작업 스토리와 3가지 컴포넌트

API에 대한 작업 스토리 작성

작업 스토리를 만드는 데 사용되는 세부 정보는 다양한 형식으로 존재할 수 있다. 일부 세부 정보는 해결해야 하는 문제를 식별할 수 있다. 다른 세부 사항은 원하는 결과를 나타낼 수 있지만 다른 정보는 부족하다.

작업 스토리 생성에 접근하는 데 옳고 그른 방법이 없기 때문에 실제 세계에서 발생하는 많은 상황을 탐색하는 데 도움이 되는 3가지 방법이 제공된다. 한 가지, 2가지 또는 3가지 방법 모두를 적용해 고객 요구 사항을 캡처하는 작업 스토리를 작성한다. 그런 다음 "언제, 하고 싶은 대로, 할 수 있다"의 작업 스토리 형식에 대한 통찰력을 공식으로 만든다.

방법 1: 문제가 판명된 경우

이 방법은 고객이 일반적으로 해결해야 할 문제를 잘 식별하기 때문에 가장 일반적이다. 이 경우 다음 질문 중 일부 또는 전부를 사용해 문제를 탐색하고 작업 스토리를 구성하는 데 필요한 나머지 2가지 구성 요소를 식별한다.

- 고객이 문제 해결을 위해 원하는 결과는 무엇인가?
- 결과를 얻고자 필요한 작업은 무엇인가?
- 이 2가지 답변이 주어졌을 때 원래의 문제가 트리거링 상황을 잘 표시하는가?, 아니면 문제를 작업 스토리 형식으로 표현할 수 있는 더 나은 방법이 있는가?

방법 2: 원하는 결과를 알 수 있는 경우

원하는 결과를 이해할 수 있지만 트리거 상황은 그렇지 않은 수 있다. 이는 고객이 원하는 결과를 염두에 두고 있지만 그것이 필요한 이유를 모르는 경우일 수 있다. 다음 질문을 사용해 토론을 유도하고 원하는 결과를 바탕으로 작업 스토리를 작성하는 데 도움이 된다.

- 고객이 설명한 바와 같이 원하는 결과를 이끌어내는 문제는 무엇인가?
- 결과를 얻고자 필요한 작업은 무엇인가? 여러 개의 태스크가 식별된 경우에는 하나의 작업 설명으로 요약한다.
- 원하는 결과가 여전히 고객의 요구를 가장 잘 표현하고 있는가, 아니면 다시 작성해야 하는가?

방법 3: 디지털 기능이 식별된 경우

고객이 원하는 디지털 기능을 식별할 수 있는 경우가 있다. 이는 고객이 대상 분야의 전문가이거나 문제에 대해 상당한 시간을 할애한 경우 흔히 볼 수 있다. 이 경우 다음 질문을 통해 식별한 디지털 기능을 검증하고 누락된 작업 스토리를 작성한다.

- 고객이 원하는 결과는 무엇인가?

- 고객이나 이해관계자의 설명에 따라 결과를 요구하는 문제 또는 촉발되는 상황은 무엇인가?
- 식별된 디지털 기능이 원하는 결과를 도출하는 데 도움이 되는가? 그렇지 않다면 디지털 기능을 더 잘 표현할 수 있는 방법이나 문제 해결에 더 적합한 방법이 있는가?

▌작업 스토리의 어려움 극복

팀이 작업 스토리를 구성하기 시작할 때 3가지 문제에 직면할 수 있다. 작업 스토리가 너무 상세해지고, 기능 중심이 되거나 추가 사용자 콘텍스트가 필요할 수 있다. 이런 모든 문제를 다음 제안을 사용해 해결할 수 있다.

도전 1: 너무 상세한 작업 스토리

작업 스토리는 미래에 작업 스토리를 각 태스크로 분해할 수 있도록 충분한 콘텍스트를 포함해야 한다(4장에서 자세히 설명). 하지만 작업 스토리는 가까운 미래에 중요해질 모든 종류의 세부 사항으로 가득할 수 있다. 이는 작업 스토리 작성자가 이전에 다룬 특정 세부 사항을 추적하지 못하는 것을 우려할 때 흔히 발생한다. 세부 정보가 너무 많은 다음 예를 고려한다.

> 사고 싶은 상품을 찾았을 **때**
>
> 제품의 수량, 색상, 스타일을 제공하고 **싶다**.
>
> **따라서** 장바구니에 추가**할 수 있고** 현재 소계, 운송비, 예상 판매세를 알 수 있다.

작업 스토리에 너무 많은 세부 정보가 포함된 경우 작업 스토리 아래에 추가 항목으로 세부 정보를 추출한다. 이렇게 하면 세부 정보가 손실되지 않고 작업 스토리에 대한 명확하고 집중된 내용을 유지할 수 있다. 다음은 같은 작업 스토리며 작업 스토리 이외의 상세 내용을 기재한 것이다.

사고 싶은 상품을 찾았을 **때**

장바구니에 제품을 추가하고 **싶다.**

따라서 내 주문에 포함시킬 수 있다.

추가 세부 사항:

- 장바구니에 품목을 추가할 때 수량, 색상, 스타일 필드가 필요하다.
- 그러면 장바구니에 현재 소계, 배송 비용, 예상 판매세가 표시된다.

이런 세부 정보는 추가 문서나 마크다운 파일의 글머리 기호로 추출하거나 스프레드시트의 추가 참고 열로 추가할 수 있다.

도전 2: 기능 중심의 작업 스토리

사용자 스토리 작성에 익숙한 사람은 결과보다 기능에 초점을 맞춰 작업 스토리를 작성하는 경향이 있다. 이 문제는 이미 사용자 인터페이스나 정확도 높은 와이어프레임을 갖고 있는 기존 제품에서 발생할 수 있다. 문제와 원하는 결과에 초점을 맞추는 대신 작업 스토리 작성자는 즉시 솔루션으로 이동한다.

다음은 기능 세부 정보에 중점을 둔 작업 스토리의 예다.

사고 싶은 상품을 찾았을 **때**

노란색 버튼을 클릭해 장바구니에 제품을 추가하고 **싶다.**

따라서 주문에 포함시킬 수 있다.

기능이 포함된 작업 스토리를 표준 작업 스토리 구조로 조정하는 것을 고려해야 한다. 팀이 작업 스토리의 기능에 대한 세부 정보를 잃을까 염려되는 경우 기능 세부 정보를 작업 스토리의 '추가 세부 정보' 부분으로 이동시킨다. 그럼 다음 기능 세부 정보는 설계 프로세스의 나중 시점에서 참조할 수 있다.

예를 들어 다음과 같다.

사고 싶은 상품을 찾았을 **때**

내 장바구니에 제품을 추가하고 **싶다.**

따라서 내 주문에 포함**시킬 수 있다.**

추가 세부 사항:

- 장바구니에 제품을 추가하는 버튼은 노란색이어야 한다.
- 레이블에 '장바구니에 추가'라고 표기돼야 한다.

도전 3: 추가 사용자 콘텍스트가 필요한 작업 스토리

사용자 스토리에는 스토리의 시작에 사용되는 '~로써' 문구의 이점이 있다. 이 문구는 사용자 스토리가 다루도록 설계된 인물을 식별하는 데 도움이 된다. 그러나 일부 제품을 동일한 접두사로 시작하는 긴 사용자 스토리 목록으로 끝날 수 있다(예, '사용자로서 …'). 이 경우 페르소나는 결국 필요한 세부 사항이 아니며 사용자 스토리를 어지럽힐 뿐이다.

기본적으로 작업 스토리의 형식은 페르소나와 관련이 없다. 그러나 페르소나에 대한 세부 정보가 작업 스토리에서 추가적인 맥락을 밝히는 데 도움이 되는 경우가 있다. 이 경우 이 예제에서 설명한 것처럼 "나는 ~이 하고 싶다" 부분에서 페르소나 이름을 대체한다.

특별 판매를 위한 날짜에 결정이 필요한 **때**

관리자가 사용자 정의된 기준으로 판매 보고서를 생성**하려고 한다.**

따라서 관리자는 판매 내역을 보고 판매를 실행하기에 가장 좋은 날짜를 결**정할 수 있다.**

이 접근 방식은 작업 스토리와 사용자 스토리를 적절하게 혼합한다.

▌작업 스토리 캡처 기술

현재는 작업 스토리를 캡처하고자 특별히 설계된 도구가 없기 때문에 팀은 스스로에게 가장 적합한 도구를 유연하게 선택할 수 있다. 다음은 몇 가지 권장 사항이지만 팀 내부 및 팀 간 커뮤니케이션과 협업을 가능하게 하는 모든 것을 자유롭게 사용한다.

- **스프레드시트:** 스프레드시트는 보편적인 도구며 작업 스토리를 캡처하는 데 매우 유용하다. 하나의 작업 스토리는 스프레드시트 하나의 행으로 충분하다. 첫 번째 열은 작업 스토리의 식별자여야 한다. 다음 열을 '언제', '하고 싶은 대로', '할 수 있다'에 할애한다. 마지막으로 메모를 위한 다섯 번째 열을 추가한다. 많은 스프레드시트가 공동 편집을 지원하므로 필요에 따라 여러 사람이 검토하고, 댓글을 달고, 기여할 수 있다.
- **문서:** 문서는 덜 구조화돼 있지만 유용하다. 팀에서 작업 스토리를 캡처하고자 인덱스 카드 스타일을 모방하려는 경우에 유용하다. 번호나 간단한 설명과 같이 작업 스토리 식별자를 나타내는 제목으로 시작한다. 작업 스토리의 3가지 구성 요소인 '언제', '하고 싶은 대로', '할 수 있다' 각각을 가독성을 위해 별도의 줄에 배치한다. 추가 통찰력이나 세부 정보를 글머리 기호 항목 목록으로 캡처할 수 있는 여지를 남겨둔다. 각 작업 스토리 사이의 공백을 추가해 각각을 구분하거나 페이지당 하나의 작업 스토리를 할당한다.
- **마크다운 파일:** 마크다운은 작업 스토리를 캡처하는 데 유용한 접근 가능한 구문이 있는 텍스트 파일이다. 마크다운 파일은 작업 스토리를 HTML, PDF, 기타 형식으로 내보내는 데 사용할 수 있다. 모든 작업 스토리와 함께 단일 마크다운 파일을 사용하거나 각 작업 스토리에 대한 마크다운 파일을 만든다. 깃^{git}과 같은 버전 제어 시스템과 결합해 작업 스토리의 변경 이력을 볼 수도 있다. 물론 이 접근 방식은 고도의 기술 전문성을 갖춘 팀을 대상으로 한다.

실제 API 설계 프로젝트

API 설계 프로세스를 탐험하고자 JSON 서점이라는 가상 서점을 사용한다. 서점을 창고에서 전 세계 고객에게 책을 배송하는 SaaS 기반 온라인 서점이다. 이 가상의 비즈니스는 내가 수년에 걸쳐 수행한 많은 컨설팅 계약에서 파생됐다. 실제 콘텍스트에서 API 설계의 다양한 개념을 더 잘 탐색하고 적용할 수 있는 기회를 제공한다. 팀은 다양한 청중을 지원하고 운영, 상거래, 파트너 통합을 지원하기 위한 API 설계와 관련된 다양한 문제를 보게 될 것이다. 또한 서점 프로젝트는 팀이 기존 API에 설계 기술을 적용하는 것과 관련된 문제를 탐색하는 데 도움이 된다.

JSON 서점은 온라인 상거래, 주문 성취도[fulfillment], 재고, 카탈로그 관리를 지원하는 일련의 API를 설계해야 한다. 또한 회사는 파트너 및 고객과의 통합을 지원해야 한다. 이 과정에서 API 노출 영역이 증가해 JSON 서점이 개발 속도를 늦추지 않는 확장 가능한 방식으로 API를 관리하고 통제하는 방안을 찾아야 한다.

작업 스토리 예제

표 3.1의 작업 스토리는 JSON 서점에 대한 쇼핑 및 구매 경험을 지원하고자 선택됐다. 연습으로 작업 스토리를 검토하고 형식을 연습하고자 몇 개를 추가로 작성해본다.

깃허브에서 사용할 수 있는 API 워크숍 예제[5]를 사용해 작업 스토리의 전체 목록을 참조할 수 있다.

---

5. https://bit.ly/align-define-design-examples

표 3.2 JSON 서점의 작업 스토리

ID	언제...	~을(를) 하고 싶다...	따라서 나는 ~을(를) 할 수 있다.
1	새로 나온 책을 보고 싶다.	최근에 추가된 책 나열	최근 냉수기 관련 소식 확인하기
2	재미있거나 새로운 것을 가르쳐 줄 책을 찾고 싶다.	주제 및 키워드로 책 검색	관련 도서 찾아보기
3	낯선 책을 만난다.	책의 세부 정보 및 리뷰 보기	내가 관심 있는 책인지 확인
4	사고 싶은 책을 한 권 이상 찾았다.	주문	책을 구매하고 내가 원하는 주소로 배송받기
5	주문한 상품이 언제 도착할지 확신이 서지 않는다.	주문 상태 보기	주문이 도착할 날짜를 확인하기

▌요약

API는 자동화를 통해 원하는 결과를 현실로 만드는 데 도움이 되는 디지털 기능이다. 이런 결과로 설계된 API는 대상 고객에게 더 나은 API 설계를 제공하는 데 도움이 된다.

작업 스토리는 원하는 결과와 이를 현실로 만드는 데 필요한 디지털 기능에 대한 콘텍스트적 이해를 돕는다. 작업 스토리는 구성하는 과정을 통해 모든 이해관계자에 대한 비즈니스와 고객 요구 사항에 대한 이해가 공유된다. 작업 스토리를 작성하는 데 더 많은 노력을 기울일수록 API가 고객의 요구 사항을 충족할 가능성이 높아진다. 작업 스토리는 API 설계 전에 모든 이해관계자가 같은 뷰를 바라보게 하는 첫 번째 결과물이다. 4장에서는 API 설계의 기초가 될 활동 및 단계로 작업 스토리를 확장하는 방법을 설명한다.

4장
액티비티와 단계 캡처

실제로 소프트웨어 개발자들은 자신이 모르는 일을 하고자 학습에 상당한 시간을 사용하고 있다. 다른 직업과 달리 그들은 대부분 처음하는 일을 한다(물론 외부에서 보기엔 예전과 동일한 타이핑으로 보일지라도).

- 알베르토 브란돌리니^{Alberto Brandolini}

알베르토 브란돌리니의 이 인용은 덜 친숙한 도메인에서 소프트웨어 개발에 직면한 많은 팀의 공감을 불러일으킨다. 일부 개발자는 경력의 대부분이나 전체를 동일한 비즈니스 도메인에서 유지할 수 있지만 대부분은 그런 사치를 누리지 못한다. 개발자들은 새로운 도메인을 빠르게 이해하고 이를 소프트웨어로 변환하는 것을 경력 전반에 걸쳐 반복해야 한다. 그들은 사용자 인터페이스, API, 데이터 모델 등의 작동 소프트웨어로 전환할 수 있도록 도메인에 빠르게 익숙해져야 한다.

ADDR 프로세스는 일련의 신속한 단계를 통해 이러한 격차를 해소하는 데 도움이 된다. 3장에서는 원하는 결과에 대한 이해를 통해 API 설계 프로세스의 첫 번째 단계를 자세히 설명했다. 다음 단계는 도메인의 개념, 프로세스, 워크플로를 더 잘 이해하고자 이해관계자, 개발 팀, 비즈니스 도메인 전문가에게서 세부 정보를 수집하는 것이다.

4장에서는 액티비티 기반 구조를 사용해 도메인 세부 정보와 예상되는 동작을 캡처하는 방법을 설명한다(그림 4.1 참고). 또한 도메인을 탐색하는 공동 작업 방식으로 EventStorming 프레임워크를 소개한다. 그 결과 도메인에 대한 더 깊은 이해, 모든 팀 구성원 간의 조정, 필요한 디지털 기능을 제공할 API를 정의하고 설계하기 위한 기반이 생긴다.

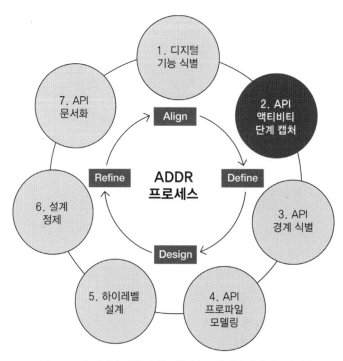

그림 4.1 조정 단계의 다음 단계는 액티비티 단계를 캡처하는 것이다.

▌작업 스토리를 액티비티 및 단계로 확장

작업 스토리를 생성하면 결과를 생성하는 데 필요한 디지털 기능과 함께 원하는 결과를 식별하는 데 도움이 된다. 이는 이전에 3장에서 다뤘다. 다음 단계는 이런 결과를 달성하는 데 필요한 액티비티 및 액티비티 단계로서 디지털 기능을 자세히 설명하는 것이다.

액티비티는 원하는 결과에 기여하는 일이다. 액티비티는 한 명의 참가자만 수행하거나 함께 협력하는 여러 참가자의 조합으로 수행할 수 있다. 참가자는 사람, 내부 시스템 또는 타사 시스템일 수 있다.

액티비티 단계는 액티비티를 완료하고자 수행해야 하는 개별 작업으로, 액티비티를 분해한다. 필요한 모든 액티비티가 완료되면 작업 스토리 결과가 완성된다.

이런 세부 정보를 캡처하는 2가지 빠른 단계가 있다. 각 작업 스토리에 대한 액티비티를 식별한 다음 각 액티비티를 개별 단계로 분해한다. 그런 다음 결과는 5장에서 자세히 설명하는 API 경계를 식별하는 데 사용한다.

프로세스의 이 부분에서 모든 팀 구성원은 솔루션에 대한 더 깊은 이해와 같은 시각을 얻는다. 요구 사항이 모호하거나 불확실성이 남아있는 경우 팀은 함께 EventStorming 세션을 진행해 솔루션을 추가로 탐색할 수 있다. EventStorming은 이 장의 뒷부분에서 자세히 설명한다.

각 작업 스토리를 위한 액티비티 식별

각 작업 스토리에 대해 원하는 결과를 생성하고자 수행할 액티비티를 식별하는 것으로 시작한다. 목표는 결과에 기여할 더 큰 작업 단위를 찾는 것이다.

3장의 표 3.2에서 보여준 JSON의 서점 주문하기 작업 스토리 4에 대한 액티비티의 예는 표 4.1에서 보여준다.

표 4.1 JSON의 서점에 대한 주문 작업 스토리 액티비티 예제

디지털 기능	액티비티	참가자	설명
주문	책을 둘러본다.	고객	책을 둘러보거나 검색한다.
주문	책을 사다.	고객, 콜센터	고객이 장바구니에 책을 담는다.
주문	주문하다.	고객, 콜센터	고객이 장바구니의 내용을 사용해 주문한다.

액티비티는 상위 개념이며 액티비티를 수행하는 데 하나 이상의 단계가 필요한

경우가 많다. 이 단계에서 개별 액티비티 단계가 식별되면 계속해서 기록한다. 그런 다음 해당 액티비티가 속하는 액티비티를 확인하고 해당 액티비티로 캡처한다.

각 액티비티를 단계로 분해

액티비티는 단계들로 구성되며 각 단계는 한 번에 한 참가자가 실행할 수 있도록 세분화된 수준에서 캡처된다. 액티비티 단계에서 2명 이상의 참가자가 동시에 실행해야 하는 경우 계속해서 액티비티 단계를 각 참가자에 대해 더 작고 독립적인 단계로 분해한다.

액티비티를 개별 단계로 분해하려면 API가 실제 문제를 해결하는 방법에 대한 더 깊은 이해가 필요하다. 이를 위해 도메인 전문가나 주제 전문가^{SME, Subject Matter} ^{Expert}의 통찰력이 필요하다. 액티비티 및 액티비티 단계를 캡처하는 프로세스에 주제 전문가를 포함한다. 주제 전문가를 사용할 수 없는 경우 주제 전문가와 고객을 인터뷰하는 데 시간을 할애하고 요구 사항을 더 잘 이해할 수 있게 한다. 문제 영역에 대해 가정할 여지를 남기지 않고 모든 질문이 해결됐는지 확인하고자 이 조사에 충분한 시간을 할애한다. 가능한 경우 프로덕트 관리자가 인터뷰 프로세스를 책임진다.

표 4.2는 JSON의 서점에 대한 액티비티를 액티비티 단계로 분해한다.

표 4.2 JSON의 서점의 액티비티 단계 예제

디지털 기능	액티비티	액티비티 단계	참가자	설명
주문	책을 둘러본다.	책을 나열한다.	고객, 콜센터	책을 카테고리나 발매일별로 나열한다.
주문	책을 둘러본다.	책을 검색한다.	고객, 콜센터	작가나 제목으로 책을 검색한다.
주문	책을 둘러본다.	책의 세부 정보를 본다.	고객, 콜센터	책의 세부 정보를 본다.

(이어짐)

디지털 기능	액티비티	액티비티 단계	참가자	설명
주문	책을 사다.	책을 장바구니에 추가한다.	고객, 콜센터	고객의 장바구니에 책을 추가한다.
주문	책을 사다.	책을 장바구니에서 삭제한다.	고객, 콜센터	고객의 장바구니에서 책을 삭제한다.
주문	책을 사다.	장바구니를 비운다.	고객, 콜센터	고객의 장바구니에서 모든 책을 삭제한다.
주문	책을 사다.	장바구니를 본다.	고객, 콜센터	현재 장바구니 및 총금액을 본다.
주문	주문하다.	확인한다.	고객, 콜센터	장바구니에 담긴 상품을 주문한다.
주문	주문하다.	결제한다.	고객, 콜센터	주문의 결제를 승인 및 진행한다.

일부 액티비티에는 단일 단계만 있을 수 있지만 다른 액티비티는 여러 단계가 있을 수 있다. 이는 일부 액티비티가 다른 액티비티보다 더 복잡하기 때문인 경우가 대부분이다.

각 작업 스토리에 대해 이 프로세스를 반복한다. 피드백을 얻고 적절한 조정을 보장하고자 주제 전문가와 액티비티 및 단계를 검토한다. 완료되면 5장에서 설명하는 정의 단계를 진행한다. 요구 사항이 액티비티와 단계를 생성할 만큼 명확하지 않은 경우엔 더 많은 작업을 수행해야 한다. 깃허브에서 사용할 수 있는 API 워크숍 예제[1]는 작업 스토리 액티비티를 캡처하기 위한 템플릿과 예제를 제공한다.

요구 사항이 명확하지 않을 때

표 4.1과 표 4.2에 자세히 설명된 액티비티 및 액티비티 단계 예제는 대부분

---

1. https://bit.ly/align-define-design-examples

사람이 온라인 전자상거래 웹 사이트를 경험했기 때문에 쉽게 이해할 수 있다. 팀에 익숙하지 않은 도메인의 경우는 액티비티 및 액티비티 단계가 명확해지기 전에 문제 영역을 더 탐색해야 할 수 있다. EventStorming은 협업 방식으로 요구 사항을 이해하고 조정하는 데 권장되는 방법이다.

▌공동 이해를 위한 EventStorming 사용

EventStorming[2]은 비즈니스 프로세스, 요구 사항, 도메인 이벤트를 시각적 모델로 표시하는 데 도움이 되는 협업 프로세스다. 알베르토 브란돌리니가 설계한 도구로 전 세계 조직의 요구 사항에 맞게 다양한 방식으로 변경됐다.

EventStorming은 대면 세션으로 수행할 때 가장 효과적이다. 필요한 경우 원격 세션을 사용할 수 있지만 활발한 대화가 제한적이다. 진행자는 그룹이 프로세스를 탐색하고 세션을 순조롭게 진행하는 데 도움을 준다. 모든 사람은 통찰력을 제공하고, 질문을 명확히 하고, 추가 조사가 필요한 누락된 사실을 식별해 전체 세션 동안 기여해야 한다.

솔루션의 소프트웨어 설계에 중점을 둔 다른 기술과 달리 EventStorming은 도메인 전체나 일부에 대한 공유된 이해를 만들려고 한다. EventStorming 세션의 산출물과 학습은 API 설계 프로세스를 포함한 소프트웨어 설계 프로세스에 대한 입력으로 사용된다.

사례 연구

국제 전신 송금을 위한 EventStorming

최근 EventStorming 세션은 국제 전신 송금(Internal Wire Transfer) 지원을 개발하는 그룹을 위해 수행됐다. 팀은 전신 송금을 수행하는 메커니즘에 매우 익숙했지만 송금에 이르는 과정을 살펴보고 싶었다. EventStorming이 탐색 프로세스에 유용한 도구가 될 것이라고 생각했다.

---

2. https://www.eventstorming.com

EventStorming 세션까지 몇 주 동안 요구 사항을 캡처하고자 작업 스토리가 사용됐다. 다가오는 EventStorming 세션에 대해 특정 작업 스토리 세트가 선택됐다. 선택된 작업 스토리는 그룹이 탐색하려는 영역에 대해 수행할 작업을 나타낸다. 참가자 목록이 선택됐고, 팀은 원격 세션을 위해 만났다.

원격 세션 동안 몇 가지 통찰력을 얻었다.

1. 국제 전신 송금 지원 전반에 대한 팀 조정

2. 몇 가지 기본적인 비즈니스 정책에 대한 미해결 질문 식별

3. 도메인 주도 설계에서 유비쿼터스 언어(ubiquitous language)라는 핵심 용어의 명확한 정의(여기에는 비즈니스 입력이 포함됨)

그러나 가장 가치 있는 통찰력은 환전의 세부 사항에 대한 알려지지 않은 숫자였다. 환전이 수행되는 시기에 관한 내부 정책은 아무도 없었다. 전신을 시작할 때 환전을 수행하는 것부터 전신 전송 프로세스가 시작될 때까지 기다리는 것까지 여러 옵션이 있었다. 지식의 격차는 세션 시작 1시간 이내에 확인됐다. 추가 조사가 필요하다는 결론이 나왔다. 문제를 명확히 하고자 해당 세션에 도메인 전문가가 참여했다.

더 나은 지식을 갖고 몇 가지 중요한 결정을 내려야 했다. 세션은 배포 범위에 대한 추가 설명을 얻고자 중단됐다. EventStorming은 향후 더 많은 정보를 갖게 되는 시점에 마무리돼 초기 배포가 모든 비즈니스 및 고객 요구 사항을 충족하게 보장했다.

EventStorming 세션이 진행되지 않았다면 개발자는 환전과 관련된 특정 비즈니스 정책을 가정했을 것이다. 주제 전문가들은 다른 사업 정책을 요구했을 것이고 개발자들은 마지막 순간에 변경을 해야 하고 제시간에 납품하고자 상당한 기술적 부채를 지게 될 것이다.

EventStorming 동작 방식

EventStorming 세션은 매우 대화식이다. 따라서 세션이 참석자의 시간을 가장 효과적으로 사용할 수 있도록 전담 진행자의 도움을 받는다. 대면 세션에서는 EventStorming 캔버스라고 하는 큰 벽 공간이 필요하다. 이 공간에는 솔루션 작동 방식에 대한 설명을 구성하고자 색상으로 구분된 포스트잇이 배치되고 이동된다. 팀이 분산돼 있거나 충분한 크기 또는 기간의 단일 공간을 찾을 수

없는 경우 원격 세션도 가능하다.

ADDR 프로세스는 EventStorming 세션을 5개의 개별 단계로 분리한다. 각 단계는 도메인에 대한 더 나은 이해를 얻을 때까지 더 많은 세부 사항과 이해를 추가하려고 노력한다. 그 과정에서 팀과 주제 전문가 간의 가정이 명확해진다. EventStorming 세션의 결과는 액티비티 및 단계를 캡처하는 데 즉시 사용된다. 5장에 자세히 설명된 대로 API 경계를 식별하는 데 도움이 되도록 프로세스 후반부에도 사용된다.

단계 1: 비즈니스 도메인 이벤트 식별

예상 시간: 30–60분

EventStorming 프로세스는 작업 스토리나 작업 스토리 그룹에 대한 비즈니스 도메인 이벤트를 식별하는 것으로 시작된다. 모두가 동일한 색상(일반적으로 주황색)의 스티커에 이러한 이벤트를 캡처해서 캔버스에 배치한다(브란돌리니는 특정 항목에 일관된 색상을 사용할 것을 권장한다. '단계 4: 도메인 이해 확장'의 색상 목록을 참고한다).

도메인 이벤트는 과거시제로 표현돼 이미 발생한 일을 나타낸다. 일부 참석자에게는 도메인 이벤트를 과거시제로 표현하는 것이 어려울 수 있다. 습관이 형성될 때까지 도메인 이벤트를 다시 표현하도록 도와준다. 이러한 노력을 일관되게 유지하면 후속 단계에서 성과를 거둘 수 있다. 표 4.3은 도메인 이벤트와 피해야 할 이벤트에 대해 선호하는 명명 규칙을 보여준다.

표 4.3 도메인 이벤트의 과거시제 이름 예제

방지	선호
사용자 인증 성공	사용자 인증됨
주문	주문 완료
운송장 출력	운송장 출력됨

100

이 단계는 각각 15-30분씩 2번의 반복을 제공해야 한다. 범위가 더 큰 세션을 경우 더 많은 반복이 필요할 수 있다. 그 결과 캔버스 전체에 많은 수의 정렬되지 않은 포스트잇이 흩어져 있다.

이벤트가 진행되면 참석자는 느려질 수 있다. 이는 일반적이며 쉽게 해결할 수 있다. 각 반복 사이에 캔버스 일부 영역을 검토해 누락된 도메인 이벤트를 식별한다. 참석자에게 모든 도메인 이벤트를 검토하고 비즈니스 도메인 이벤트 전에 발생할 수 있는 인과 관계 이벤트를 식별하도록 요청한다. 인과 관계 이벤트가 누락된 경우 새 도메인 이벤트 포스트잇도 추가하게 한다.

그림 4.2는 3장의 표 3.2에서 캡처한 JSON의 서점의 작업 스토리 1과 4에 대한 비즈니스 도메인 이벤트를 캡처할 때 이것이 어떻게 보이는지 보여준다.

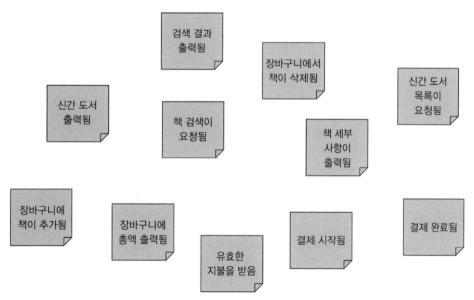

그림 4.2 JSON의 서점 온라인 스토어에 대한 도메인 이벤트 포스트잇 예제.
이제 이벤트가 캡처됐고, 다음 단계에서 정리된다.

세션이 완료되면 잠시 휴식을 취하고 다음 단계로 진행한다.

단계 2: 이벤트 내러티브 만들기

예상 시간: 90-120분

다음으로 도메인 이벤트 스티커는 처음부터 끝까지 내러티브^{Narrative}로 정렬된다. 그 과정에서 중복 이벤트가 제거되고 이벤트가 내러티브를 구성하기 시작하도록 설명이 이뤄진다.

진행자는 내러티브가 적절하게 구성됐는지 확인하고자 그룹에 명확한 질문을 할 책임이 있다. 내러티브에 대한 시작 도메인 이벤트를 찾고 다음 도메인 이벤트를 찾아 첫 번째 도메인 이벤트 뒤에 배치한다. 필요에 따라 도메인 이벤트를 삽입할 수 있도록 캔버스에 충분한 공간을 남겨둔다.

분기 또는 병렬 내러티브가 있는 경우 세션이 중단되는 것이 일반적이다. 세션을 빠르게 진행하려면 단일 내러티브를 선택하고 그에 따라 도메인 이벤트를 정렬한다. 원하는 경우 분기 또는 병렬 내러티브를 기본 내러티브 아래에 캡처할 수 있다.

그림 4.3은 이전에 식별된 비즈니스 도메인 이벤트에서 내러티브 생성을 보여준다.

그림 4.3 JSON의 서점에 대한 선형 내러티브로 정렬된 비즈니스 도메인 이벤트 포스트잇

이 단계는 시간이 거의 필요하지 않은 것처럼 보일 수 있지만 내러티브가 설정되면 대화가 시작될 것을 예상한다. 따라서 최소 1~2시간을 할당한다. 필요한 경우 도메인 이벤트 중 일부를 45도 각도로 돌려 다시 방문해야 함을 표시하고 나머지 설명을 진행한다. 전반적인 내러티브가 설정되면 문제의 도메인 이벤트를 다시 방문하거나 후속 조치를 위해 핫스팟(일반적으로 핫핑크) 포스트잇으로 표시한다.

단계 3: 내러티브 리뷰와 갭 식별

예상 시간: 60-90분

모든 이벤트가 정리되고 기본 타임라인에서 그룹화되면 그룹은 누락된 이벤트가 없는지 확인한다. 이를 위해 그룹은 전체 내러티브를 말하고자 왼쪽에서 오른쪽으로 걷기 시작한다. 이벤트가 누락됐거나 설명이 필요한 경우 즉시 변경된다. 이 단계에서 넓은 표면적은 포스트잇이 이리저리 움직일 수 있게 하며 내러티브의 공백을 채우는 데 도움이 된다.

또한 이 단계에서 공통 어휘를 설정하고자 모든 도메인 개념을 통합해야 한다. 이 어휘는 ADDR 프로세스의 다음 단계에서 식별될 제한된 각 콘텍스트에 대한 유비쿼터스 언어로 발전할 것이다. 그림 4.4는 공통 어휘를 통합하고자 EventStorming 캔버스에 첨부할 수 있는 카드를 보여준다. 필요한 경우 새 어휘를 사용하도록 기존 도메인 이벤트를 다시 작성한다. 그룹이 새로운 용어를 채택하는 데는 오랜 시간이 걸리지 않을 것이다.

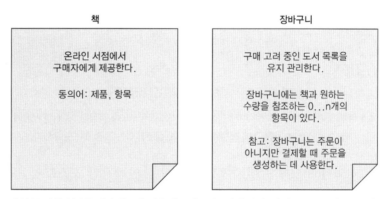

그림 4.4 세션 중 어휘 설명을 캡처하는 데 사용되는 카드의 2가지 예제. 이 카드는 프로세스의 다음 단계에서 식별되는 제한된 콘텍스트에 대한 유비쿼터스 언어의 일부가 될 것이다.〉

질문이 제기되고 토론이 시작될 때 이 단계는 최소 1시간이 소요될 것으로 예상한다.

단계 4: 도메인 이해 확장

예상 시간: 30–60분

이벤트가 정렬된 후 도메인 이해를 확장하고자 추가 포스트잇 색상이 사용된다. 그림 4.5는 이런 추가 유형의 포스트잇을 사용해 JSON의 서점에 대한 주문 작업 스토리의 일부를 보여준다.

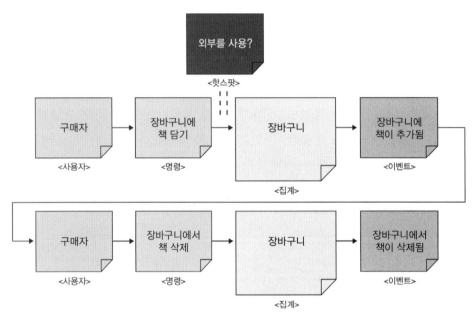

그림 4.5 명령, 집계, 사용자에 대한 추가 색상 포스트잇을 포함히도록 확장된 JSON의 시점에 대한 주문 작업 스토리. 세션 후에 해결해야 할 공개 질문이 있는 고정 핫스팟도 있다.

다음은 EventStorming 세션 전체에서 사용되는 일반적인 포스트잇 유형과 각 유형에 일반적으로 지정된 색상에 대한 요약이다.

- **비즈니스 이벤트(주황색):** 워크플로나 프로세스를 통한 앞으로 진행을 나타내는 작업이나 정책의 결과다.
- **핫스팟(핫핑크색):** 세션 후 조사 및 후속 조치가 필요한 알 수 없거나 누락된 데이터다.
- **명령(진한 파란색):** 사용자나 시스템이 수행하는 작업이다.

- **집계(대형, 옅은 노란색):** 명령 및 동작의 결과로 실행되고 종종 하나 이상의 이벤트가 발생하는 동작이나 논리다. 도메인 주도 설계[DDD, Domain Driven Design]에서 집계[aggregate]는 트랜잭션 일관성의 단위로 정의된다. EventStorming 에서 이는 워크플로, 상태 시스템, 기타 동작의 상위 수준 표현이다.

- **정책(라일락색):** 새 명령이 실행되고 항상 필요한 이유에 대한 트리거 이벤트나 동기다. 이벤트와 명령 사이의 다리 또는 접착제 역할을 한다. 정책은 '언제' 또는 '언제든'이라는 단어로 시작할 수 있다.

- **외부 시스템(옅은 분홍색):** 솔루션 외부의 시스템이다. 팀 외부에 을 수 있지만 조직이나 타사 시스템 내부에 있을 수 있다. 그룹의 통제 밖에 있는 집합체로 생각하는 것이 가장 좋다.

- **사용자 인터페이스(흰색):** 집계에 대해 명령을 실행할 수 있는 기능을 하나 이상의 역할에 제공하는 사용자 인터페이스다.

- **사용자(소형, 노란색):** 일반적으로 UI를 통해 시스템과 상호작용하지만 자동 호출, 이메일 또는 기타 메커니즘의 결과로 시스템과 상호작용하는 특정 역할이다.

식별된 비즈니스 도메인 이벤트 중 하나 이상을 초래하는 시스템이나 사용자가 취한 조치를 캡처하는 명령(파란색 스티커)을 추가해 시작한다. 명령은 집계로 전송되므로 해당 명령도 캡처한다. 종종 "xyz가 발생하면..."으로 표현되는 비즈니스 규칙은 정책(라일락)으로 캡처될 수 있다. 핫핑크 포스트잇은 더 많은 정보가 필요한 핫스팟 식별자로 사용한다.

단계 5: 최종 내러티브 리뷰

예상 시간: 30분

마지막으로 내러티브는 모든 요소가 캡처됐는지 확인하고자 시작에서 끝으로, 끝에서 시작으로 양방향에서 검토된다.

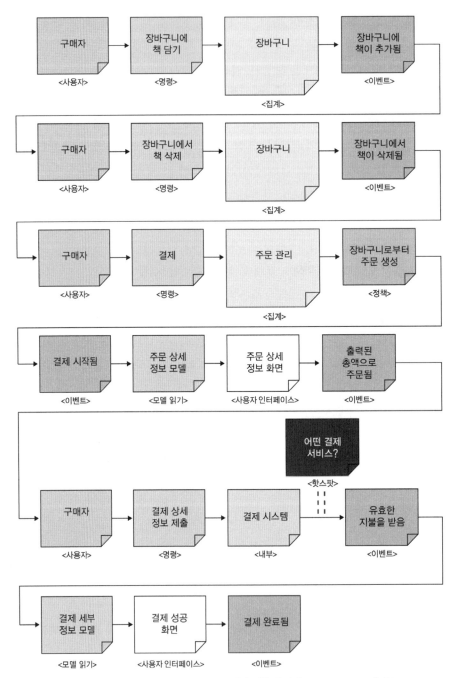

그림 4.6 JSON의 서점의 주문 작업 스토리에 대한 완성된 EventStorming 캔버스.
공간 제한으로 인해 포스트잇 한 줄은 2개의 추가 줄로 감쌌다.

중요한 이벤트 및 트리거는 단계 간의 주요 전환을 나타내고자 명확하게 표시된다. 그림 4.6은 세션 중에 이해한 것을 표현하는 데 필요한 포스트잇을 사용해 완전히 탐색된 주문하기 작업 스토리를 보여준다.

이것으로 EventStorming 세션이 완료된다. 캔버스는 API 설계 프로세스의 향후 단계를 알리는 데 유용하므로 나중에 참조될 수 있게 저장해야 한다. 캔버스의 사진을 찍어 팀과 공유하는 것을 고려한다. 캔버스를 접거나 공유 공간으로 재배치하는 것은 같은 사무실 공간의 같은 위치에 있는 팀원들에게 도움이 된다. 팀에서 Miro[3]와 같은 디지털 도구를 사용하는 경우 작업을 PDF나 이미지로 내보내 위키나 다른 프로젝트 자산의 일부로 공유할 수 있다.

마지막으로 앞에서 설명한 형식을 사용해 세션 중에 식별된 액티비티 및 액티비티 단계를 작성한다.

▌ EventStorming의 장점

이해관계자와 개발 팀 간의 조율은 용어, 프로세스, 목표 및 기타 내외부 시스템과의 필수 통합에 대한 공유된 이해를 통해 달성된다. API 설계 및 코드에 가정이나 오해가 생기는 것을 방지하고자 세션 후 후속 조치를 위해 질문이 표시된다. EventStorming 세션은 모든 사람이 재미있고 효과적인 연습을 통해 이런 통찰력을 표면화하고 효과적으로 커뮤니케이션할 수 있게 도와준다.

EventStorming 세션을 사용하면 다음과 같은 5가지 추가 장점이 있다.

1. 모델링되는 문제의 요구 사항 및 범위에 대한 공유된 이해
2. 워크플로 프로세스, 비즈니스 규칙 및 제약 조건에 대한 공유된 이해
3. 여러 용어를 유비쿼터스 언어로 대체해 공유 도메인 어휘 구축
4. 소프트웨어 설계 및 개발 이전에 후속 조치 및 설명이 필요한 항목 식별
5. 솔루션 내 경계 식별, 팀 간 종속성 조율을 최소화하고자 팀 노력 및

---

3. https://miro.com

분업 범위 지정에 유용

EventStorming은 다음과 같은 경우에 가장 효과적이다.

- API 및 마이크로서비스 설계 및 구현 이전에 외부 관점의 설계 사고를 확립하는 데 도움
- 소프트웨어 설계 및 개발에 앞서 가정을 명확히 하고 미해결 질문을 처리하기 전
- 일반적으로 3장에서 다룬 작업 스토리를 사용해 원하는 결과를 명확하게 문서화한 후
- 세션에서 모든 역할이 대표되는 경우
- 넓은 범위의 노력을 시작하거나 여러 팀에 걸친 작업을 시작할 때

EventStorming 세션의 가치가 줄어들 수 있는 상황도 있다. EventStorming 세션에서 불필요한 시간을 소비하지 않으려면 세션을 비효율적으로 만드는 다음 요소를 고려한다.

- 비즈니스 프로세스는 잘 알려져 있고 문서화돼 있다면 동일한 통찰력을 생성할 가능성이 높다.
- 문제의 범위는 식별된 비즈니스 요구 사항이 충분하고 완전할 만큼 충분히 작다.
- 비즈니스 요구 사항이 아직 확인되지 않았다. 이 경우 원하는 결과와 관련 당사자를 명확하게 정의하고자 3장에서 다루는 작업 스토리를 구성하는 것으로 시작한다.
- 비즈니스 이해관계자는 세션에 참석할 수 없거나 그 가치를 인식하지 못한다. 개발 팀이 여전히 세션을 수행할 수 있지만 그렇게 하면 비즈니스 요구를 충족하지 않는, 너무 많은 기술적 가정을 기반으로 프로세스를 모델링할 수 있다.
- 소프트웨어 전달이 시작됐고 이미 완료 날짜가 확정돼 있다. 팀이 전달 프로세스에서 충분히 초기인 경우 세션의 결과를 사용해 배포 전에 소

프트웨어 아키텍처 및 설계 조정을 수행할 수 있다. 그렇지 않으면 팀은 EventStorming 세션을 통해 얻은 통찰력보다 기존 결정을 계속 진행해야 한다.

누가 참여해야 하는가?

성공적인 EventStorming 세션을 위해서는 적절한 참석자 조합을 만드는 것이 중요하다. 세션에는 다양한 역할과 책임을 맡은 몇 명의 대표자가 참여해야 한다. 모든 참석자가 완전히 참석할 수 있도록 12명 이하로 유지해야 한다. 더 큰 그룹은 덜 적극적인 참석자가 세션에 참석하는 것을 방지할 수 있다.

그룹 크기를 늘릴 수 있는 선택적 참가자는 너무 많은 목소리로 세션에 과부하가 걸리지 않도록 경우에 따라 포함하는 것이 좋다. 수십 명이 함께하는 세션은 속도가 느려지거나 참석자가 전화를 내려다보거나 이메일을 확인하는 결과를 낳는 경우가 많다. 소규모 그룹은 대면 세션을 진행할 때 더 작은 회의 공간이 필요하다는 이점이 있다. 관찰자는 가치를 추가하지 않고 세션을 방해할 수 있으므로 가능하면 관찰자는 포함하지 않는다. 관찰자가 엄격하게 관찰하는 경우는 드물다.

EventStorming 세션의 참자가를 선택할 때 다음 역할을 우선순위로 고려해야 한다.

1. 프로덕트 관리자 및 프로덕트 소유자와 같이 요구 사항을 정의하는 데 도움을 주는 사람을 포함한 비즈니스 오너
2. 특정 도메인에 친숙한 주제 전문가
3. 소프트웨어 제공을 주도하는 기술 리더, 설계자 및 선임 개발자
4. 보안 전문가, 특히 문제 공간에 개인정보 보호 또는 보안 문제의 개입이 필요한 경우
5. 의사결정에 관여하지 않는 개별 소프트웨어 개발자 및 기여자(경우에 따라)

EventStorming 세션 진행

EventStorming에 익숙한 진행자가 중요하다. 진행자는 프로세스를 진행하고 프로세스 전반에 걸쳐 모든 사람이 참여하게 할 책임이 있다.

이메일 및 메시지 알림은 주의를 산만하게 하거나, 진행 속도를 늦추거나, 명확한 질문을 놓치거나, 주제 전문가가 명확한 질문에 답하지 못하게 할 수 있다. 원격 세션은 작업 전환이 쉽기 때문에 주의를 산만하게 할 요소들이 많다. 진행자는 세션의 속도와 휴식 빈도를 제어하고 프로세스의 각 단계 사이에 명확한 전환을 제공해 이러한 문제를 방지하고자 노력해야 한다.

의심스러운 경우 진행자는 토론을 평가해 의도를 명확하게 또는 빗나가게 만드는지 판단해야 한다. 필요한 경우 핫스팟 포스트잇을 적용해 경합 영역을 캡처하고 다시 방문한다. 그렇지 않으면 세션은 천천히 한두 사람의 의견을 위한 포럼이 될 것이다.

EventStorming은 비교적 새롭고 숙련된 진행자가 부족하기 때문에 이 절에서는 최근에 수행된 세션에서 얻은 통찰력과 팁을 제공한다.

준비: 필요한 물품 수집

대면 세션을 수행할 때 EventStorming에는 몇 가지 필수 물품이 필요하다. 세션이 시작되기 며칠 전에 필요한 모든 물품을 주문하고 준비한다. 세션 전날이나 아침에 물품을 준비하는 것은 피한다.

세션에는 다양한 색상이 포함된 많은 수의 포스트잇이 필요하다. 일반적으로 주황색 스티커가 가장 많이 사용되므로 해당 색상을 더 많이 사용하는 것이 중요하다. 대부분 사무용품 매장은 EventStorming의 요구 사항에 맞는 색상을 박스 단위로도 판매한다. 그러나 팀 기본 설정이나 사용 가능한 색상을 자유롭게 조정한다. 대부분의 참석자는 첫 번째 EventStorming 세션에 참석할 것이기 때문에 '적절한 색상'을 알지 못한다. 경험이 풍부한 참가자가 잘못된 색상에 대해 불평하는 경우 향후 세션에 대한 물품 공급자를 미리 요청한다.

포스트잇을 적용하고 필요에 따라 이동하는 모델링 영역의 용도로 큰 종이를 걸 수 있는 큰 벽도 필요하다. 일부 조직에서는 46~60cm(18~24인치) 이하의 종이를 사용해 벽을 따라 2~3열의 영역을 사용하는 것을 선호한다.

모든 사람이 사용한 포스트잇의 각 색상을 기억할 수 있도록 범례가 표시돼야 한다. 모든 포스트잇 색상, 유형(예, 주황색 포스트잇의 경우 '비즈니스 도메인 이벤트') 및 설명을 생성하고자 일반적으로 결합되는 방법을 보여주는 화살표를 표시하는 범례를 작성한다. 그림 4.7에서 범례의 예를 보여준다.

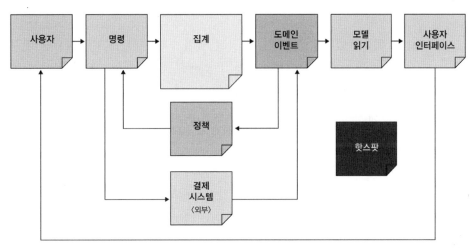

그림 4.7 EventStorming 세션 동안 도메인을 캡처하고자 공통 색상으로 구분된 포스트잇과 함께 작동하는 방식을 보여주는 범례

검은색 마커는 포스트잇에 사용하며 모델링 영역에서 멀어질 때 단어를 쉽게 읽을 수 있게 한다. 각 참가자에 대해 최소한 하나의 마커가 있는지 확인하고 일부가 분실된 경우를 대비해 방 주변에 몇 개가 더 흩어져 있는지 확인한다.

원격 세션은 다이어그램 도구를 사용해 포스트잇를 시뮬레이션하도록 선택할 수 있다. 또 다른 옵션은 각 참석자가 접근할 수 있는 공유 문서를 사용해 포스트잇에 사용되는 것과 유사한 색상 코드를 사용해 글씨에 적용하는 것이다. 무엇을 선택하든 세션 중 시간을 효과적으로 사용할 수 있도록 이벤트 전에 도구를 사용하는 연습을 한다.

공유: EventStorming 세션 전달

성공적인 EventStorming 세션을 달성하려면 세션 전, 세션 시작 시, 세션 완료 후 준비와 효과적인 커뮤니케이션이 필요하다. 다음은 세션 전 진행자가 이메일, 비디오 및 대면을 통해 효과적으로 의사소통할 수 있게 제안하는 사항이다.

- **프로덕트 관리자 참석은 필수다.** 프로덕트 소유자와 프로덕트 관리자가 참석하게 한다. 개발자가 많은 세션에서는 현재 작동 방식, 기존 시스템 및 현상 유지에 중점을 둔다. 또한 잘못 조정돼 도메인과 원하는 결과를 잘못 이해하게 된다.

- **세션의 목적과 범위를 공유한다.** 목적과 범위가 미리 공유되지 않으면 많은 사람이 혼란스러워하거나 참여하지 못한다. 목적과 범위를 전달하면 적절한 사람이 회의실에 있는지 확인할 수 있으며, 이는 EventStorming이 가장 효과적이게 하는 핵심이다. 처음에 기대치를 설정하고 세션 시작 시 높인다.

- **상호 기대치를 설정한다.** 혼란이나 충족되지 않은 기대는 비효율적인 세션이나 EventStorming에 대한 좋지 않은 시각으로 이어질 것이다. 생산할 프로세스, 원하는 결과 및 설계 자산에 대한 기대치를 설정한다. 목표를 강화하고 적절한 사고방식을 확립하고자 세션을 시작할 때 이것을 반복한다.

- **API 설계가 아직 시작되지 않았는지 확인한다.** 이미 API 설계를 시작한 팀은 현재 설계를 유지하고자 세션의 결과를 무시할 것이다. 세션은 즉각적인 실행으로 미래 비전을 안내하는 데 사용해야 한다. 세션 결과를 통합하지 않거나 할 수 없는 팀은 EventStorming 세션의 높은 가치를 얻지 못할 수 있다. 계속하기 전에 모든 사람의 팀 동의를 확인한다.

- **EventStorming이 전체 API 설계 프로세스에 어떻게 들어맞는지 고민한다.** 진행률 표시기를 공유하거나 전체 프로세스를 자주 다시 방문해 세션이 더 큰 그림에서 적합한 위치를 보여준다. EventStorming은 향후 API 모델링 및 설계 단계에 정보를 제공한 귀중한 통찰력을 제공한다는 점을 청중

에게 상기시킨다. 그렇지 않으면 세션이 바쁜 작업처럼 보일 수 있다.

세션 시작 시 항목을 다시 한 번 검토한다. 세션 당일의 모든 것을 미리 검토하면 모든 것을 쉽게 떠올리게 하고 세션에 대한 기대치를 설정하는 데 도움이 된다.

실행: EventStorming 세션 수행

세션을 시작할 때 세션의 기대치, 프로세스 및 범위를 검토한다. 그런 다음 세션을 첫 번째 단계부터 시작한다. 대부분의 처음 참석자는 시작하는 방법에 대해 약간 불확실할 것이다. 첫 참석자를 도울 준비를 하거나 더 친숙한 사람이 프로세스를 시작할 수 있게 한다.

먼저 시연함으로써 프로세스가 어떻게 작동하는지 보여준다. 그룹에서 입력을 받아 첫 번째 비즈니스 도메인 이벤트를 게시하고 예상 형식을 보여주고자 과거시제로 표현한 다음 대략적인 위치의 타임라인에 게시한다. 그런 다음 그룹이 독자적으로 만들기 시작하도록 요청한다. 세션의 각 단계에서 동일한 방법을 사용한다.

프로세스의 각 단계에 대한 명확한 이유를 설정한다. 대부분의 첫 참석자는 프로세스의 각 단계가 필요한 이유를 완벽히 이해하지 못한다. 그들이 보낸 시간의 가치를 이해하게 도와준다. 진행자에게는 프로세스가 명확할 수 있지만 대부분의 참석자는 EventStorming 프로세스에 적응할 시간이 필요하다.

정리: 액티비티와 액티비티 단계 캡처

세션이 완료되면 공유할 포스트잇과 함께 캔버스의 사진을 찍는다. 이 공간을 떠나기 전에 모든 손글씨를 읽을 수 있는지 사진을 확인한다. 그렇지 않은 경우 보드에 더 가까이 이동해 더 많은 사진을 찍는다.

캔버스를 디지털 방식으로 사용할 수 있게 하려면 도구를 사용해 한 장의 파노

라마 사진을 만들거나 사진을 왼쪽에서 오른쪽으로 번호를 지정해 필요에 따라 다시 조립할 수 있게 한다. 팀이 공유 사무실 공간에 있는 경우 캔버스를 조심스럽게 제거하고 참조를 위해 새 위치에 배치할 수 있다.

Miro와 같은 디지털 도구는 원격 세션에 도움이 될 수 있으며, 최종 캔버스의 PDF 또는 이미지 내보내기를 지원한다. 다른 도구를 쉽게 사용할 수 없는 경우 구글 문서 또는 SharePoint에서 호스팅되는 워드 문서와 같이 공유 문서를 사용할 수도 있다. 경험에 따르면 색상으로 구분된 텍스트는 가장 포스트잇과 마찬가지로 작동하며 캔버스를 조작할 때 잘라내 붙여넣기가 더 쉽다.

마지막으로 4장의 시작 부분에 설명된 대로 캔버스를 사용해 활동 및 활동 단계를 식별하고 캡처한다.

후속 조치: 세션 후 권장 사항

진행자는 세션 2일 후 후속 이메일을 보내야 한다. 이메일은 참여에 대한 감사를 표하고 포스트잇의 새 위치와 사진이 있는 디지털 폴더를 공유해야 한다. 프로세스 개선을 위한 정보를 수집하고자 설문조사 링크도 제공될 수 있다.

진행자의 두 번째 이메일은 세션 2주 후 발송돼야 한다. 이 이메일은 팀에서 세션 결과를 어떻게 사용하고 있는지 묻는다. 이 기회를 사용해 팀의 진행을 방해하는 문제를 찾는다. 방해받고 있는 경우 다음 단계에 대해 팀을 코칭할 후속 토론을 예약한다.

마지막으로 허가가 있는 경우 세션의 사례 연구를 작성하고 참석자의 인용문을 포함하는 것을 고려한다. 이는 EventStorming 프로세스에 대해 불확실한 팀이 세션이 제공하는 가치를 이해하고 필요한 시간을 투자할 의향을 높이는 데 도움이 된다. 또한 조직 전체에서 팀 승리를 공유하는 데 도움이 된다.

프로세스의 개인화

EventStorming은 협업 환경에서 발견 기반 학습을 제공하는 도구다. 프로세스를 개인화하면 조직이 세션을 최대한 활용할 수 있다. 브란돌리니가 제안한 원래 프로세스를 넘어 다음 추가 또는 수정 사항이 탐색되고 있다.

- **3차선 방식:** 벽을 덮는 한 장의 종이 대신 좁은 종이를 사용해 병렬로 3개의 별도 차선을 만들 수 있다. 모든 초기 이벤트는 비즈니스 이벤트 식별 중 맨 위 차선에 연결된다. 이 이벤트를 내러티브로 정렬할 때 이벤트는 중간 차선으로 이동된다. 그런 다음 맨 위 차선은 초기 비즈니스 이벤트를 넘어 새로운 포스트잇으로 캔버스를 확장할 때 사용 가능한 공간을 넓히는 데 사용된다. 하단 차선은 범위를 벗어난 것으로 간주되거나 중복으로 식별된 이벤트의 '주차장'으로 사용한다. 이 접근 방식은 조직의 공급망에서 사용할 수 있는 유일한 종이의 높이가 30cm(12인치)에 불과했기 때문에 필요에 따라 구축됐다.
- **45도 각도의 포스트잇:** 메모가 명확하지 않거나 과거시제로 다시 작성해야 하거나 다른 이유로 다시 방문하는 경우 누구나 45도 각도로 포스트잇을 기울일 수 있다. 이에 따라 프로세스의 다음 단계로 진행하기 전에 후속 조치를 위해 메모에 표시가 지정된다.
- **EventStorming 세션 분할:** 대면 세션보다 원격 세션의 피로도가 더 빨리 찾아오는 경우가 많다. 이 경우 EventStorming 세션 시간을 2시간 이내에서 여러 개로 분리하는 것을 고려하고, 이후 최소 1시간 정도 휴식한다. 필요한 경우 모든 참석자가 이틀에 걸쳐 참여할 수 있는 한은 세션을 이틀에 걸쳐 나눌 수 있다.
- **공동 진행:** 진행자는 다른 사람들에게 내레이션/스토리텔링 노력을 이끌도록 요청하는 것이 좋다. 공동 진행은 세션의 공동 소유권을 장려하고, 팀 구성원이 참여하고 이메일을 멀리하며, EventStorming 프로세스에서 다른 사람들을 교차 교육하는 데 도움이 된다. 진행자는 예상되는 것을 설명하고 잠시 동안 진행한 후 자원 봉사자를 요청하거나 일부를 진행

할 사람을 선택한다. 이는 모든 사람이 세션의 일부를 진행할 기회를 가질 때까지 세션 내내 계속된다. 액티비티 중에 원래 진행자는 계속 사용 가능하며 필요에 따라 모든 사람을 코칭한다.

▌요약

팀이 도메인 개념, 프로세스 및 워크플로를 자세히 이해하는 것이 중요하다. 이러한 세부 정보를 액티비티 및 액티비티 단계로 캡처하면 모든 팀 구성원이 같은 시각을 갖고 향후 API 설계 작업을 위한 기반을 구축하는 데 도움이 된다. EventStorming 프레임워크는 도메인 및 주제 전문가와 함께 도메인 개념을 자세히 탐색하기 위한 협업 방법으로 사용될 수 있다.

API 설계 프로세스의 다음 단계는 API 프로덕트 또는 API 플랫폼에서 제공하는 디지털 기능을 실현하는 데 필요한 제한된 콘텍스트 및 API 정의를 시작하는 것이다.

3부

API 후보 정의

API 설계 프로세스의 현재 단계에서 작업 스토리^{Job story}를 이용해 디지털 기능을 정의했다. 결과를 산출하는 데 필요한 활동들은 EventStorming 세션의 통찰력 ^{Insights}을 기반으로 기록됐다. 결과와 결과를 산출하기 위한 행동에 집중해 시작함으로써 팀은 고객의 요구와 비즈니스 목표에서 벗어나지 않는다.

API 설계 프로세스의 다음 단계는 후보 API를 식별하는 것이다. 이 각각의 후보 API는 EventStorming 캔버스나 이전 단계에서 작성된 활동 목록 중 하나 이상의 항목을 반영한다. 각 항목들의 경계가 명확해지면 하나 이상의 API 프로파일이 등장한다.

각 API 프로파일은 API에 대한 좀 더 자세한 명확성을 제공하고 최종 API 설계를 알려준다. API 프로파일은 설계해야 하는 API 리소스와 제공되는 작업을 반영한다. 이 정의 단계는 (API를 사용하는) 최종 사용자, 파트너 및 개발자가 원하는 결과를 제공하는 데 중점을 둔 API를 설계하기 위한 필수 요소다.

## 5장

API 경계 식별

대규모 시스템에 대한 도메인 모델의 완전한 통합은 실현 불가능하거나 비용 효율적
이지 않다.

- 에릭 에반스, 『도메인 주도 설계』(위키북스, 2011)

모든 API는 개발자가 원하는 결과를 생성하고자 API와 어떻게 통합할 것인지에
대한 멘탈 모델^{Mental Model}을 제공한다. 또한 API의 범위와 책임을 설정하는 것은
개발자에게 긍정적인 경험을 줄 수 있도록 멘탈 모델을 설계하는 데 도움을
준다. 도메인 주도 설계^{DDD, Domain-Driven Design}에서 제한된 콘텍스트를 식별하는 기
법을 차용해 후보 API를 식별하고, 그림 5.1의 '조정 단계^{Align Phase}'에서 도출된
아티팩트에서 각 API의 책임을 명확하게 정의한다.

4장에서 기술된 액티비티 단계 식별^{Activity step identification}의 결과물은 각 PI의 기능적
으로 구분하는 데 유용하며, 따라서 후보 API를 찾을 때도 유용하다. 이렇게
도출된 후보 API가 디지털 기능이 3장에서 설명한 작업 스토리를 통해 도출한
'원하는 결과'를 생성하도록 구현한다. 프로세스를 시작하기 전에 API 경계를
정의하는 과정에서 일어날 수 있는 실수가 개발자 경험을 어떻게 저하시키는지
알아보자.

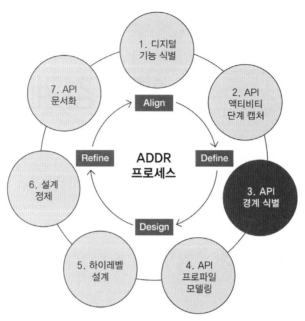

그림 5.1 정의 단계의 첫 번째 단계는 API 경계를 식별하는 것이다.

피해야 할 API 경계 구분의 안티패턴

API 의도와 범위를 명확히 하는 것은 매우 중요하다. API 범위를 식별하는 것은 개발자가 작업에 알맞은 API를 찾는 데 도움을 준다. API가 제공하는 기능의 명확한 범위와 책임이 없다면 다음에 설명하는 일반적인 API 경계 구분 안티패턴으로 인해 어려움을 겪을 수 있다.

여러 기능을 제공하게 거대해진 하나의 API 안티패턴

숙련된 API 설계자조차도 얼마만큼의 API를 만들지, 얼마나 세분화할지 결정하기에 어려움을 겪는다.

API의 범위와 책임이 모호한 하나의 거대한 API 프로덕트를 만들면 개발자는 원하는 걸 빠르게 찾기가 힘들어진다. 유사하게 각각의 마이크로서비스를 개별적으로 외부로 분리함으로써 생성되는 너무 많고 세분화된 API 프로덕트들은 프로덕트의 단편화가 일어남으로써 개발자의 불만을 초래할 수 있다. API 경계를 명확하게 하는 것은 API가 너무 거대해 지거나 또는 너무 단편화됨으로써 발생하는 혼란을 줄일 수 있다.

사용 목적이 과도하게 집약된 API 안티패턴

여러 API 기능을 제공하거나 여러 API를 모아 하나의 플랫폼을 제공하는 조직은 또 다른 문제에 직면한다. 조직은 어떤 완벽한 계정 관련 API 또는 고객 관련 API를 완벽하게 만들어서 계정과 관련되거나 고객과 관련된 모든 세부 사항을 한곳에서 전부 찾을 수 있는 API를 설계하려는 경우가 매우 많다. 모든 기능을 제공하는 단 하나의 API라는 좋은 의도로 시작했지만 결과적으로 어느 것 하나 제대로 하지 못하는 API가 되고 만다.

서점 예제에서 'books'는 하나 이상의 의미를 함축하고 있다

- 카탈로그의 구입 가능한 상품 항목인 'books'
- 창고의 재고 물품 'books'
- 장바구니에 담겨진 물품 'books'
- 주문서의 추가된 항목 'books'
- 주문서에 따라 배송되는 물품 'books'

단일 Books API를 만드는 것은 명확성을 떨어뜨리고 비정상적인 접근으로 봐야 한다. 'books' 단어의 의미에 따라 API의 변경이 일어나는 것은 불을 보듯 뻔한 일이며, 결국 API 조합을 계속 변경하다가 혼란만 가중시키는 결과로 이어진다. 이는 단순히 개발자에게 불편함만 주는 것이 아니라 이후 추가되는 변경 사항 또는 개선 사항을 구현함에 있어 막대한 지연을 발생시킬 것이다.

대규모 조직에서는 단일 Books API가 조직의 book 카탈로그, 재고 관리, 쇼핑 및 상품 배송 프로세스를 지원하기 위한 최선의 방법이라는 잘못된 가정을 통해 단일 부서가 대부분의 API 담당 부서가 될 수 있다. 이렇게 되면 조직 내 다른 부서들이 API 담당 부서가 새로운 기능을 지원하는 데 필요한 작업을 추가

하기까지 기다려야만 하기 때문에 조직 전체의 변화 속도가 크게 감소한다.

대신 book과 같이 여러 의미를 내포하는 한 단어를 좀 더 명확하게 구분해줄 방법을 찾는다. 예를 들어 'Book Catalog' API는 API의 작업 범위를 카탈로그 관련 작업만 포함하도록 한정 지을 수 있다. 이렇게 명확해진 작업 범위는 책의 설명, 각 책의 관련 저자 메타데이터, 책 표지, 책의 샘플 장 등과 같은 작업을 포함한다. 따라서 오직 카탈로그 관련 작업이 필요한 경우에만 이 API로 작업하면 된다.

도우미 API 안티패턴

대부분의 개발 팀이 한 번쯤은 도우미^{Helper} 라이브러리를 만든다. 도우미 라이브러리는 작은 기능들의 조합인데, 결과적으로 개발 코드 전체에 뿌려진 모래 알갱이처럼 흩어져 존재하게 된다. 도우미 라이브러리를 위해 사용되는 네임스페이스(예, com.mycompany.util)는 개발 코드의 모든 영역에서 참조된다.

안타깝게도 일부 API는 도우미 API와 같이 과도하게 남용돼 어려움을 겪는다. 이런 API들은 다양하게 사용되지만 하나의 유닛^{Unit}으로 결합력이 없다. 이런 API와 연동하려는 개발자는 해당 API를 언제, 어디서 사용해야 하는지 이해하는 데 어려움을 겪는다. API의 범위와 책임의 부재는 이를 사용하는 개발자를 혼란에 빠트리며 효율적으로 사용하기 어렵게 만든다.

▌제한된 콘텍스트와 하위 도메인 및 API

API의 경계를 구분하는 목적은 보편적인 언어를 이용해 하나의 기능 단위 집합을 만들면서 팀 간의 전반적인 의견 조율을 최소화하는 것이다. 웹 API의 경우 API의 경계는 경계 안에서 필요한 모든 작업이 이뤄질 수 있도록 하나 또는 그 이상의 네트워크 인터페이스를 제공한다. 각각의 API 경계는 그 경계 안에서 이뤄지는 모든 작업에 대한 전권을 위임 받은 하나의 팀에서 관리해야 한다.

명확한 API 경계를 정의하는 것은 각 경계에 따른 명확한 책임을 구분하고, 이를 통해 API 설계와 개발 프로세스를 가속할 수 있기 때문에 API 설계에 있어 매우 중요한 요소다. API를 이용한 모든 작업과 API를 기술한 모든 자료에서 사용되는 주요 용어는 DDD에서 얘기하는 제한된 콘텍스트^{Bounded context}의 유비쿼터스 언어^{ubiquitous language}를 반영해야 한다. 즉, 같은 API를 만들고 사용하는 모든 사람이 같은 의미로 이해하고 있는 용어를 사용해야 함을 의미한다. 크거나 복잡한 경계는 좀 더 세분화가 요구될 수 있으며, 이로 인해 API 뒤에 숨겨진 API 또는 서비스가 발생할 수 있다. 시간이 지남에 따라 솔루션의 이해가 높아지면서 경계의 조정이 이뤄질 수 있다.

대부분의 팀이 직면하는 문제는 API에 대한 제한된 콘텍스트를 식별하는 것이다. 팀 구성원은 보면 바로 알 수 있지만 다른 팀원들은 다르게 구분 지을 수도 있다. 이러한 방법 중 어느 것도 API의 경계를 명확하게 식별하는 데 사용이 가능하고 학습 가능한 프로세스가 될 수 없다. 대신 ADDR의 조정^{Align} 단계의 EventStorming 캔버스와 액티비티 단계의 결과물을 참고할 것을 추천한다.

> **API 경계와 DDD에 관한 메모**
>
> 이번 장은 API 경계 식별을 설명하고자 DDD에서 용어와 기법들을 인용하고 있는데, 이는 DDD 기법을 적용하지 않은 조직에 API 설계 절차를 효과적으로 전달하기 위함이기도 하다.
>
> 이번 장은 DDD에 익숙한 실무자와 덜 익숙한 실무자들의 중간에서 양쪽 모두에게 유용한 정보를 전달하고 있다. DDD에 익숙한 조직은 이미 잘 알고 있겠지만 DDD를 적용하지 않은 조직이라 하더라도 DDD 기법에는 유용하게 사용될 수 있는 것들이 많다. DDD에 익숙한 조직은 이 장의 범위를 벗어나 추가 사례를 도입하기를 원할 수도 있다.
>
> DDD에 익숙한 팀이거나 익숙하지 않은 팀도 현재 진행 중인 API 설계를 완료한 후 DDD 구현에 대한 자세한 내용이 궁금하다면 '반 버논'의 『Implementing Domain-Driven Design』[1] 책을 참조하길 바란다.

---

1. Vaughn Vernon, Implementing Domain-Driven Design(Boston: Addison-Wesley, 2013)

EventStorming을 이용한 API 경계 찾기

4장에서 언급했듯이 EventStorming은 팀 간의 프로세스 이해와 비즈니스의 정책, 시스템 간의 상호작용을 정의하고 조정하는 과정에서 서로 공통된 용어를 사용할 수 있게 돕는다. EventStorming 캔버스에서 전반적으로 사용되는 언어들을 이해함으로써 개발자는 다른 시각에서 바라보는 EventStorming 용어의 정의를 통해 기존 API 경계가 변경될 수 있음을 알게 된다. 그림 5.2에서는 하나의 캔버스 예제를 통해 방금 설명한 것과 같은 현상과 같은 용어 패턴의 변경을 보여준다.

용어의 사용 패턴이 변경됨에 따라 경계가 드러나기 시작한다. 경계가 드러나면 경계를 식별하고 이름을 지정한다. 그런 다음 드러난 각 경계를 하나의 웹 API로 할당한다. 할당된 API는 해당 경계의 디지털 기능을 제공하는 데 필요한 API 동작^{operation}을 제공한다.

각 팀들은 EventStorming에서 식별된 집계^{Aggregate}를 API 범위 결정에 참조하기도 한다. 이러한 방식은 여러 가지 방식으로 추가 통찰력을 제공한다. 하나하나의 책임에서 시작해 여러 책임 범위를 세세하게 구분한 집계는 내부 모듈이나 API와 연결된 서비스를 식별하는 데 더 유용하다. 반면 하나의 집계를 조금 큰 덩어리로 그룹화하면 전체적인 결과를 조율하는 API 단위로 식별할 수 있을 것이다.

한정적인 범위를 다루는 일부 EventStorming 세션에서는 API 경계가 하나만 존재할 수 있다. 하지만 대부분의 경우 2개 이상의 API 경계가 하나의 EventStorming 캔버스에서 식별된다.

그림 5.3은 EventStorming을 통해 각각이 개별 API를 갖는 3가지 API 경계를 표현하고 있다.

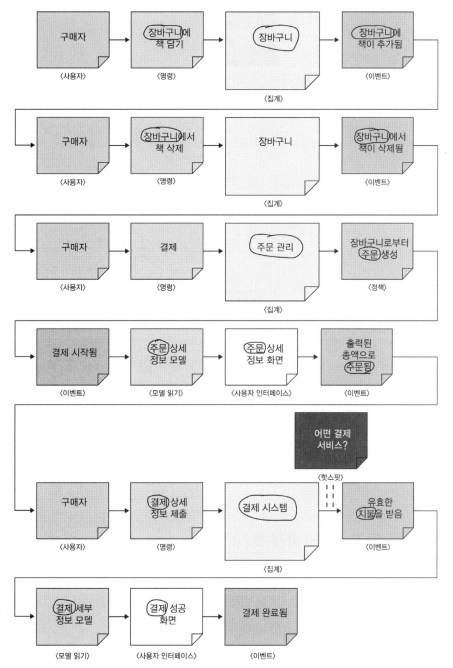

그림 5.2 언어, 용어의 변화가 '제한된 콘텍스트' 구분에 유용하게 사용됨을 표현하는 EventStorming 캔버스의 예

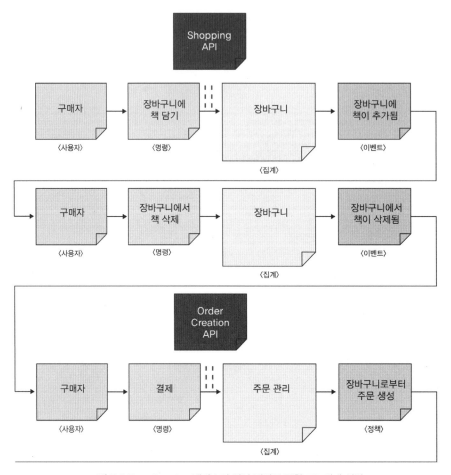

그림 5.3 EventStorming 캔버스의 언어 전이를 통한 API 경계 식별

▌액티비티를 통한 API 경계 찾기

EventStorming은 설계를 기반으로 API 경계를 찾는 데 도움이 되지만 이것이 식별 프로세스[Identification Process]를 가이드하기 위한 유일한 방법은 아니다. 4장에서 소개된 관련 프로세스와 워크플로에 숙련된 SME[Subject Matter Experts]가 주도하는 액티비티와 액티비티 단계 검토 활동도 EventStorming과 유사하게 사용할 수 있다. 특히 이 방법은 이미 요구 사항을 수집하는 데 상당한 노력이 투자된 경우

에 매우 효과적인 방법이다.

이전 EventStorming에서 사용된 것처럼 용어 정의의 변경이 일어나는 것을 보자. 종종 액티비티 단계에서 이름과 설명은 명사와 동사로 이뤄진 기초적인 문장 형태를 갖고 있다. 액티비티 단계에서 명사의 의미가 변경되는 것을 기억하자. 명사의 동작이 어디에 API 경계가 존재할 만한지 단서를 제공할 수 있다. 액티비티 단계에서 기존 명사가 새로운 명사의 집합으로 변경될 때 이 지점을 새로운 경계의 시작점으로 여긴다. EventStorming만큼 포괄적인 형태는 아닐지라도 액티비티와 액티비티 단계는 경계의 변화를 보여주는 언어적인 변화에 대한 통찰력을 제공한다.

예를 들어 4장에 있는 표 4.2의 액티비티와 액티비티 단계를 표 5.1에 표시했다. 'Books'에서 'Cart'로, 그다음엔 'Order'와 'Payment'로 변화하는 과정을 주목해보자. 이 변화들이 각각의 API로 형성될 API 경계의 구분 지점을 알려준다.

API 이름 지정과 범위

다음으로 경계에는 설계할 API를 표현하는 이름이 지어진다. API의 범위, 결과 또는 대상 고객을 포함하는 이름을 지정하려고 노력한다. 잘 알려진 API 이름의 예로는 트위터의 Follower API, 이베이^{eBay}의 Seller API가 있다.

표 5.1 'JSON의 서점'의 액티비티 단계; 표의 가로 구분선은 경계를 식별하는 어휘의 변화를 나타낸다.

디지털 기능	액티비티	액티비티 단계	참가자	설명
주문	책을 둘러본다.	책을 나열한다.	고객, 콜센터	책을 카테고리나 발매일별로 나열한다.
주문	책을 둘러본다.	책을 검색한다.	고객, 콜센터	작가나 제목으로 책을 검색한다.
주문	책을 둘러본다.	책의 세부 정보를 본다.	고객, 콜센터	책의 세부 정보를 본다.

(이어짐)

디지털 기능	액티비티	액티비티 단계	참가자	설명
주문	책을 사다.	책을 장바구니에 추가한다.	고객, 콜센터	고객의 장바구니에 책을 추가한다.
주문	책을 사다.	책을 장바구니에서 삭제한다.	고객, 콜센터	고객의 장바구니에서 책을 삭제한다.
주문	책을 사다.	장바구니를 비운다.	고객, 콜센터	고객의 장바구니에서 모든 책을 삭제한다.
주문	책을 사다.	장바구니를 본다.	고객, 콜센터	현재 장바구니 및 총 금액을 본다.
주문	주문하다.	확인한다.	고객, 콜센터	장바구니에 담긴 상품을 주문한다.
주문	주문하다.	결제한다.	고객, 콜센터	주문의 결제를 승인 및 진행한다.

일반적으로 API의 이름을 지정할 때 API의 목적을 이해하는 데 도움이 되지 않는 'service'와 'manager' 같은 용어의 사용을 지양한다.

그림 5.3에서는 'Shopping API', 'Order Creation API', 'Payment Processing API' 와 같이 API 이름이 지정된다. 이러한 API 이름은 좋은 사례며, 이름에서 각 API의 범위와 책임이 명확하게 표현된다.

> **참고**
>
> 일부 API 설계자는 API의 응집력을 고려해 'Order Creation API'와 'Payment Processing API'를 하나의 API로 설계하는 것을 더 선호할 수 있다. 그렇게 설계할 수도 있지만 이번 예제에서는 교육의 목적이 크기 때문에 분리했다. 하지만 실무적인 경험, 통찰력으로 볼 때 Order Creation 과 Payment Processing의 경계를 명확하게 분리하는 것이 새로운 결제 수단 추가와 같이 'Payment Processing'에 좀 더 복잡한 기능을 추가하고자 할 때 'Order Creation' 영역에 대한 변경은 신경 쓸 필요 없이 'Payment Processing' 요구 사항에 집중함으로써 유연하고 효율적인 기능 추가가 가능해진다.

최종적으로 액티비티 단계가 나눠지는 경계를 기반으로 각각의 API로 분리한다. 표 5.2는 액티비티 단계와 연관된 API를 포함한 Shopping API를 보여준다.

표 5.3은 'Place an Order'라는 디지털 기능을 위한 checkout 프로세스를 보여준다.

마지막으로 표 5.4는 'Place an Order' 디지털 기능의 한 부분인 지불 단계를 보여준다.

표 5.2 'JSON의 서점' 사례에서 연관된 액티비티 단계들을 이용한 경계 식별로부터 표현된 Shopping API

디지털 기능	액티비티	액티비티 단계	참가자	설명
주문	책을 둘러본다.	책을 나열한다.	고객, 콜센터	책을 카테고리나 발매일별로 나열한다.
주문	책을 둘러본다.	책을 검색한다.	고객, 콜센터	작가나 제목으로 책을 검색한다.
주문	책을 둘러본다.	책의 세부 정보를 본다.	고객, 콜센터	책의 세부 정보를 본다.
주문	책을 사다.	책을 장바구니에 추가한다.	고객, 콜센터	고객의 장바구니에 책을 추가한다.
주문	책을 사다.	책을 장바구니에서 삭제한다.	고객, 콜센터	고객의 장바구니에서 책을 삭제한다.
주문	책을 사다.	장바구니를 비운다.	고객, 콜센터	고객의 장바구니에서 모든 책을 삭제한다.
주문	책을 사다.	장바구니를 본다.	고객, 콜센터	현재 장바구니 및 총금액을 본다.
주문	주문하다.	확인한다.	고객, 콜센터	장바구니에 담긴 상품을 주문한다.
주문	주문하다.	결제한다.	고객, 콜센터	주문의 결제를 승인 및 진행한다.

표 5.3 'JSON의 서점' 사례에서 연관된 액티비티 단계들을 이용한 경계 식별로부터 표현된 Order Creation API

디지털 기능	액티비티	액티비티 단계	참가자	설명
주문	주문하다.	확인한다.	고객, 콜센터	장바구니에 담긴 상품을 주문한다.

표 5.4 'JSON의 서점' 사례에서 연관된 액티비티 단계들을 이용한 경계 식별로부터 표현된 Payment Processing API

디지털 기능	액티비티	액티비티 단계	참가자	설명
주문	주문하다.	결제한다.	고객, 콜센터	주문의 결제를 승인 및 진행한다.

명확하게 정의된 경계가 있어야 API 모델링을 시작할 수 있다. 이런 노력이 있어야 각각의 API가 제공해야 하는 작업과 이벤트를 API 프로파일로 만들 수 있다. API 모델링은 6장에서 확인할 수 있다.

요약

신중한 API의 기능 범위와 책임 지정은 좋은 API를 설계하기 위한 초석이 된다. 경계를 적용하는 것은 작업 스토리에서 도출된 요구 사항을 전달해야 할 하나 또는 그 이상의 API를 인지하고 구성하는 데 도움을 준다. 경계를 적용하는 것은 API의 청사진을 구성하고 API 설계를 위한 기반을 마련하는 다음 단계인 API 모델링을 위한 준비 단계다.

6장

API 모델링

당신은 제도용 책상에서 지우개를 사용할 수 있습니다. 아니면 공사장에서 큰 망치를 들어야 합니다.

– 프랭크 로이드 라이트[Frank Lloyd Wright][1]

종종 많은 개발자가 어떤 사전 준비 없이 바로 코드[Code]를 작성하려는 유혹을 받는다. 코드가 개발자의 가장 강력한 도구인 것은 맞다. 건축에 비유하면 코드는 개발자에게 망치, 드라이버, 자, 톱과 같이 필요한 모든 도구가 될 수 있다. 다만 코드가 API를 설계하는 유일한 도구로 간주되면 API의 설계 품질이 저하될 수 있다. 코드를 통해 개별 API를 생성하는 것보다 코드로 만들고자 하는 최종 비즈니스 산출물이 비즈니스 핵심 가치를 담게 하는 것이 더 중요하다.

물론 코드를 특정 영역의 문제점을 해결하는 데 사용하는 것은 의미가 있다. 또한 코드를 실험적인 의도로 사용하거나, 미지의 영역을 드러내거나, 신기술을 탐구하는 데 사용하는 것도 역시 의미가 있다. 데이비드 토마스[David Thomas]와 앤드류 헌트[Andrew Hunt]는 『Pragmatic Programmer』[2]에서 트레이서 불렛[Tracer Bullet](예광탄)이라는 용어를 소프트웨어에 인용했다. 이 책에서 트레이서 불렛은 탐색 및 위험

---

1. 미국 건축가 – 옮긴이

2. David Thomas and Andrew Hunt, The Pragmatic Programmer: Your Journey to Mastery, 20th Anniversary Edition, 2nd ed. (Boston: Addison-Wesley, 2020)

감소 수단으로 코드를 사용하는 것을 의미한다. 트레이서 불렛 코드는 '최종 산출물에 사용되기 위한 것'보다 '학습을 통한 가치 제공'을 의미한다.

API 모델링은 API 설계를 위한 트레이서 불렛이다. 다시 말해 API 모델링은 API 설계 및 배포 단계 전에 API의 필수 요소를 탐색하는 기술이다. API 모델링(그림 6.1 참고)은 최종 사용자가 원하는 형태로 API의 범위와 의도를 담아낸 API 프로파일에 이전 단계에서 얻은 통찰력과 아티팩트를 통합하는 데 효과적이다.

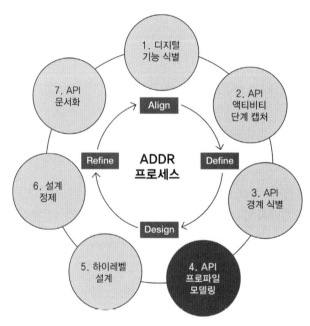

그림 6.1 정의 단계에서 설계 단계로 전환하기 위한 마지막 준비는 API 프로파일을 생성하는 것이다.

API 모델링

아름다운 웹 설계가 와이어프레임에서 시작되는 것처럼 훌륭한 API 설계는 API의 범위와 책임이 잘 정의된 API 모델에서 시작된다. API 모델링의 목표는 개발자와 최종 사용자의 요구 사항을 완전히 이해하고 검증하는 것이다. API 모델링이 와이어프레임과 다른 점은, 와이어프레임이 최종 사용자와의 상호작용에만 초점을 맞춘 반면 API 모델링은 개발자와 최종 사용자 모두의 목표에 초점을 맞춘다. 개발자와 최종 사용자의 목표가 일치할 때도 있지만 그렇지 않을 때도 있다. API 모델링은 코드를 작성하기 전에 이러한 문제가 표면에 드러날 수 있게 해서 결과적으로 개발자들이 문제를 빠르게 해결할 수 있게 돕는다.

작업 스토리, 액티비티, 액티비티 단계를 API 모델링에 입력으로 넣으면 각 API의 높은 응집도를 표현하는 뷰^{view}를 출력으로 얻는데, 이것이 API 프로파일이다. API 프로파일은 API의 이름, 범위, 동작, 전달하는 이벤트 등 API가 요구되는 결과를 전달하기 위한 특성을 담고 있다. API 모델링은 시스템 변경에 대한 비용이 상대적으로 매우 낮은, 설계 또는 개발 단계 이전에 완료된다.

API 모델링이 완료돼야 팀은 생성된 API 프로파일을 API 설계로 전환하는 작업을 시작할 수 있다. 그리고 REST, GraphQL, gRPC와 같은 각 API 설계 스타일을 결정할 때에도 API 모델링이 사용된다. 마지막으로 고객과 파트너의 다양한 방식 연동을 지원하고자 앞서 나열된 API 스타일을 조합해 전체 API가 설계되는데, 여기서 API 모델링이 세부 API 설계를 설명하는 데 사용된다.

API 프로파일의 구조

API 프로파일은 REST, GraphQL과 같이 외부로 노출될 API의 스타일과 관련된 부분 및 그 밖의 부분까지 API에 대한 정보 중 필요한 모든 것을 캡처한다. API 프로파일은 API의 설계를 주도하는 데 사용되기도 하고 API 정의 초기 단계에서는 API 문서화 작업의 기초가 되기도 한다.

API 프로파일은 각 API에 대한 다음의 세부 정보를 캡처한다.

- API의 이름과 짧은 설명
- API의 범위(내부^{Internal} 또는 공개^{Public}, 파트너 제공용 등)
- 입력과 상세 출력 메시지를 포함한 API의 동작
- API 보안 관점에서 API의 각 작업을 수행할 수 있도록 허가된 사용자

My API – 이곳에 API 설명 작성
API 범위(내부, 공개, 파트너 등)
아키텍처 요구 사항(SLA, 컴플라이언스 기준 등)

작업 이름	설명	사용자	리소스	출력되는 이벤트	작업 상세
listThingies()*	물건들의 리스트/검색	사용자, 구매자	물건(Thingy)	Thingies.Listed	Request Parameters: vendorId*, … Return: Thingy[]
	…	…	…	…	…

* 공급자 ID를 뜻하는 Vendor ID를 카멜 표기법으로 표현 – 옮긴이

그림 6.2 스프레드시트 또는 문서 형태의 API 프로파일 템플릿

- 각 API 작업에서 API의 원래 의도를 넘어서 확장성을 갖고자 생성되는 이벤트
- (선택 사항) 서비스 수준 계약SLA, Service Level Agreement과 같이 정의된 아키텍처 요구 사항

스프레드시트나 문서로도 API 프로파일을 캡처할 수 있다. 공동으로 편집할 수 있는 스프레드시트를 사용하는 팀은 이메일로 변경 사항을 전달하지 않고도 API 프로파일을 캡처하고 정제Refine할 수 있다. 어떤 팀들은 API 프로파일을 캡처하는 데 Wiki와 같은 도구를 선호하기도 한다. 어떤 도구를 사용하든지 중요한 것은 조직의 모든 사람이 생성되는 API 프로파일에 접근해 읽고 의견을 남길 수 있어야 한다는 것이다. 조직의 일부만 사용할 수 있도록 제한된 도구를 사용하는 것은 추천할 수 없는 방법이다.

그림 6.2는 스프레드시트와 문서 형태 모두에 사용 가능하고 읽기 편한 템플릿을 보여준다.

API 모델링 프로세스

API 모델링 프로세스의 목표는 모델링 중에 식별된 각 API에 대해 하나 또는 하나 이상의 API 프로파일을 생성하는 것이다. 모델링 프로세스는 5단계로 구분된다. 각 단계는 API의 청사진이 드러나기 전까지 추가적인 세부 사항을 API 프로파일에 더한다.

OpenAPI 사양을 사용하는 것에 대해

OpenAPI 사양(이하 OAS)은 REST 기반과 gRPC 기반 API의 설명을 기계 판독이 가능하도록 캡처한 형식이다. 이 형식은 API 참조 문서 및 상용구 코드 생성을 지원하도록 설계됐다. 이러한 이유로 OAS 구조는 URL 경로 표현법에 뿌리를 두고 있다. API 모델링은 리소스 경로를 포함하는 완전한 API 설계 단계보다 선행돼야 하기 때문에 OAS는 API 프로파일에 적합한 형식은 아니다. 하지만 API 프로파일은 나중에 설계 프로세스에서 OAS 기반 API 설명 생성을 가속화하는 데

이전 ADDR^{Align-Define-Design-Refine} 프로세스 단계에서 아티팩트를 생성한 사람은 일반적으로 2시간 이내에 API 모델링 프로세스를 완료할 수 있는 반면 일부 단계를 건너뛴 사람은 API 모델링에 더 많은 시간을 쏟아야 할지 모른다.

단계 1: API 프로파일 요약 캡처

프로세스의 단계 1은 API 이름, 간단한 설명, API 범위를 포함하는 기본적인 세부 정보를 작성하는 것이다. API의 범위는 일반적으로 내부, 공개, 파트너와 같이 조직에서 지원하는 범위와 일치해야 한다. 담당 팀이 각 API의 목적과 책임에 대해 더 많이 이해하게 되면 이러한 세부 정보는 변경될 수 있다.

다음으로 앞서 진행된 액티비티와 액티비티 단계에서 캡처한 API 작업 이름과 사용자를 캡처하고 식별된 액티비티 단계에 대해 일관된 이름 형식을 적용해 작업 이름으로 변경한다. 이 장의 뒷부분에서 권장하는 시퀀스 다이어그램을 사용해 API 모델을 더 쉽게 이해하고자 할 때 'lowerCamelCase' 표현법을 사용하는 것을 추천한다.

그림 6.3은 앞서 설계 프로세스의 조정^{Align} 단계에서 식별된 'JSON의 서점'의 Shopping API를 사용해 API 프로파일의 시작을 캡처하는 방법을 보여준다.

Shopping API – 책 둘러보기 경험과 장바구니 관리 기능 제공 공개(Public)

작업 이름	설명	사용자	리소스	출력되는 이벤트	작업 상세
listBooks()	책을 카테고리나 발행 일자별로 나열	고객, 콜센터			
searchBooks()	책을 저자나 제목으로 검색	고객, 콜센터			
viewBook()	책의 상세 정보 보기	고객, 콜센터			
addBookToCart()	고객 장바구니에 책 추가	고객, 콜센터			
removeBookFromCart()	고객 장바구니에서 책 제거	고객, 콜센터			
clearCart()	장바구니 비우기	고객, 콜센터			
viewCart()	장바구니 현황 및 합산 가격 보기	고객, 콜센터			

그림 6.3 'JSON의 서점'의 Shopping API를 5장에서 다룬 제한된 콘텍스트 예제의 세부 정보를 활용해 이름, 설명, 범위와 작업 이름을 작성한 예

단계 2: 리소스 확인

다음 단계는 API 프로파일을 사용해 API의 리소스를 식별하는 것이다. 리소스는 주로 API에 의해 동작되는 도메인 엔터티다. 각 작업의 대상을 찾는 것은 초기 리소스 집합을 식별하는 데 도움이 되지만 처음 API 설계를 시작할 때는 대개 어려운 작업이다. 그러나 API 디자이너(설계자)는 ADDR 프로세스의 조정과 정의^{Define} 단계를 통해 초기 리소스 후보군을 선별할 수 있을 만큼 충분한 정보를 얻는다.

그림 6.4는 리소스 식별 프로세스를 설명하고자 Shopping API 예제에서 Book과 Cart가 사용됨을 표시해 리소스 후보임을 보여준다. 각 후보 리소스에 대해 리소스 이름과 현재 알려진 속성을 캡처한 테이블을 생성한다. 설명^{Description}을 포함하면 이해도를 높이는 데 도움이 되며 API 설계 단계로 넘어갈 때 유용하다.

API 프로파일을 생성할 때는 작업에 필수적인 속성만 기록하는 데 중점을 둬야 한다. 그러면 모델링 프로세스의 속도가 빨라지고 구현 세부 사항 대신 API 프로파일 자체에 초점을 유지할 수 있다.

그림 6.5는 Book 리소스의 속성을 열거하는 과정에서 Book 저자 리소스가 Shopping API 리소스 구성에 추가되는 것을 보여준다.

리소스 식별에 대한 주의 사항

리소스 식별을 시작할 때 데이터베이스 스키마를 참조해 시작하고 싶은 생각이 들 수도 있다. 하지만 데이터베이스 스키마는 내부의 세부 구현 사항을 내포하고 있기 때문에 이로 인해 API 설계가 내부의 세부 구현 사항이 유출될 수 있음을 항상 유념해야 한다. 데이터베이스 스키마는 네트워크 API로서 비즈니스 도메인 컨셉을 알리는 용도보다는 데이터 읽기, 쓰기와 같은 트랜잭션 작업에 최적화를 반영하고 있기 때문이다.

내부 데이터 모델의 의사결정이 API 설계로 인해 외부에 노출되는 것을 막고자 API 모델링은 하향식으로 작업하는 것이 좋다. 구현 단계에서 리소스와 데이터베이스 스키마 사이의 일대일 관계가 설명된다면 화가 밥 로스(Bob Ross)가 말하는 '행복한 사고(happy accident)'[3]가 될 것이다.

---

3. 밥 로스(Bob Ross)의 〈그림을 그립시다〉 시즌 3, 에피소드 5, 〈Distant Hills〉에서 "우리는 실수를 한 것이 아니에요. 다만 행복한 사고가 일어난 것뿐이죠."를 인용

Shopping API – 책 둘러보기 경험과 장바구니 관리 기능 제공

작업 이름	설명	사용자	리소스	출력되는 이벤트	작업 상세
listBooks()	책을 카테고리나 발행 일자별로 나열	고객, 클라이언트			
searchBooks()	책을 저자나 제목으로 검색	고객, 클라이언트			
viewBook()	책의 상세 정보 보기	고객, 클라이언트			
addBookToCart()	고객 장바구니에 책 추가	고객, 클라이언트			
removeBookFromCart()	고객 장바구니에서 책 제거	고객, 클라이언트			
clearCart()	장바구니 비우기	고객, 클라이언트			
viewCart()	장바구니 현황 및 합산 가격 보기	고객, 클라이언트			

그림 6.4 'JSON의 서점'의 Shopping API에서 Book과 Cart 리소스 식별하기

책 리소스	
속성 이름	설명
title	책 제목
isbn	책의 고유 ISBN 값
authors	책의 저자 정보 리스트

장바구니 리소스	
속성 이름	설명
books	구매를 위해 현재 장바구니에 있는 책 정보
subtotal	장바구니에 있는 모든 책의 가격 합계
salesTax	소비세 정보
vatTax	부가가치세 정보
cartTotal	세금을 포함한 장바구니 전체 가격

책 저자 리소스	
속성 이름	설명
fullName	저자의 풀 네임

그림 6.5 각 리소스의 몇 가지 기본적인 세부 정보를 시작으로 Shopping API의 각 리소스 캡처하기

단계 3: 리소스 분류 정의

리소스가 식별되면 이제 API 분류를 정의하고자 리소스 간 관계를 파악할 시간이다. 분류법은 각각의 컨셉트를 클래스화[Classification]하고 각 클래스가 어떤 관계에 있는지 정의하는 것이다.[4] API 분류법은 API가 제공할 리소스 집합과 다른 리소스와의 관계를 캡처한다.

하나의 리소스와 다른 리소스 사이의 관계는 3가지 유형으로 정의된다.

1. **독립 관계:** 리소스 간 서로 단독으로 존재하며 다른 리소스에 영향을 받지 않는 관계다. 독립적인 리소스는 다른 독립 리소스나 종속적인 리소스를 참조할 수 있다.
2. **종속 관계:** 상위 리소스가 없으면 존재할 수 없는 리소스 관계다. 종속적인 리소스 관계를 다른 참조와 혼동하지 않도록 유의해야 한다. 이것은 매우 특수한 경우며 자주 발생하지 않는다.

---

4. Taxonomy, Dan Klyn, '정보 설계의 이해', TUG, https://understandinggroup.com/ia-theory/understanding-information-architecture

3. **연관 관계:** 여러 리소스가 각각 독립적으로 존재하지만 리소스 간 서로의 관계를 설명하기 위한 추가 속성이 필요한 관계다. 두 리소스 간의 관계를 표현하는 3번째 리소스가 있는 경우가 있을 수 있다. 3번째 리소스는 다른 두 리소스 사이에서 독립적이거나 종속적인 관계를 가질 수 있다.

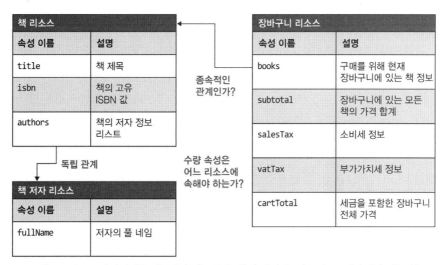

그림 6.6 리소스 간의 관계를 검토하며 겪는 문제. 책의 '수량'은 어느 리소스에 속해야 하는가?

그림 6.6은 Shopping API에 대해 식별된 리소스들과 예상되는 리소스 간의 관계를 보여준다. 책^{Book} 리소스와 책 저자^{Book Author} 리소스 간의 관계는 독립 관계다. 서로 간의 참조는 있을 수 있지만 각각은 서로 독립적으로 존재할 수 있다. 그림 6.6에서 장바구니에 책을 추가할 때 책 수량^{quantity}을 어느 곳에 지정할지 묻는 질문에 주목하자. 이 문제는 좀 더 깊게 생각해볼 필요가 있다. 책이 장바구니에 추가되는 상황에서 책의 개별 가격과 수량을 추가 세부 사항에 추가하는 것은 매우 중요하다. 이는 연관 관계에 있는 새로운 리소스가 필요함을 의미한다. 이 경우에는 '장바구니 물품^{Cart Item}'이 될 수 있다. 그림 6.7에서 결과를 보여준다.

그림 6.8에서는 장바구니 물품 리소스의 도입을 반영해서 addBookToCart() 작업은 addItemToCart()로, removeBookFromCart()는 removeItemFromCart()로 이름이 변경된 것을 표현하고 있다.

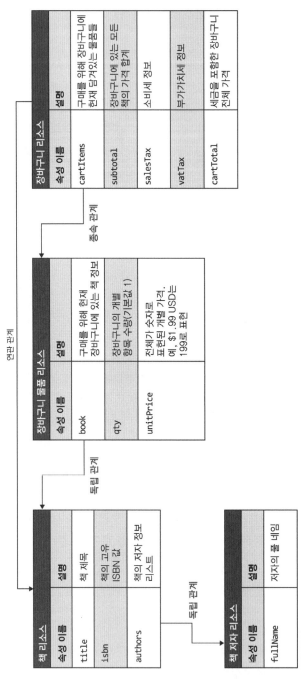

장바구니 리소스

속성 이름	설명
cartItems	구매를 위해 장바구니에 현재 담겨있는 물품들
subtotal	장바구니에 있는 모든 책의 가격 합계
salesTax	소비세 정보
vatTax	부가가치세 정보
cartTotal	세금을 포함한 장바구니 전체 가격

장바구니 물품 리소스

속성 이름	설명
book	구매를 위해 현재 장바구니에 있는 책 정보
qty	장바구니의 개별 항목 수량(기본값 1)
unitPrice	전체가 숫자로 표현된 개별 가격. 예, $1.99 USD는 199로 표현

종속 관계

연관 관계

독립 관계

책 리소스

속성 이름	설명
title	책 제목
isbn	책의 고유 ISBN 값
authors	책의 저자 정보 리스트

독립 관계

책 저자 리소스

속성 이름	설명
fullName	저자의 풀 네임

그림 6.7 책과 장바구니의 연관 관계로 인해 새로운 리소스 '장바구니 물품'이 추가됨

142

Shopping API – 책 둘러보기 경험과 장바구니 관리 기능 제공 공개

작업 이름	설명	사용자	리소스	출력되는 이벤트	작업 상세
listBooks()	책을 카테고리나 발행 일자별로 나열	고객, 콜 센터	책, 책 저자		
searchBooks()	책을 저자나 제목으로 검색	고객, 콜 센터	책, 책 저자		
viewBook()	책의 상세 정보 보기	고객, 콜 센터	책, 책		
addItemToCart()	고객 장바구니에 책 추가	고객, 콜 센터	장바구니 물품, 장바구니		
removeItemFromCart()	고객 장바구니에서 책 제거	고객, 콜 센터	장바구니 물품, 장바구니		
clearCart()	장바구니 비우기	고객, 콜 센터	장바구니		
viewCart()	장바구니 현황 및 합산 가격 보기	고객, 콜 센터	장바구니		

그림 6.8 장바구니 물품 리소스를 반영해 수정된 Shopping API 프로파일

단계 4: 작업 이벤트 추가

API 분류가 완료되면 API로 인해 발생할 중요 이벤트까지 각 API 작업을 확장해야 한다. 중요 이벤트는 데이터 분석 용도로 사용되거나 또는 작업 과정에서 다른 시스템과 상호작용으로 발생된 이벤트일 수도 있다.

프로젝트의 조정^{Align} 단계에서 이벤트를 도메인별로 다른 색상으로 구분된 점착식 노트에 기록하는 EventStorming 캔버스를 생성했고, 이것을 주요 비즈니스 이벤트를 식별하는 시작점으로 사용한다. EventStorming을 활용하지 않은 경우엔 모델링 프로세스에서 정의된 것을 참조한다.

이벤트 이름은 과거시제로 표시돼야 하며 조직 내에서 선호하는 표준과 관행적으로 쓰이는 이름을 반영해야 한다. 그림 6.9는 이전 모델에 각 API 작업으로 발생하는 이벤트가 더해지는 것을 보여준다. '발생한 이벤트' 열에서 이벤트 이름이 과거시제인 것에 주목하자.

이제 API 프로파일은 식별된 작업으로부터 발생하는 이벤트를 반영한다. 일부 작업은 하나의 이벤트만, 일부는 둘 이상의 이벤트를 생성할 수 있으며, 일부는 이벤트를 생성하지 않는다.

Shopping API – 책 둘러보기 경험과 장바구니 관리 기능 제공 공개

작업 이름	설명	사용자	리소스	출력되는 이벤트	작업 상세
listBooks()	책을 카테고리나 발행 일자별로 나열	고객, 콜센터	책, 책 저자	Books.Listed	
searchBooks()	책을 저자나 제목으로 검색	고객, 콜센터	책, 책 저자	Books.Searched	
viewBook()	책의 상세 정보 보기	고객, 콜센터	책, 책	Book.Viewed	
addItemToCart()	고객 장바구니에 책 추가	고객, 콜센터	장바구니 물품, 장바구니	Cart.ItemAdded	
removeItemFromCart()	고객 장바구니에서 책 제거	고객, 콜센터	장바구니 물품, 장바구니	Cart.ItemRemoved	
clearCart()	장바구니 비우기	고객, 콜센터	장바구니	Cart.Cleared	
viewCart()	장바구니 현황 및 합산 가격 보기	고객, 콜센터	장바구니	Cart.Viewed	

그림 6.9 API 프로파일의 각 작업에 대해 발생된 이벤트 정보가 추가된 JSON 서점의 Shopping API

단계 5: 작업 세부 정보 확장

마지막 단계는 주요 입력 및 출력의 세부 정보를 포함하도록 각 작업의 세부 정보 항목을 확장하는 것이다. 이 시점에서 모든 것을 캡처하는 것은 불필요함을 알아두자. 대신 필수 입력 및 출력 리소스와 팀 전체가 시스템을 이해하는 데 필요한 매개변수를 기술하는 데 중점을 둔다. 이 단계에서는 각 속성의 유형을 캡처하거나 API 모델의 스키마를 정의할 필요가 없다. 설계 단계에서 전체 설계를 캡처하기 위한 충분한 시간이 있으므로 이 단계에서 모든 매개변수를 찾는 데 지나치게 신경을 쓸 필요가 없다. 일부 설계 단계에서 중요하게 다뤄야 한다고 판단되는 경우에 한해 '임시저장소'에 캡처해뒀다가 설계 단계에서 꺼내 볼 수 있게 한다.

다가올 API 설계에 사용될 추가적인 세부 사항은 API 작업이 동기식인지, 비동기식인지에 대한 것이다. 동기식 API는 전통적인 요청/응답 방식의 일반적인 HTTP 동작이다. 비동기 API는 즉각적으로 결과를 보여주지 않고 백그라운드에서 동작한다. 비동기 API는 9장에서 상세히 다룬다. 현 단계에서는 각 작업의 동기식 특성에 주목하자.

모든 작업에서 자주 간과되는 부분은 안전성^{safety}이다. 적절한 HTTP 메서드를 선택할 때 안정성과 멱등성은 중요한 문제다. 각각의 HTTP 메서드 사양^{specification}은 서버가 구현해야 하는 안정성과 멱등성을 설명한다. 안정성의 분류 작업^{safety} ^{classification}은 클라이언트의 에러 처리 코드에도 큰 영향을 미친다.

HTTP 작업은 안전성을 다음과 같은 3가지로 분류한다.

1. **안전함**^{Safe}: 작업으로 인해 대상 리소스에 어떠한 상태 변경도 없는 작업을 의미한다. 모든 읽기 기반 작업(GET)이 이 분류에 해당한다.
2. **멱등성**^{Idempotent}: 이 안전성 분류는 작업으로 인해 대상 리소스의 상태가 변경되지만 동일한 입력으로 작업을 수행하면 항상 동일한 결과를 생성한다. 이는 API 클라이언트가 전에 실패했던 요청을 다시 보내도 어떤 부작용이 없음을 의미하기 때문에 매우 중요하다. 교체^{replace}와 삭제(PUT,

DELETE) 작업이 해당 안정성 분류에 해당한다.

3. **불안전함**Unsafe: 이 안정성 분류는 작업으로 인해 대상 리소스의 상태가 변경되며 동일한 입력값으로 여러 번 수행할 때 같은 결과를 보장하지 않는 것을 의미한다. 일반적으로 해당 안전성 분류는 생성과 갱신(POST, PATCH) 작업에 해당한다.

각 작업을 검토하며 필요한 안전성 분류 유형을 결정한다. API 모델링 중에 안정성 분류를 결정하게 되면 설계 프로세스에서 추가적인 통찰력을 얻을 수 있다.

그림 6.10은 각 작업의 입력과 출력의 세부 사항, 동기성, 안정성 분류를 포함한 Shopping API 예제를 보여준다.

그런 다음 API 프로파일은 SLA와 같은 아키텍처 요구 사항을 반영하고 소비자와 산업 표준(예, 오픈 뱅킹 표준 준수)과 같은 설계 단계에서 고려해야 하는 사항을 포함해 최종 결정된다.

깃허브의 API 워크숍Workshop 예제 저장소[5]의 API 프로파일 템플릿과 예제들을 참고하면 처음 시작할 때 도움이 될 것이다.

시퀀스 다이어그램으로 API 모델 검증

API 설계 팀은 API가 사용하는 모든 사람의 요구 사항을 충족하는지 확인할 책임이 있다. 이를 위해서는 최종적으로 2가지 조치가 필요하다. 하나는 API 모델이 실제와 차이가 있는지 검증하는 것과 이해관계자들로부터 피드백을 수집하는 것이다.

---

5. https://bit.ly/align-define-design-examples

Shopping API – 책 둘러보기 경험과 장바구니 관리 기능 제공 공개

작업 이름	설명	사용자	리소스	출력되는 이벤트	작업 상세
listBooks()	책을 카테고리나 발행 일자별로 나열	고객, 콜 센터	책, 책 저자	Books.Listed	요청 매개변수: categoryId, releaseDate 응답: Book[] safe/synchronous
searchBooks()	책을 저자나 제목으로 검색	고객, 콜 센터	책	Books.Searched	요청 매개변수: searchQuery 응답: Book[] safe/synchronous
viewBook()	책의 상세 정보 보기	고객, 콜 센터	책	Book.Viewed	요청 매개변수: bookId 응답: Book safe/synchronous
addItemToCart()	고객 장바구니에 책 추가	고객, 콜 센터	장바구니 물품, 장바구니	Cart.ItemAdded	요청 매개변수: cartId, bookId, quantity 응답: Cart unsafe/synchronous
removeItemFromCart()	고객 장바구니에서 책 제거	고객, 콜 센터	장바구니 물품, 장바구니	Cart.ItemRemoved	요청 매개변수: cartItemId 응답: Cart idempotent/synchronous
clearCart()	장바구니 비우기	고객, 콜 센터	장바구니	Cart.Cleared	요청 매개변수: cartId 응답: Cart safe/synchronous
viewCart()	장바구니 현황 및 합산 가격 보기	고객, 콜 센터	장바구니	Cart.Viewed	요청 매개변수: cartId 응답: Cart safe/synchronous

그림 6.10 작업 세부 사항이 API 프로파일에 추가된 JSON 서점의 Shopping API

첫 번째로 이전 단계에서 생성된 작업 스토리와 액티비티에서 도출한 모든 요구 사항이 API 프로파일과 잘 맞아떨어지는지를 검증하는 작업을 살펴보자. API 모델의 유효성을 검증하고자 일반적인 사용 시나리오를 보여주는 다이어그램을 만들 수 있다. 여기서 시나리오는 EventStorming 캔버스, 작업 스토리 등의 도구에서 생성될 수 있다. 그림 6.11은 모델링된 API를 사용해 Shopping과 checkout 경험을 제공하는 예제 시나리오를 보여준다.

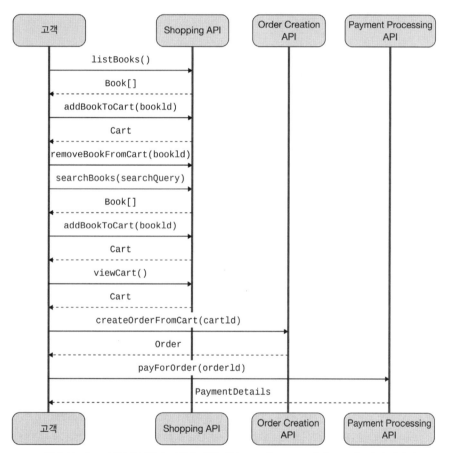

그림 6.11 JSON 서점의 주문서 작성에 대한 작업 스토리는 API 모델링 프로세스에서 식별된 모든 작업이 작업 스토리의 결과와 관련 액티비티로 구성된 시퀀스 다이어그램으로 표현된다.

유효성 검사 과정에서 모든 세부 사항을 명시해 API의 범위와 동작이 제대로 정의되고 조정됐는지 확인한다. 시나리오를 완성하는 데 몇 가지 작업이 누락됐다면 모델링 단계로 돌아가 누락된 작업을 캡처한다.

모델이 검증되면 모든 이해관계자과 모델을 공유하고 피드백을 받는다. API 모델링이 비즈니스와 프로덕트 이해관계자를 모두 포함해 진행됐다면 프로세스 중에 피드백을 받을 수 있다. 그렇지 않은 경우라면 프로세스의 설계 단계로 진입하기 전에 생성된 아티팩트를 공유하고 관련된 피드백을 통합하고자 노력해야 한다.

API 중요도와 재사용 여부 평가

모든 API가 배포 일정에서 동일한 가중치를 갖고 있지는 않다. API의 가중치 크기를 비교하는 연습은 API 설계 단계로 가기 전에 선택적으로 수행해볼 수 있다. 이 연습은 팀이 API를 불필요하게 또는 잘못된 우선순위로 생성하는 것을 방지하는 데 도움이 된다.

첫 번째로 API가 제공하는 비즈니스 및 경쟁 가치를 평가한다. 다음 질문을 통해 각 API가 제공하는 가치를 가늠해보자.

- API가 시장에서 다른 제품에 비해 경쟁 우위를 갖추는 데 도움이 되는가?
- API기 수동 프로세스를 줄여 비즈니스 수행 비용을 경감시키는가?
- API가 새로운 수익원이 되거나 기존 수익원을 개선하는가?
- API가 비즈니스 인텔리전스, 시장 통찰력 또는 의사결정 요소를 생성하는가?
- API가 조직의 반복적인 작업을 자동화해 조직이 좀 더 중요한 비즈니스 기능을 수행하는 데 도움을 주는가?

나열된 모든 질문의 답이 "아니요"라면 생성될 가치는 낮다. 그렇지 않고 하나 이상의 질문에 "예"라고 대답한다면 이는 API가 비즈니스 또는 시장에 가치를 제공할 수 있음을 의미한다.

다음으로 각 API를 처음부터 작성하기 위한 노력의 크기를 가늠한다. 한 가지 방법은 API를 소형, 중형, 대형으로 서로 비교하며 상대적인 크기로 분류해보는 것이다. 노력의 크기를 가늠하려면 EventStorming 및 액티비티를 써보는 단계에서 드러나는 세부 정보를 고려해 처음부터 API를 생성하는 데 필요한 노력의 크기와 복잡성을 대략적으로 추정해볼 수 있다.

마지막으로 기존 API 중에 활용하거나 확장할 수 있는 것이 있는지 확인한다. 상용 완성품Commercial off-the-shelf으로 제공되는 API나 다른 팀에서 생성한 조직 내부 API 또는 프로덕트의 시장 전달 속도를 높일 수 있는 오픈소스 솔루션과 같은 경우가 이에 해당한다. 조직은 종종 이 단계를 잊어버려 중복 또는 비핵심 API를 구축하는 데 시간과 노력을 낭비하게 된다. 이 단계를 수행함으로써 조직이 무조건 API를 만드는 것이 아니라 먼저 기존 API의 재사용을 검토하고 필요할 때만 새 API를 생성하는 것을 장려할 수 있다.

그림 6.12는 6장에서 다룬 세부 항목들의 예를 캡처해 JSON 서점 API 프로파일에 반영한 것을 표 형태로 보여준다.

요약

API 모델링은 설계 프로세스의 조정 단계에서 생성된 통찰력과 산출물을 API의 범위와 의도를 설명하는 형태로 통합하는 데 도움이 된다. 누락된 항목이 없는지 다음의 체크리스트를 검토하자.

- 리소스 분류는 리소스 간의 상호 관계 및 종속성을 나타내는 속성을 식별한다.
- API 프로파일은 각 API의 설계 및 구현 방식에 관계없이 하이레벨High-level의 사양 정보를 제공하고자 생성된다.
- 시퀀스 다이어그램은 작업 스토리에서 캡처된 결과가 API를 통해 어떻게 전달되는지 검증하는 데 도움이 된다.

API 프로파일	비즈니스 및 경쟁 가치	자체 빌드 시 필요한 노력	존재하는 내부 또는 서드파티 API
Shopping API	보통	보통	서드파티 eStore 솔루션(커스터마이징과 내부 추천 엔진을 지원하는 것이 매우 복잡함)
Order Creation API	보통	보통	서드파티 주문 처리 API(풀필먼트 지원도 포함될 수 있음)
Payment Processing API	낮음	높음	다양한 서드파티 결제 처리기

그림 6.12 API 모델링 중 확인된 JSON 서점의 API 프로파일을 위해 필요한 노력과 우선순위

- 가중치 크기 확인과 우선순위 지정은 API가 재사용 가능한 경우에는 재사용하고 필요한 경우에만 빌드되도록 결정하는 데 도움이 된다.

API 모델링에 시간을 투자함으로써 팀은 각 API의 요구 사항을 명확하게 설명할 수 있다. 또한 API를 처음부터 만들지, 조직 내부나 상용 API를 재사용할지 결정할 수 있다. 기존 API 재사용이 가능하다면 기능을 전달하는 데 몇 주에서 몇 달까지도 시간과 노력을 절약할 수 있다.

API 모델링이 완료되면 ADDR 프로세스의 정의 단계를 모두 마친 것이다. 다음 단계는 API 설계이다. 이 단계에서는 API의 프로파일을 특정 API 스타일로 마이그레이션한다. 7장에서는 REST 기반 API의 설계에서 API 프로파일을 어떻게 사용하는지 다룬다. 대상 API가 REST 스타일이 아니라면 해당 API 스타일을 다루는 장으로 넘어가도 좋다.

4부

API 설계

API 정의 단계(ADDR 프로세스의 정의 단계)에서 모델링을 완료했다. 이제 API 범위와 구현해야 하는 기능들에 대해 더 높은 이해도를 갖게 된 것이다. ADDR^{Align-Define-Design-Refine} 프로세스의 다음 단계는 모델링된 API 프로파일을 API 설계로 변환하는 것이다.

API 스타일에 대한 선택지는 일반적으로 많이 사용하는 REST나 RPC부터 산업 환경에 맞게 새롭게 등장하는 기술들까지 다양하다. 4부에서는 이전 단계에서 생성된 산출물을 사용해 API를 설계하는 과정을 단계별로 자세히 다룬다. 책의 순서에 관계없이 관심 있는 각 API 스타일에 해당하는 장으로 자유롭게 이동해서 내용을 살펴보는 것도 좋다.

REST API 설계

REST 아키텍처 스타일에서 인터페이스 설계는 웹의 일반적인 경우와 같은 대규모 하이퍼미디어 전송에는 효율적이지만 특정한 형태의 아키텍처 특성에 맞게 최적화되지 않는다.[1]

— 로이 토마스 필딩[Roy Thomas Fielding]

모델링 단계에서 설계 단계로 넘어가면 다양한 결정 사항에 직면하게 된다. 어떤 것들은 쉽게 해결되지만 일부는 심사숙고해야 한다. 처음부터 제대로 된 API 설계를 완성하는 것은 매우 어렵다. 본격적인 구현 단계가 시작되기 이전에 설계와 프로토타이핑 제작을 통해 초기 단계에서 피드백을 수집하는 것에 집중해야 한다.

7장에서는 API 모델링 단계에서 생성된 API 프로파일을 REST API 설계로 변환하는 프로세스와 REST에 대해 전반적으로 설명한다. 이 과정에서 다양한 설계 패턴과 결정에 대해 살펴본다. API 설계 프로세스의 하이레벨 설계(그림 7.1) 단계에서 REST 스타일 원칙을 적용해보는 것이다.

---

1. 로이 토마스 필딩의 연구, 『Architectural Styles and the Design of Network-based Software Architectures』에서 통합 인터페이스(Uniform Interface)를 설명하고 있는 문장으로, REST 아키텍처 스타일에서 통합 인터페이스를 강조하기 때문에 아키텍처가 단순화되고 연동이 쉽다는 장점을 갖지만 표준화된 형식으로 데이터를 주고받기 때문에 효율성이 떨어진다는 맥락이다.

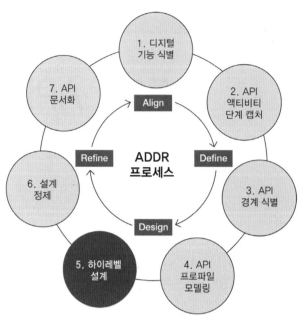

그림 7.1 설계 단계에서는 API 스타일에 대한 선택 사항을 고려해야 한다. 6장에서는 REST API 설계에 대해 다룬다.

> **원칙3: 필요에 맞는 API 설계 요소 선택**
>
> 완벽한 API 스타일을 찾으려는 시도는 성공하기 어렵다. 이미 사용되고 있는 REST, GraphQL, gRPC 또는 새롭게 등장하고 있는 API 스타일로부터 기술적인 요소들을 이해하고 적용해야 한다. 이어지는 3개 장에서는 올바른 선택에 도움이 되도록 대표적인 API 스타일에 대한 통찰력을 제공한다. 각 스타일을 적용할 시기, 동기(synchronous) 또는 비동기(asynchronous) 방식의 선택 그리고 SDK 제공 여부를 살펴본다.

REST API란?

REST^{REpresentational State Transfer}는 분산 구조의 하이퍼미디어 시스템을 고려한 아키텍처 스타일이다. HTTP가 표준 그룹을 통해 사양을 관리하는 것과 달리 REST는 표준 사양이 있는 것은 아니다. 로이 토마스 필딩^{Roy Thomas Fielding}이 박사 학위 논문 「Architectural Styles and the Design of Network-based Software Architectures^{아키텍처 스타일과 네트워크 기반 소프트웨어 아키텍처}」에서 소개된 용어다. 이 논문에서는 아키텍처 스타일에 대한 핵심 개념과 제약 조건 그리고 이러한 조약 조건이 월드와이드웹^{World Wide Web}의 설계에 적용된 방법을 설명했다.

REST API 또는 REST 기반 API에 대해 얘기할 때 필딩의 연구가 웹 기반 API의 범위로만 제한되지 않는다는 사실을 잊기도 한다. 이 연구는 진화 가능하고 확장 가능한 분산 시스템을 설계하고자 기초가 되는 고려 사항들을 설명한다. 소프트웨어 아키텍처, 특히 분산 소프트웨어에 관심이 있는 사람들은 필딩의 논문을 참조할 필요가 있다.

그의 논문은 REST 기반 아키텍처에서 반드시 HTTP를 기본 프로토콜로 사용해야 하는 것이 아니라는 점을 얘기한다. 아키텍처 관점에서 고려 사항들을 이해하고 활용해서 발전 가능한 HTTP의 사양을 정의할 수 있는 방법을 설명하고 있다. HTTP가 네트워크 기반 API에서 많이 선택되는 프로토콜이기 때문에 이 책에서도 HTTP를 활용해 세부 내용들을 설명한다.

필딩의 논문에서 설명한 아키텍처 속성들은 네트워크 기반 API와 같은 분산 환경의 시스템에 유연하고 점진적으로 발전 가능한 방법으로 고려 사항들을 정립하는 역할을 한다.

- **클라이언트/서버:** 클라이언트와 서버는 독립적으로 동작하며 둘 사이의 상호작용은 요청^{request}과 응답^{response}의 형태로 이뤄진다.
- **무상태^{stateless}:** 서버는 API 사용자의 어떤 정보도 저장하지 않는다. 따라서 클라이언트의 요청에는 처리에 필요한 모든 정보가 포함돼야 한다.
- **계층 구조 시스템:** 클라이언트는 요청에 응답하는 실제 서버 사이에 몇 개의 계층이 있는지 알 수 없다. 실제 경로의 세부 사항을 숨겨 사용이 쉽고 일관성 있게 한다. 이는 서버나 클라이언트 측의 캐싱, 역방향 프록시 및 권한 부여 계층화를 가능하게 하는 HTTP의 핵심 원칙이다.
- **캐시^{cache} 가능 여부:** 서버의 응답은 캐시가 가능한지 여부에 대한 정보를 포함해 클라이언트와 미들웨어 서버들이 API 서버에서 제공받은 데이터를 별도로 캐시할 수 있게 한다.

- **코드온디멘드**^{Code on demand}(선택 사항): 클라이언트는 서버에 스크립트 또는
  바이너리 형태의 실행 가능한 코드를 요청할 수 있다. 오늘날 웹 페이지
  의 기능들을 확장하고자 자바스크립트^{JavaScript} 파일을 브라우저(클라이언트)
  에서 실행한다. 코드온디멘드는 API를 제공하는 입장에서는 사용자의
  입력값에 대한 유효성 검사나 다른 기능들을 확장할 수 있는 방법이다.
  서버 응답을 통해 지속적으로 개선된 실행 코드를 제공할 수 있으므로
  클라이언트를 진화시켜 나갈 수 있다.
- **통합**^{Uniform} **인터페이스**: 통합 인터페이스를 통한 리소스 기반의 식별은 독립
  적인 진화를 가능하게 한다. 또한 상태를 나타내고 자기 설명적 메시지를
  주고받으며 하이퍼미디어의 제어를 통해 상호작용이 가능하게 한다.

필딩의 연구에서 설명한 아키텍처 관점의 고려 사항들은 웹 기반 API 설계에서
중요하다. 이러한 고려 사항들이 웹 API 설계에 반영돼야 지속적으로 발전 가능
한 설계가 가능하기 때문이다.

REST는 CRUD에 관한 것이 아니다.

이미 언급했듯이 REST는 프로토콜이나 기술 사양이 아니다. 일반적으로 알려진 것과 달리 REST
기반 API는 데이터 통신에 있어 JSON 형식이나 생성-읽기-변경-삭제(CRUD, Create-Read-
Update-Delete) 패턴이 반드시 필요한 것은 아니다. REST는 개별 구성 요소들이 상호작용하는
데 있어 고려 사항들과 규약들을 설명한 것이다. 이러한 스타일을 적용하면 아키텍처 관점에서
발생하는 문제들에 대해 유연하게 대응할 수 있다. 다만 많은 웹 기반의 API가 JSON 형식과
CRUD 패턴을 설계 요소로 사용하고 있을 뿐이다.

API 설계에 REST 스타일을 적용할 때 필딩의 논문에서 설명한 고려 사항들을 의도적으로 온전히
적용하지 않을 수 있다. 이로 인해 REST 스타일을 온전히 준수해 구현한 'RESTful'과 선택적으로
구현한 'REST enough' 사이에서 혼란을 초래한다.

나는 이러한 논란이 소모적이라고 생각한다. 실제 현장에서는 'RESTful' 또는 REST 기반 API라
는 용어 사용에 대해 원래 논문에서의 정의를 엄격히 적용하기보다는 포괄적으로 받아들이는
것이 좋다. 용어를 엄격한 기준으로 사용하기보다는 개념과 이해를 적용해 더 나은 설계를 위해
적용하는 것이다. REST에 대해 더 많이 알고 있다는 것을 과시하기 위한 목적으로 접근하는
것은 좋은 생각이 아니다.

REST는 클라이언트와 서버다

클라이언트 서버 구조는 REST에서 핵심적인 고려 사항이다. 서버는 가용한 리소스들을 제공하며, 동기 방식의 작업을 지원하고, 클라이언트가 이해할 수 있는 메시지 기반의 상호작용을 한다.

클라이언트와 서버가 분리된 구조에서는 클라이언트의 사용자 인터페이스를 변경할 수 있다. 서버를 변경할 필요 없이 새로운 장치에서도 서버와 상호작용할 수 있는 것이다.

가장 중요한 것은 클라이언트와 서버가 독립적으로 발전할 수 있다는 것이다. 서버는 클라이언트에 부정적인 영향을 주지 않으면서 새로운 리소스나 추가적인 기능을 제공할 수 있다. 이러한 구조적 특성은 API가 벤더에 종속되지 않고 사용자에게 제공될 수 있는 바탕이 된다.

REST는 리소스 중심이다

REST에서 정보 은닉의 핵심은 리소스다. 1장에서 언급한 것처럼 리소스는 문서, 이미지, 리소스 모음, 현실 세계의 사물이나 사람에 대한 디지털 표현들을 참조할 수 있는 고유한 식별자를 구성 요소로 가진다.

리소스는 대상 리소스의 현재 상태 또는 의도된 상태를 나타낸다. 모든 리소스는 하나 이상의 표현 형식을 지원한다. JSON, XML, CSV, PDF, 이미지 및 기타 미디어와 같은 데이터 형식이다.

주어진 리소스에 대해 지원되는 형식은 클라이언트의 요구 사항에 따라 달라진다. 예를 들어 JSON은 REST 기반 API에서 일반적으로 사용하는 형식이다. 그러나 클라이언트에서 스프레드시트에서 사용하기 위한 목적으로 CSV 형식의 리소스를 요구할 수도 있다.

또 다른 예로 반 버논^{Vaughn Vernon}이라는 사람을 나타내려고 할 때 리소스의 표현 형식은 하나 이상, 즉 JSON이나 XML일 수 있다. 어떤 변경 사항 전체를 기록하기 위한 리소스에서도 JSON, XML 모두 사용 가능한 표현 형식이다.

REST는 메시지 기반이다

필딩의 논문에서 초점을 맞추고 있는 것 중 하나는 클라이언트와 서버 간의 메시지 기반 통신이다. REST 메시지와 자기 설명적$^{self-descriptive}$ 메시지라는 용어에 주목할 필요가 있다. REST 기반 API 설계는 JSON이나 XML의 문법적 속성으로 제한되는 것이 아니며 그 이상의 맥락적인 요소들을 포함한다.

리소스에 대한 내용은 전체 메시지에서 일부며 본문에 해당한다. 전송 프로토콜의 설계적 요소들 또한 REST 기반 API 설계의 일부다. URL 경로, URL 매개변수 및 HTTP 요청/응답 헤더^{headers}는 모두 설계 프로세스의 일부로 다뤄야 한다. 메시지 본문에만 집중하게 되면 완성도가 낮은 API 설계가 된다.

HTTP 메서드, URL, 요청 헤더와 요청 본문^{body}의 전체적인 조합이 클라이언트에서 서버로 전송되는 요청 메시지다. 클라이언트가 무엇을 하고 싶은지 서버에게 얘기한다. 응답 헤더, 응답 상태 코드, 응답 본문^{payload}의 구성은 클라이언트 요청에 대한 응답 메시지다. REST 기반 API가 메시지 기반의 통신이라는 것을 이해하면 API 설계는 메시지의 고도화와 API의 성장 및 성숙에 따라 진화 가능하다.

REST는 계층 구조를 지원한다

REST 아키텍처 스타일은 계층 구조 시스템이다. 클라이언트와 서버의 통신 사이에 여러 계층이 존재할 수 있으므로 클라이언트와 서버가 직접 통신한다고 가정하면 안 된다. 그림 7.2에서와 같이 캐싱, 로깅, 인증, 부하 분산$^{load\ balancing}$ 등 여러 미들웨어^{middleware} 계층이 있을 수 있다.

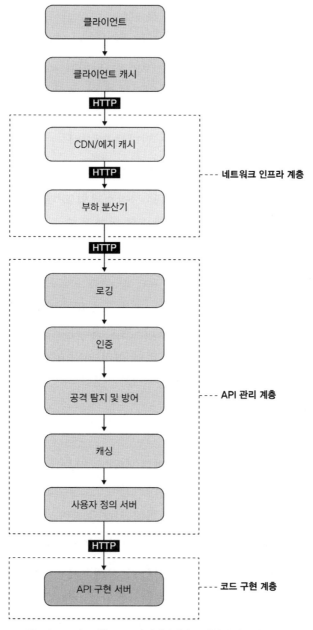

그림 7.2 REST는 계층 구조 아키텍처에서 동작하기 때문에 클라이언트와
서버 사이에 여러 목적의 미들웨어 서버들이 존재할 수 있다.

REST는 코드온디멘드를 지원한다

코드온디멘드는 강력한 기능이지만 활용도는 높지 않다. 클라이언트는 리소스를 요청할 때 동작하는 코드를 요청할 수 있다. 클라이언트는 코드를 실행시키는 방법만 이해하고 있으며 코드가 무엇인지는 알아야 할 필요가 없다. 가장 큰 장점은 클라이언트 애플리케이션에서 별도의 업그레이드 없이 API를 통해 자체적으로 기능이나 품질이 확대될 수 있다는 것이다.

이 기술은 브라우저가 로컬에서 매번 실행할 자바스크립트 파일을 다운로드해 실행하는 것이다. 브라우저는 실행해야 할 자바스크립트 파일을 미리 알 필요가 없고, 내장된 보안 샌드박스 실행 환경에서 실행할 수 있으면 된다. 서버에서 그때그때 다운로드하는 새로운 기능들은 브라우저 자체의 업그레이드 없이 즉시 실행된다.

웹 기반 애플리케이션에서 많이 사용되는 이 방식은 REST 기반 웹 API에서 많이 사용되지는 않지만 다양한 활용도가 있는 방식 중 하나다. 클라이언트 측에서 코드를 작성하거나 유지 관리할 필요 없이 여러 가지 필요한 기능이 즉각적으로 실행되는 API를 설계하고 구현할 수 있는 것이다.

하이퍼미디어 제어

하이퍼미디어 API는 링크에 의해 작동하는 API다. 링크는 관련이 있는 다른 리소스들을 참조하는 다른 API 작업을 가리킨다. 또한 일반적으로 어포던스 affordances라고 하는 다른 API의 기능을 연계해 사용할 수도 있다. 필딩은 REST 기반 아키텍처에서 하이퍼미디어의 중요성을 얘기했다.

하이퍼미디어 제어를 사용하는 API는 작업의 실행 환경 탐색을 통해 서버와 클라이언트의 상호작용을 확장한다. 리소스에 링크가 포함돼 있는지 여부를 통해 서버 측 상태를 클라이언트에 전달하는 목적으로 사용할 수도 있다. 이 개념을 강력한 기능으로 활용할 수 있는데, 자세한 내용은 뒷부분에서 살펴본다.

하이퍼미디어는 API 전반에 걸쳐 다양한 리소스를 연결해 웹으로 작동할 수 있게 한다. 검색 엔진의 결과가 클릭해서 연결할 수 있는 링크로 제공되지 않는다면 클라이언트는 웹에서 연결된 데이터들을 깊이 있게 탐색할 수 있는 기회를 놓치게 된다. 많은 API 설계에는 이러한 점들이 충분히 고려돼 있지 않다.

하이퍼미디어 사용의 일반적인 예는 HAL^{Hypertext Application Language} 기반의 응답에서 찾아볼 수 있는 페이지 매김^{pagination}이다.

```json
{
  "_links": {
    "self": {"href": "/projects" },
    "next": {"href": "/projects?since=d266f6cd&maxResults=20" },
    "prev": {"href": "/projects?since=43be807d&maxResults=20" },
    "first": {"href": "/projects?since=ef24266a&maxResults=20" },
    "last": {"href": "/projects?since=4e8c74be&maxResults=20" },
  }
}
```

API 설계에서 **"next"** 링크의 제공 여부를 이용해 클라이언트에게 모든 결과가 처리됐음을 나타내게 할 수 있다. 링크가 더 이상 존재하지 않을 때까지 검색 결과를 확인하게 하는 것이다.

API에서 하이퍼미디어의 이용은 맥락 기반^{context-driven} 응답을 가능하게 한다. 현재의 맥락에서 실행이 가능한 기능에 대해서는 링크를 제공하고 그렇지 않은 기능은 링크를 제공하지 않는 방식이 있다. 이러한 기능을 활용하면 클라이언트는 별도의 명시적인 상태의 데이터를 서버에서 제공받아 어떠한 동작을 실행할 것인지 해석하지 않아도 된다. 서버에서 처리된 결과에 따라 수행할 수 있는 작업에 대해서는 링크를 제공하고 그렇지 않은 경우 링크를 제공하지 않기 때문이다.

다음은 콘텐츠 관리 시스템^{CMS, Content Management System}에서 기사가 발행됐는지 또는 작성 중인지에 대한 상태 데이터와 작성자에 관한 데이터를 기반으로 적절한 하이퍼미디어 링크를 제공하는 HAL 기반 응답에 관한 예다.

```
{
    "articleId":"12345",
    "status":"draft",
    "_ link s": [
        { "rel":"self", "url":"..."},
        { "rel":"update", "url":"..."},
        { "rel":"sub mit", "url":"..."}
    ],
    "au th ors": [ ... ],
    ...
}
```

이 응답 코드에서는 작성 중인 기사에 대한 수정과 편집 검토를 위해 제출할 수 있는 기능의 링크가 제공되며, 다음 응답 코드에서는 제출된 기사에 대해 편집자가 승인하거나 반려할 수 있는 기능의 링크가 제공된다.

```
{
  "articleId":"12345",
  "status": "sub mitted",
  "_ link s": [
    { "rel":"self", "url":"..."},
    { "rel":"reject", "url":"..."},
    { "rel":"approve", "url":"..."}
  ],
  "au th ors": [ ... ],
  ...
}
```

맥락 기반 하이퍼미디어 제어의 활용은 API 작업 흐름에 중요한 영향을 미친다. 요구 사항 처리를 위해 클라이언트 측에서 반복적으로 실행해야 하는 비효율적인 비즈니스 로직을 줄일 수 있다. 위 예에서 맥락 기반 하이퍼미디어 제어를 사용하지 않았다면 기사의 현재 상태와 사용자의 역할에 따라 어떤 작업이 허용돼야 하는지에 대한 코드를 클라이언트에서 실행해야 한다. 클라이언트는 복잡한 비즈니스 로직 수행 대신 특정 버튼이 사용자에게 표시되거나 비활성화되는지를 링크의 제공 여부로 결정할 수 있다. 이러한 방식을 통해 클라이언트 측 코드 변경은 최소화하면서 지속적으로 API를 발전시킬 수 있다.

REST 기반 API에서는 다음과 같은 4가지 주요 하이퍼미디어 제어 유형이 있다.

1. **인덱스 하이퍼미디어 제어:** 전형적인 API 홈페이지와 같은 전체 가용 API 목록

2. **내비게이션 하이퍼미디어 제어:** 응답 리소스에 페이지 매김 링크 또는 링크의 헤더를 포함

3. **관계형 하이퍼미디어 제어:** 다른 리소스 또는 하위 세부 정보 리소스와의 관계를 표시하는 링크

4. **맥락 기반 하이퍼미디어 제어:** 서버에서 사용 가능한 작업들을 클라이언트에 전달

기억해야 할 것은 고유한 URL을 갖도록 설계되지 않은 리소스에서는 하이퍼미디어 제어를 활용할 수 없다는 것이다. GraphQL과 gRPC API 스타일이 여기에 해당한다. 8장에서 SOAP나 XML-RPC와 같은 기존의 원격 API 스타일, 메시징 사양에 대한 내용을 다루면서 자세히 살펴볼 것이다.

리차드슨 성숙도 모델을 사용한 REST 수준

레오나르도 리차드슨(Leonard Richardson)이 만든 성숙도 모델, 줄여서 RMM은 REST 기반 API 성숙도를 다음과 같은 4가지 레벨로 정의했다.

레벨 0: 모든 요청은 단일 API 작업 또는 엔드포인트(endpoint)에 의해 수신된다. 요청에 대한 추가 내용은 매개변수를 통해 전달되거나 요청의 본문에 포함해 전달한다(예, POST /api? op=getProjects).

레벨 1: 리소스가 고유의 URL과 상호작용하지만 필요한 경우 API에 대한 추가 매개변수를 사용한다(예, GET /projects?id=12345).

레벨 2: GET, POST, PUT과 같이 적합한 HTTP 메서드와 응답 코드를 적절히 적용해 클라이언트와 서버 상호작용을 개선한다.

레벨 3: 서버에서의 비즈니스 로직 처리 결과를 하이퍼미디어 제어를 포함하는 자기 설명적 메시지로 전달해 클라이언트는 관련 리소스들과 유기적으로 통합한다.

RMM은 API 설계가 하이퍼미디어 제어를 사용하는 향상된 설계에 도달하는 것을 돕고자 일반화된 분류를 정의한 것이다. API와 API 아키텍트의 수준을 평가하고 폄하하는 목적으로 이 모델을 사용하는 것은 잘못된 것이다.

리차드슨은 2015년 REST Fest라는 콘퍼런스에서 "나는 무엇을 했는가?"[2]라는 제목의 강연에서 RMM을 잘못된 의도로 사용하는 것에 대해 매우 당황스럽다고 언급했다. 그는 이 모델이 하이퍼미디어 제어를 포함하는 API 설계를 개선하고 성숙도를 높이기 위한 측정 방법 중 하나일 뿐이라고 말했다. RMM은 모든 API에 대해 REST 스타일을 준수해야 한다는 표준을 제시하는 것이 아니라는 것이다. 특정 설계에 대한 수준을 평가하려는 노력보다는 클라이언트의 요구 사항을 충족시키는 데 집중해야 한다.

---

2. Leonard Richardson, "What Have I Done?"(강연, REST Fest, 사우스캐롤라이나주 그린빌, 2015년 9월 18일)

언제 REST를 선택해야 하는가

필딩의 논문에서는 REST를 세분화된 데이터 전송을 위한 아키텍처 스타일로 정의한다.

> REST 인터페이스는 대규모 하이퍼미디어 데이터 전송에 효율적으로 설계돼 웹의 일반적인 경우에 최적화되지만 다른 아키텍처에서의 데이터 전송에서는 비효율적일 수 있다.

필딩은 대규모 하이퍼미디어 데이터에 대해 명시하고 있지 않지만 웹은 이를 이해하기 위한 좋은 예다. HTML 페이지는 하나의 완전한 리소스로 전달되고 별도의 형태로 분할할 수 없다. HTML 리소스가 수신되고 분석되면 참조로 포함돼 있는 이미지, 자바스크립트 및 스타일시트가 개별적으로 요청되고 수신된다.

HTML은 데이터 송수신에서 세분화된 리소스가 필요한 경우 좋은 아키텍처 스타일이다. 연결된 네트워크의 품질이 보장되지 않고 예측하기 어려운 네트워크 연결이 발생할 수 있는 인터넷 환경을 통해 공급되는 API가 여기에 해당한다.

이보다 더 세분화된 데이터 통신이 발생하는 경우 원격 프로시저 호출[RPC, Remote Procedure Call] 또는 다른 아키텍처 스타일을 선택하는 것이 더 적합할 수 있다. 특정 RPC 스타일은 필딩이 설명한 REST 스타일과 다른 연결 상태 유지와 더 빠른 성능을 지향하는 방식을 채택하기도 한다. 8장에서 gRPC와 비동기 방식 API 스타일을 살펴보고 서비스와 서비스 간 통신 또는 서비스와 클라이언트 간 통신 상황에서의 통신은 9장에서 설명한다.

많은 회사에서 고객과 파트너에게 제공하는 API로 REST를 기본으로 사용한다. 대부분은 내부적인 인프라와 내재화된 도구들, 운영과 관리 측면의 지원을 갖추고 있기 때문이다. REST는 웹의 사용 패턴을 기반으로 하고 있어 개발자에게 친숙하고 운영 팀에서 쉽게 관리할 수 있는 측면이 있다. 또한 관련된 도구들이 발달해 있고 재사용 가능한 소프트웨어 라이브러리들이 풍부하다.

▌REST API 설계 프로세스

6장에서 설명한 API 모델링이 완료됐다면 API 설계 프로세스를 시작할 때다. API 모델링의 목표가 요구 사항을 식별하고 일련의 API 프로파일을 파악하는 것이라면 API 설계 프로세스는 이 장의 앞부분에서 설명한 REST 기반 원칙을 이용해 API 프로파일을 HTTP에 반영하는 것이다. API 설계와 관련된 대부분은 API 프로파일 생성을 위한 모델링에 초점이 맞춰져 있다. 여기서는 빠르게 대략적인 API 설계를 반영하는 5가지 단계를 알아본다.

단계 1: 리소스 URL 경로 설계

단계 1에서는 6장의 그림 6.7에서 캡처한 API 모델링 프로세스에서 식별된 API 리소스 및 리소스 관계를 사용한다. 그림 7.3은 API 프로파일에서 식별된 리소스 목록을 표로 나타낸 것이다. 종속 관계의 리소스는 들여쓰기로 표기한다. 각 리소스의 URL 경로를 확정하고자 필요한 작업이다.

그런 다음 각 리소스 이름을 소문자로 표기하고 공백 대신 하이픈(-)을 사용해 URL에 적합한 형태로 변환한다. 슬래시(/)로 시작하고 리소스들의 모음을 나타내고자 복수 형태의 이름으로 표기한다.

그림 7.3 모델링을 통해 생성된 API 프로파일의 리소스 목록을 API 설계에 반영한다.
Cart Items 항목은 6장에서 설명한 것처럼 종속 관계이므로 들여쓰기로 표기한다.

종속 관계의 리소스는 상위 항목에 중첩되므로 경로에 상위 항목의 식별자가 포함돼야 한다.

종속 관계의 리소스에 대한 주의 사항

API 설계가 관계형 데이터베이스나 유사한 스타일의 데이터 구조를 그대로 리소스의 종속 관계에 반영했을 때 종속 관계에 해당하는 리소스들이 많아진다.

종속 관계에 대한 리소스 중첩은 자식 리소스에 대한 접근을 부모의 범위로 제한하기 위한 것이다. 종속 관계의 리소스가 필요한 경우도 있지만 API 사용에서 중첩된 리소스를 이용하려면 부모 리소스의 식별자가 경로에 반드시 포함된다는 것에 유의해야 한다. 예를 들면 다음과 같다.

```
GET /users/{userId}/projects/{projectId}/tasks/{taskId}
```

API 사용자가 주어진 URL 경로를 이용해 특정 아이디의 task 작업을 호출하려면 부모 관계인 project의 아이디와 user의 아이디도 필요하다. 클라이언트는 task 작업 수행 이전에 project와 user 아이디를 확인하기 위한 추가 적업을 수행해야 한다.

종속 관계의 리소스는 설계에서 유용한 옵션이지만 API의 사용성을 향상시키는 경우에만 사용해야 한다.

URL 경로 설계의 결과는 그림 7.4와 같다. 리소스 모음은 복수형으로 표기한다. 이러한 규칙이 필수는 아니지만 일반적으로 REST API 설계에서 많이 사용한다.

API에 대한 설명과 요청/응답에 대한 세부 사항을 포함하는 대략적인 설계는 그림 7.5의 표와 같이 나타낼 수 있다.

리소스 경로
/books
/carts
/carts/{cartId}/Items
/authors

그림 7.4 각 리소스의 이름을 중첩 구조의 리소스 표기와 함께 URL에 적합한 이름으로 변환한다.

리소스 경로	비즈니스 로직의 이름	HTTP 메서드	설명	요청 매개변수	응답 데이터
/books	listBooks()		책의 카테고리 또는 출시 일별 리스트	categoryId/dreleaseDate	Book[]
/books/search	searchBooks()		저자, 제목으로 책 검색	searchQuery	Book[]
/books/{bookId}	viewBook()		책 세부 정보 보기	bookId	Book
/carts/{cartId}	viewCart()		장바구니 현황 조회	cartId	Cart
/carts/{cartId}	clearCart()		장바구니의 모든 책 삭제	cartId	Cart
/carts/{cartId}/items	addItemToCart()		장바구니에 책 추가	cartId	Cart
/carts/{cartId}/items/{cartItemId}	removeItemFromCart()		장바구니에서 특정 책 삭제	cartId/cartItemId	Cart
/authors	getAuthorDetails()		저자 세부 정보 보기	authorId	BookAuthor

그림 7.5 API 프로파일의 비즈니스 로직의 이름, 설명, 요청/응답 세부 사항을 설계 관점의 표 형식으로 변환한다.

단계 2: API 작업을 HTTP 메서드에 매핑

단계 2에서는 각 API 작업에 적합한 HTTP 메서드를 결정한다. 6장에서 각 HTTP메서드에 할당할 수 있는 3가지 분류인 안전함, 안전하지 않음, 멱등성 보장에 대해 설명했다. 표 7.1은 사용 의도에 따른 일반적인 HTTP 메서드의 안정성 분류를 보여준다.

표 7.1 일반적인 HTTP 메서드에 대한 안전성 분류

HTTP 메서드	메서드 설명	안정성 분류	안정성 설명
GET	요청 데이터 반환	안전함	리소스의 상태가 변경되지 않음
POST	리소스에 대한 상태 변경부터 신규 생성까지 다양한 시나리오에서 사용	안전하지 않음	동일한 입력값으로 여러 호출에 대해 동일한 결과를 보장할 수 없음
PUT	클라이언트가 리소스를 교체	멱등성 보장	리소스 전체를 입력값으로 요청하기 때문에 여러 호출에 대해 동일한 결과를 보장
PATCH	리소스의 부분에 대한 변경 수행	안전하지 않음	클라이언트가 리소스의 일분에 대한 것만 입력값으로 요청하기 때문에 여러 호출에 대해 동일한 결과를 보장할 수 없음
DELETE	서버에서 리소스 삭제	멱등성 보장	동일한 리소스에 대한 삭제는 리소스의 존재 여부와 상관없이 동일한 결과를 보장

API 모델링 과정에서 프로파일의 작업 이름이나 설명에 사용된 일반 동사는 API에 가장 적합한 HTTP 메서드에 대한 단서를 제공하는 경우가 많다. 표 7.1 에서의 HTTP 메서드 분류를 일반 동사와 API 작업 매핑 표로 결합하면 표 7.2 에서 보여주는 것처럼 적절한 HTTP 메서드를 선택할 수 있다.

표 7.2 API 작업의 이름이나 설명에서 식별된 일반 동사와 HTTP 메서드의 매핑

동사	HTTP 메서드 + 리소스 예제
목록, 검색, 매치, 모두 보기(List, Search, Match, View All)	GET 리소스 모음 GET /books
표시, 탐색, 보기(Show, Retrieve, View)	GET 특정 리소스 GET /books/12345
생성, 추가(Create, Add)	POST 리소스 목록 POST /books
교체(Replace)	PUT 특정 리소스 또는 리소스 목록 PUT /carts/123 PUT /carts/123/items
업데이트(Update)	PATCH 특정 리소스 PATCH /carts/123
전체 삭제, 모두 제거, 지우기, 초기화 (Delete All, Remove All, Clear, Reset)	DELETE 리소스 목록 DELETE /carts/123/items
삭제(Delete)	DELETE 특정 리소스 DELETE /carts/123/items/456
검색, 보안 검색(Search, Secure Search)	POST 리소스 목록에 대한 사용자 지정 검색 POST /carts/search
〈기타 동사〉	POST 특정 리소스 또는 리소스 목록에 대한 사용자 지정 작업 POST /books/123/deactivate

단계 1에서의 리소스 경로 리스트에 표 7.2를 참고해 목적과 용도에 따라 각 작업의 URL 경로에 적절한 HTTP 메서드를 할당한다. API 작업에서 특정 리소스에 대해 동작하는 경우 그림 7.6에서와 같이 경로에 리소스 아이디를 포함한다.

리소스 경로	비즈니스로직의 이름	HTTP 메서드	설명	요청 매개변수	응답 데이터
/books	listBooks()	GET	책의 카테고리 또는 출시 이별 리스트	categoryId와releaseDate	Book[]
/books/search	searchBooks()	POST	저자, 제목으로 책 검색	searchQuery	Book[]
/books/{bookId}	viewBook()	GET	책 세부 정보 보기	bookId	Book
/carts/{cartId}	viewCart()	GET	정바구니 현황 조회	cartId	Cart
/carts/{cartId}	clearCart()	DELETE	정바구니의 모든 책 삭제	cartId	Cart
/carts/{cartId}/items	addItemToCart()	POST	정바구니에 책 추가	cartId	Cart
/carts/{cartId}/items/{cartItemId}	removeItemFromCart()	DELETE	정바구니에서 특정 책 삭제	cartId와cartItemId	Cart
/authors	getAuthorDetails()	GET	저자 세부 정보 보기	authorId	BookAuthor

그림 7.6 앞에서 식별한 URL 경로 목록에 각각의 의도와 용도에 맞춰 적절한 HTTP 메서드를 지정한다.

단계 3: 응답 코드 지정

이제 API 설계가 윤곽을 드러냈다. 다음 할 일은 각 API 작업에 대한 응답 코드를 지정하는 것이다. HTTP에서 응답 상태 코드는 다음 3가지 기본적인 클래스 또는 카테고리가 있다.

- 2xx는 요청에 대한 처리 성공을 나타내며, 더 상세한 상태를 나타낼 수도 있다(예, 200 OK는 일반적인 성공은 의미, 201 CREATED는 요청 성공에 의해 새로운 리소스가 생성됐음을 의미).
- 4xx는 클라이언트 측의 잘못된 문법이나 입력값 등의 이유로 요청이 실패한다.
- 5xx는 서버 측의 에러로 인한 실패를 의미한다. 클라이언트는 서버가 가용한 다른 시점에 재시도할 수 있다.

응답 상태 코드는 적절하게 사용해야 한다. 확실하지 않은 경우 코드의 의도와 사용법이 자세히 설명된 RFC를 참조할 수 있다. 응답 코드 클래스에서 상세 코드를 사용하기에 적합하지 않은 경우에는 각 클래스의 기본 코드인 200, 400, 500을 적절히 활용한다.

> **응답 코드를 임의로 정의해서 사용하지 말자.**
>
> 종종 발견되는 API 설계의 이상한 점 하나는 HTTP 상태 응답 코드를 유닉스의 응답 코드 스타일처럼 사용하는 것이다. 가령 0은 성공을 나타내고 1~127은 특정 상태의 에러를 나타낸다. 자신만의 응답 코드를 재정의하려고 하지 말자. HTTP는 계층화가 가능하다는 구조적인 특징이 있다. 이 말은 개발자가 제어 방법을 갖지 못하는 중간 영역의 계층에서 임의로 사용한 응답 코드가 문제를 일으킬 수 있다는 의미다.

HTTP 응답 코드 목록은 상당히 많지만 표 7.3에서 정리해 놓은 것과 같이 주로 사용되는 몇 가지가 있다.

표 7.3 API 설계에 주로 사용되는 일반적인 HTTP 응답 코드

HTTP 응답 코드	설명
200 OK	요청이 성공함
201 Created	요청이 성공했고 그 결과로 새로운 리소스가 생성됨
202 Accepted	요청이 접수됐으며 아직 처리가 완료된 상태는 아님
204 No Content	요청이 성공했지만 반환할 데이터는 없음. 일반적으로 리소스에 대한 삭제 요청에 사용
400 Bad Request	잘못된 문법이나 입력값 등에 대한 이유로 요청이 실패함
401 Unauthorized	인증되지 않은 사용자에 의한 요청으로 실패함
403 Forbidden	서버가 요청을 접수했지만 처리를 거부함
404 Not Found	요청한 URL/URI와 일치하는 항목을 찾지 못함
500 Internal Server Error	서버에서 예외적인 상황 발생으로 인해 요청을 처리할 수 없음

API를 호출하는 클라이언트는 응답 코드들에 대한 처리를 구현해야 하지만 모든 상세 코드에 대해 반드시 처리를 구현해야 하는 것은 아니다. 먼저 하나 이상의 성공 응답과 실패 응답에 대한 코드를 식별해서 구현하는 것으로 시작한다. 실패 응답이 여러 유형의 응답 코드 클래스로 반환될 수 있기 때문에 API에서 기본적으로 사용하는 에러 코드를 먼저 식별해야 한다. 그림 7.7은 Shopping API에서 반환하는 성공 및 에러 응답 코드를 보여준다.

리소스 경로	비즈니스로직의 이름	HTTP 메서드	설명	요청 매개변수	응답 데이터
/books	listBooks()	GET	책의 카테고리 또는 출시 일별 리스트	categoryId, releaseDate	Book[] 200
/books/search	searchBooks()	POST	저자, 제목으로 책 검색	searchQuery	Book[] 200
/books/{bookId}	viewBook()	GET	책 세부 정보 보기	bookId	Book 200, 404
/carts/{cartId}	viewCart()	GET	장바구니 현황 조회	cartId	Cart 200, 404
/carts/{cartId}	clearCart()	DELETE	장바구니의 모든 책 삭제	cartId	Cart 204, 404
/carts/{cartId}/items	addItemToCart()	POST	장바구니에 책 추가	cartId	Cart 201, 400
/carts/{cartId}/items/{cartItemId}	removeItemFromCart()	DELETE	장바구니에서 특정 책 삭제	cartId, cartItemId	Cart 204, 404
/authors	getAuthorDetails()	GET	저자 세부 정보 보기	authorId	BookAuthor 200, 404

그림 7.7 응답 데이터 항목에 응답 코드를 지정해 기본적인 Shopping API 설계를 완성한다.

단계 4: REST API 설계 문서화

단계 3이 완료되면 기본적인 API 설계 작업이 완료된다. 이제 지금까지의 작업들을 API 사양 형태로 정리할 필요가 있다. 개발 팀의 내부 또는 외부 이해관계자에게 공유하고 피드백을 받아야 한다.

일반적으로 많이 사용하는 API 문서 형식으로는 OAS[OpenAPI Specification], API 블루프린트[Blueprint]와 같은 것들이 있다. API 문서 표준을 결정하고자 다양한 형식에 대해 알아보려면 13장을 참고한다. 어떤 형식이든 이해관계자들이 검토할 수 있고 API 레퍼런스 문서가 자동으로 생성되며, 여러 도구와 통합해 활용 가능한 API 설계를 확보할 수 있다.

이 책에서는 API 설계 과정의 주요 내용을 설명하고자 OAS v3의 예제를 사용한다. 스크린샷들은 OAS v3 설명 파일을 Swagger Editor[3]를 이용해 보여준 것으로, 직접적인 예를 통해 이해를 돕고자 했다.

API 모델링 및 설계 프로세스 전반에 걸쳐 확인된 API 이름, 설명, 기타 세부 정보들을 활용해 문서화를 시작한다. API 설명에는 이 API와 연동해서 사용할 수 있는 다른 API에 대한 참조 정보를 명시해야 하는데, API의 목적과 제공되는 기능을 요약해 정리한다. 구현 방법에 대한 상세 내용은 설명하거나 참조하지 않도록 한다. 구현과 관련된 정보들은 향후 개발자들을 위해 별도의 위키나 개발 협업 도구를 이용해서 관리하는 것이 좋다. 그림 7.8은 OAS v3 형식으로 나타낸 설계 문서의 예를 보여준다.

---

3. https://swagger.io

```
1  openapi: 3.0.0
2  info:
3    title: Bookstore Shopping API - REST Example
4    description: |
5      Supports the shopping experience of an online bookstore, including browsing and searching
        for available books and shopping cart management.
6
7      The Order Creation API is used to convert the shopping cart into an order that is prepared
        to accept shipping details, payment, and fulfillment tracking.
8
9      The API includes the following shopping operations by capability:
10
11     | Capability          | Operation                              |
12     |---------------------|----------------------------------------|
13     | List Recent Books   | List Recent Books In Store             |
14     | List Recent Books   | Search for a book by topic or keyword  |
15     | List Recent Books   | View Book Details                      |
16     | Place an Order      | Create Cart                            |
17     | Place an Order      | Add Book to Cart                       |
18     | Place an Order      | Remove Book from the Cart              |
19     | Place an Order      | Modify Book in Cart                    |
20     | Place an Order      | View Cart with Totals                  |
21
22   contact: {}
23   version: '1.0'
24   servers:
25   - url: https://{defaultHost}
26     variables:
27       defaultHost:
28         default: www.example.com/shop
```

그림 7.8 Shopping API 설계를 OAS v3 형식으로 나타낸 것으로, 이름, 설명, 중요한 세부 정보들을 요약한다.

다음으로 각 작업의 세부 정보들을 작성한다. OAS v3의 경우 경로[path]로 시작하고 각 경로에서 지원되는 HTTP 메서드들을 표시한다. 또한 작업의 아이디 속성을 operationId 항목에 추가하는 것이 좋다. 6장에서 정의한 API 프로파일의 작업 이름을 사용한다. 이렇게 하면 문서화 작업이 쉬워지고 OAS 설명을 API 프로파일에 다시 매핑하는 데에도 도움이 된다.

```
29  paths:
30    /books:
31      get:
32        tags:
33        - Books
34        summary: Returns a paginated list of available books
35        description: "Returns a paginated list of available books based on the
             search criteria provided. If no search criteria is provided, books are
             returned in alphabetical order. \n"
36        operationId: ListBooks
37        parameters:
38        - name: q
39          in: query
40          description: A query string to use for filtering books by title and
               description. If not provided, all available books will be listed.
               Note that the query argument 'q' is a common standard for general
               search queries
41          style: form
42          explode: true
43          schema:
44            type: string
45        - name: daysSinceBookReleased
46          in: query
47          description: A query string to use for filtering books released within
               the last number of days, e.g. 7 means in the last 7 days. The
               default value of null indicates no time filtering is applied.
               Maximum number of days to filter is 30 days since today
48          style: form
49          explode: true
50          schema:
51            type: integer
52            format: int32
53        - name: offset
54          in: query
55          description: A offset from which the list of books are retrieved,
               where an offset of 0 means the first page of results. Default is an
               offset of 0
56          style: form
```

그림 7.9 Shopping API 설계 문서에 각 작업의 세부 정보를 작성한다.

마지막으로 OAS v3 설명의 스키마 정의에서 리소스에 대한 모든 속성을 작성한다. 6장에서 설명한 API 모델링에서 생성된 리소스 모델을 사용한다. 예를 들어 그림 7.10에서 ListBooksResponse는 ListBooks 작업 요청에 대한 응답 데이터 구조를 설명한다.

그림 7.10에서 ListBooks 작업은 각 책의 세부 정보인 BookSummary 데이터의 배열을 참조해 응답한다. 배열 형태의 데이터를 응답에 포함한다거나 각 작업

의 요청/응답에 포함시킬 수 있는 본문 데이터의 속성을 제한해야 하는 경우 스키마 정의에 작성하는 경우가 많다. 리소스를 생성하거나 업데이트하는 작업에서 특정 속성 값을 읽기 전용으로 구분해 요청에서 해당 값이 입력되지 않게 제한하고자 별도의 스키마 정의가 필요한 경우도 있다. 그림 7.11에서 관련된 예를 보여준다.

```
344  components:
345    schemas:
346      ListBooksResponse:
347        title: ListBooksResponse
348        type: object
349        properties:
350          books:
351            type: array
352            items:
353              $ref: '#/components/schemas/BookSummary'
354            description: ''
355        description: "A list of book summaries as a result of a list or filter
           request. The following hypermedia links are offered:\n  \n  - next:
           (optional) indicates the next page of results is available\n  -
           previous: (optional) indicates a previous page of results is
           available\n  - self: a link to the current page of results\n  - first:
           a link to the first page of results\n  - last: a link to the last page
           of results"
356      BookSummary:
357        title: BookSummary
358        type: object
359        properties:
360          bookId:
361            type: string
362            description: An internal identifier, separate from the ISBN, that
               identifies the book within the inventory
363          isbn:
364            type: string
365            description: The ISBN of the book
366          title:
367            type: string
368            description: The book title, e.g. A Practical Approach to API Design
369          authors:
370            type: array
371            items:
372              $ref: '#/components/schemas/BookAuthor'
373            description: ''
374        description: "Summarizes a book that is stocked by the book store. The
           following hypermedia links are offered:\n  \n  - bookDetails: link to
           fetch the book details"
```

그림 7.10 스키마 정의를 작성해 Shopping API 설계 문서를 완성한다.

```
427    NewCart:
428      title: NewCart
429      required:
430      - bookId
431      - quantity
432      type: object
433      properties:
434        bookId:
435          type: string
436          description: The book that is being added to the cart
437        quantity:
438          minimum: 1
439          type: integer
440          description: The number of copies of the book to be added to the
                 cart
441          format: int32
442      description: Creates a new cart with the initial cart item added
443    NewCartItem:
444      title: NewCartItem
445      required:
446      - bookId
447      - quantity
448      type: object
449      properties:
450        bookId:
451          type: string
452          description: The book that is being added to the cart
453        quantity:
454          minimum: 1
455          type: integer
456          description: The number of copies of the book to be added to the
                 cart
457          format: int32
458      description: Specifies a book and quantity to add to a cart
459    ModifyCartItem:
460      title: ModifyCartItem
```

그림 7.11 특정 작업에서 읽기 전용 속성을 적용해 데이터에 대한 처리를 제한하거나 다른 리소스들을
참조해 응답에 포함시키는 경우에 사용자 정의 스키마로 작성하기도 한다.

시퀀스 다이어그램을 작성하면 API 설계 작업, 이벤트 스토밍, API 모델링 등의
설계 과정에서 도출된 요구 사항들을 잘 반영했는지 검토할 수 있다. 그림 7.12
는 전형적인 API 사용 시나리오를 시퀀스 다이어그램으로 작성해서 설계된 API
가 제대로 동작할지에 대해 검토하는 것을 보여준다.

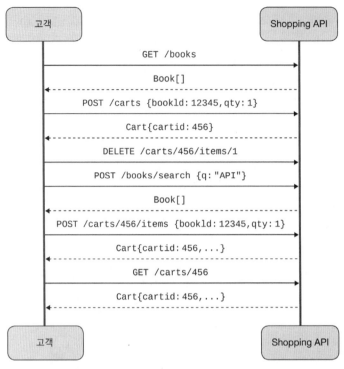

그림 7.12 시퀀스 다이어그램을 사용해 API 설계가 이전 과정에서 모델링된 요구 사항을 충족하는지 확인한다.

API 설계가 설명 형식으로 작성되면 문서 및 시퀀스 다이어그램과 같은 형태로 다른 사람들과 공유해 설계에 대한 피드백을 얻을 수 있다. 이것이 API 설계 프로세스의 마지막 단계다.

단계 5: 공유하고 피드백 얻기

마지막 단계는 API 설계를 공유해 팀 내부의 즉각적인 피드백과 다른 API 아키텍트 또는 API를 사용할 계획이 있는 내/외부 이해관계자들의 피드백을 받는 것이다.

API가 출시된 이후에는 설계의 핵심이 되는 부분을 전면적으로 수정하는 것은 어렵고 부분적인 변경만 가능하다. 새로운 경로가 추가되거나 기존 리소스에서 새로운 속성들이 생길 수 있지만 API 이름 자체를 바꾸는 등 사용자에게 혼란을 초래하는 경우 사용자들에게 신뢰를 잃고 더 이상 사용되지 않을 수 있다. 올바른 방향으로 시작하는 것이 중요하다. API 설계를 공유하고 미리 피드백을 받아 반영하면 이러한 상황을 피할 수 있다.

모의 구현은 API 설계를 전반적으로 검토할 수 있는 방법 중 하나다. API 설계 문서는 이해를 돕는 데 효과적이지만 개발자에게는 코드 작성을 통해 작동 방식을 확인해보는 것도 중요하다. 요즘에는 OAS와 같은 API 설계 문서를 해석해서 직접 코드 작성 없이 모의 API 구현을 대신 해주는 도구들도 있다.

API를 개발하고 출시한 이후 상황에서도 피드백을 얻을 수 있는 API 라이프사이클 기술은 16장을 참고한다.

▌리소스 표현 형식 선택

지금까지는 설계에 대해 리소스의 이름과 속성을 중심으로 다뤘다. 지금부터 살펴볼 API 리소스의 표현 형식을 결정하는 것도 중요한 단계다.

어떤 개발 팀에서는 선호하는 표현 형식이 API 스타일 가이드 또는 표준으로 결정돼 있다. 이런 경우 더 이상 해야 할 일은 없다. 그렇지 않은 경우라면, 즉 신규 프로젝트 또는 새로운 프로그램이나 플랫폼에서의 첫 번째 API에 대한 것이라면 설계 작업은 아직 끝난 것이 아니다.

가능하면 모든 API에서 채택할 기본 표현 형식은 단일 형식으로 결정하는 것이 좋다. 기존에 개발된 API들과 향후 개발해야 하는 API의 통합에서 일관성이 유지되기 때문이다.

시간이 지남에 따라 작업의 수행을 위해 추가적인 형식이 필요한 경우에는 기존 API가 이미 사용되고 있는 곳에 영향을 주지 않도록 충분한 기간을 확보하면서 이관을 진행한다. 여러 형식의 표현 형식을 지원할 때는 클라이언트가 원하는 표현 형식을 지정할 수 있도록 HTTP의 콘텐츠 협상 기술을 사용해야 한다. HTTP 콘텐츠 협상 기술과 관련된 자세한 내용은 부록에서 자세히 설명한다.

표 7.4는 사용 가능한 표현 형식의 4가지 카테고리를 설명한다.

각 카테고리는 리소스 및 메시지의 표현 형식을 나타낼 수 있는 더 많은 옵션을 제공하도록 발전해왔다. 때로는 이렇게 추가된 옵션들로 인해 복잡성이 증가하기도 한다. 예제를 통해 각각의 표현 형식 카테고리에 대한 이해를 돕고 어떻게 채택하는지 알아보자. 이 장에서 제공되는 예제[4]는 깃허브 리포지터리에서 확인할 수 있다.

표 7.4 API 표현 형식에 관한 카테고리

카테고리	개요
리소스 직렬화	이 표현은 JSON, XML, 프로토콜 버퍼 및 아파치 에이브로와 같은 다양한 형식으로 리소스의 직렬화를 반영함
하이퍼미디어 직렬화	하이퍼미디어 제어를 지원하는 직렬화된 표현
하이퍼미디어 메시징	하이퍼미디어 제어를 리소스 속성으로 지원하는 일반 메시지 형식
시맨틱 하이퍼미디어 메시징	하이퍼미디어 제어로 시맨틱 필드 매핑을 지원하는 일반 메시지 형식

리소스 직렬화

리소스 표현 형식의 리소스 직렬화는 일반적으로 가장 많이 사용한다. 리소스의 각 속성과 값을 원하는 형식, JSON, XML 또는 YAML 등으로 각 문법에 따라 직접 작성할 수 있다. 프로토콜 버퍼[Protocol Buffers][5]와 아파치 에이브로[Apache Avro][6]와 같은 바이너리 기반의 형식들도 많이 사용한다.

리소스에 대한 표현 형식을 직렬화 처리하려면 명시적인 코드가 필요하다. 이 로직은 코드 생성기와 같은 도구를 이용하거나 직접 코딩한다. 가독성을 높여주는 도구들이나 코드 라이브러리들은 리소스를 표현 형식으로 작성하고 관리하는 데 도움이 된다.

---

4. https://bit.ly/align-define-design-examples
5. https://developers.google.com/protocol-buffers/docs/proto3
6. https://avro.apache.org/docs/current

직렬화 처리 방식에 관계없이 각 리소스는 고유의 문법과 매핑 코드를 가진다. 각 속성이나 중첩 구조에 대한 정보가 미리 정의돼 있어야 하기 때문이다. 리스트 7.1은 리소스 직렬화 표현 형식의 하나인 JSON을 이용해 표현한 Book 리소스의 예다.

리스트 7.1 JSON 표기 형식을 이용한 직렬화된 리소스의 예

```
{
    "book Id": "12345",
    "isbn": "978-0321834577",
    "title": "Implementing Domain-Driven Design",
    "description": "With Implementing Domain-Driven Design, Vaughn has made an
important contribution not only to the literature of the Domain-Driven Design
community, but also to the literature of the broader enterprise application
architecture field.",
    "authors": [
        { "authorId": "765", "fullName": "Vaughn Vernon" }
    ]
}
```

리소스 직렬화 기반의 표현 형식은 리소스를 키-값 형태의 속성들로 작성한다.

하이퍼미디어 직렬화

하이퍼미디어 직렬화 방식은 리소스 직렬화와 유사하지만 하이퍼미디어 링크가 표시되는 방법이 추가된다. 또한 임베디드 리소스라고 하는 참조하거나 중첩된 리소스들을 어떻게 표현할 것인지에 대한 사양도 있을 수 있다.

HAL[Hypertext Application Language][7]과 같은 표현 형식에서는 직렬화된 리소스 표현 형식에서 거의 변경할 필요 없이 하이퍼미디어를 표현하는 방법이 추가됐다. 리소스 직렬화을 사용하는 API에 하이퍼미디어 제어를 포함하도록 마이그레이션해

---

7. Mike Kelly, "JSON Hypertext Application Language"(2016), https://tools.ietf.org/html/draft-kelly-json-hal-08

야 하는 상황에서 호환성을 유지할 수 있는 방법이 생기기 때문에 기존 API의 사용을 유지하면서 하이퍼미디어 직렬화 방식으로 이관할 수 있다. 이러한 이유로 하이퍼미디어 제어가 포함된 API로 이관하는 상황에서 HAL을 많이 채택한다. 리스트 7.2는 리스트 7.1의 예제를 확장해 하이퍼미디어 링크와 저자와 관련된 리소스를 추가하는 것을 보여준다.

리스트 7.2 하이퍼미디어 직렬화 방식인 HAL의 예

```
{
  "bookId": "12345",
  "isbn": "978-0321834577",
  "title": "Implementing Domain-Driven Design",
  "description": "With I mplementing Domain-Driven Design, Vaughn has made an
important contribution not only to the literature of the Domain-Driven Design
community, but also to the literature of the broader enterprise application
architecture field.",
  "_links": {
    "self": { "href": "/books/12345" }
  },
  "_embedded": {
    "authors": [
      {
        "authorId": "765",
        "fullName": "Vaughn Vernon",
        "_links": {
          "self": { "href": "/authors/765" },
          "authoredBooks": { "href": "/books?authorId= 765" }
        }
      }
    ]
  }
}
```

모든 하이퍼미디어 표현 형식이 동일한 기능을 제공하는 것은 아니다. 마이크 아문센[Mike Amundsen]은 표현 형식 전반에 걸친 하이퍼미디어 지원 수준과 품질을

비교할 수 있는 H-Factors[8]를 제안했다.

하이퍼미디어 메시징

하이퍼미디어 메시징 표현 형식은 리소스의 속성, 하이퍼미디어 제어 및 관련된 리소스를 나타내고자 일관된 메시지 기반 형식을 사용한다는 점에서 직렬화와 차이가 있다. JSON, XML과 같은 직렬화된 표현 형식의 해석을 위해 각 리소스의 데이터 구조에 대한 별도의 규약 대신 메시지 형식으로 표시되는 모든 리소스에서 단일 구문 해석기를 사용할 수 있다.

직렬화된 리소스 표현 형식과 메시지 기반 방식은 작은 차이만 있지만 사용하는 입장에서는 JSON이나 XML에 적재될 데이터의 구조에 대해 많은 고민을 하지 않아도 된다. 대신 메시지 내에서 리소스의 표현과 관계, 하이퍼미디어 제어에 중점을 둔다.

하이퍼미디어 메시징 표현 형식에는 대표적으로 JSON:API[9]와 Siren[10]이 있다. 두 형식 모두 복잡한 리소스 표현과 임베디드 리소스, 하이퍼미디어 제어를 다룰 수 있는 유연한 단일 구조 메시지를 제공한다.

Siren의 메시징 기능은 JSON:API와 유사하면서도 개발자가 웹 기반 사용자 인터페이스를 만드는 데 활용하기 좋은 메타데이터를 추가할 수 있다.

JSON:API는 사용자가 일반적인 API 스타일을 선택해서 적용하지 않고 바로 사용할 수 있는 독자적인 사양이다. 표현 형식, HTTP 메서드의 선택, 응답 속도 향상을 위해 리소스에 참조된 다른 리소스에 연결하는 시점과 방법 등 몇 가지만 설정해 사용하면 된다[4].

리스트 7.3은 JSON:API 메시지 기반 표현 형식의 예를 보여준다.

---

8. http://amundsen.com/hypermedia/hfactor/
9. https://jsonapi.org
10. https://github.com/kevinswiber/siren

리스트 7.3 JSON:API 메시지 기반 표현 형식의 예

```json
{
  "data": {
    "type": "books",
    "id": "12345",
    "attributes": {
      "isbn": "978-0321834577",
      "title": "Implementing Domain-Driven Design",
      "description": "With Implementing Domain-Driven Design, Vaughn has made
an important contribution not only to the literature of the Domain-Driven Design
community, but also to the literature of the broader enterprise application
architecture field."
    },
    "relationships": {
      "authors": {
        "data": [
          {"id": "765", "type": "authors"}
        ]
      }
    },
    "included": [
      {
        "type": "authors",
        "id": "765",
        "fullName": "Vaughn Vernon",
        "links": {
          "self": { "href": "/authors/765" },
          "authoredBooks": { "href": "/books?authorId=765" }
        }
      }
    ]
  }
}
```

시맨틱 하이퍼미디어 메시징

시맨틱 하이퍼미디어 메시징은 시맨틱 프로파일과 링크된 데이터에 대한 지원을 추가해서 가장 포괄적인 카테고리라고 할 수 있다.

링크된 데이터를 통해 리소스의 각 속성에 의미^{semantics}를 부여해 약속된 이름 없이도 더 풍부한 표현이 가능하다. 링크된 데이터는 일반적으로 Schema.org 또는 다른 리소스들에서 정의한 공유 용어집을 참고한다. 데이터 분석 및 머신 러닝의 성장은 공유 용어집과 함께 자동화된 시스템으로 API가 제공하는 데이터를 더 잘 활용할 수 있게 한다. 시맨틱 하이퍼미디어 메시징을 지원하는 표현 형식은 Hydra[11], UBER[12], Hyper[13], JSON-LD[14], OData[15] 등이 있다.

리스트 7.4는 UBER 표현 형식의 예를 보여준다.

리스트 7.4 UBER 시맨틱 하이퍼미디어 메시징 형식

```
{
  "uber" :
  {
    "version" : "1.0",
    "data" :
    [
      {"rel" : ["self"], "url" : "http://example.org/"},
      {"rel" : ["prof ile"], "url" : "http://example.org/profiles/books"},
      {
        "name" : "searchBooks",
        "rel" : ["search","collection"],
```

11. 마르쿠스 란탈레르(Markus Lanthaler), "Hydra Core Vocabulary: 하이퍼미디어 기반 웹 APIs를 위한 용어 집"(Hydra W3C Community Group, 2021), http://www.hydra-cg.com/spec/latest

12. 마이크 아문센과 이라클리 나다레이슈빌리(Irakli Nadareishvili), "Uniform Basis for Exchanging Representations (UBER)"(2021), https://rawgit.com/uber-hypermedia/specification/master/uber-hypermedia.html

13. 이라클리 나다레이슈빌리(Irakli Nadareishvili), 랜디 랜달(Randall Randall), "Hyper – 하이퍼미디어의 기초적인 유형"(2017), http:// hyperjson.io/spec.html

14. https://json-ld.org

15. https://www.odata.org

```
        "url" : "http://example.org/books/search?q={query}",
        "templated" : "true"
    },
    {
      "id" : "book-12345",
      "rel" : ["collection","http://example.org/rels/books"],
      "url" : "http://example.org/books/12345",
      "data" : [
        {
          "name" : "bookId",
          "value" : "12345",
          "label" : "Book ID"
        },
        {
          "name" : "isbn",
          "value" : "978-0321834577",
          "label" : "ISBN",
          "rel" : ["https://schema.org/isbn"]
        },
        {
          "name" : "title",
          "value" : "Example Book",
          "label" : "Book Title",
          "rel" : ["https://schema.org/name"]
        },
        {
          "name" : "description",
          "value" : "With Implementing Domain-Driven Design, Vaughn
has made an important contribution not only to the literature of the Domain-
Driven Design community, but also to the literature of the broader enterprise
application architecture field.",
          "label" : "Book Description",
          "rel" : ["https://schema.org/description"]
        },
        {
          "name" : "authors",
```

```
                "rel" : ["collection","http://example.org/rels/authors"],
                "data" : [
                  {
                    "id" : "author-765",
                    "rel" : ["http://schema.org/Person"],
                    "url" : "http://example.org/authors/765",
                    "data" : [
                      {
                        "name" : "authorId",
                        "value" : "765",
                        "label" : "Author ID"
                      },
                      {
                        "name" : "fullName",
                        "value" : "Vaughn Vernon",
                        "label" : "Full Name",
                        "rel" : "https://schema.org/name"
                      }
                    ]
                  }
                ]
              },
            ]
          }
        ]
      }
    }
```

시맨틱 하이퍼미디어 메시징 표현 형식에서 상대적으로 간결한 리소스 직렬화 형식과 비교해 그 크기와 형태가 어떻게 변화하는지 주목할 필요가 있다. 리소스의 데이터 크기가 증가하면 API를 통해 클라이언트와 더 많은 일을 할 수 있다. 클라이언트는 단순한 로직 처리를 넘어 관련 리소스와의 관계를 이해하고 새로운 작업과 기능에 활용할 수 있게 된다.

추가적인 코드나 인터페이스 규약 없이 일반적인 클라이언트가 API를 사용할 수 있게 하는 것이 목표다. 클라이언트는 API를 이용해 제공받은 시맨틱, 메시지 기반 리소스를 이용해서 미리 정의된 규약 없이도 API를 활용할 수 있게 된다.

클라이언트가 동작을 유추하고자 추가적인 코드를 작성하는 것보다 API가 메시지의 세부 정보에 명시적으로 관련 정보들을 제공하는 것이 더 나은 방법이다. HTML을 처리해 웹 사이트를 보여주는 브라우저가 잘 작동하는 핵심적인 이유 중 하나는 바로 각각의 웹 사이트에 대해 개별적인 추가적인 코드를 작성할 필요가 없기 때문이다. 브라우저기 웹 사이트를 화면에 표시하기 위한 준비만 돼 있으면 API는 HTML 메시지를 이용해서 원하는 결과를 전달할 수 있다. 이를 위해 메시지는 더 자세히 작성해야 하고 크기가 늘어나지만 개별적인 추가 코딩을 피할 수 있고 결과적으로 좀 더 유연하고 탄력적으로 대응할 수 있는 API 클라이언트가 된다.

▮ REST 설계 패턴

REST API 설계 패턴은 별도의 책에서 다뤄야 할 주제다. 여기서는 REST 기반 API 설계에서 많이 접하는 몇 가지 기본 패턴만 살펴본다. 각 패턴은 API 아키텍트가 실계 요구 사항을 해결하는 데 도움이 되도록 어떤 싱황에서 적용해야 하는지 설명한다.

CRUD

CRUD^{Create-Read-Update-Delete} API는 리소스 컬렉션이나 개별 리소스에 대해 생성, 읽기, 변경, 삭제와 같은 라이프사이클 전체 또는 일부를 API로 제공한다.

CRUD 패턴은 리소스 컬렉션과 그 인스턴스를 중심으로 전체 또는 부분적인 CRUD 라이프사이클을 일관된 방식으로 제공할 수 있다. CRUD 패턴의 예는 다음과 같다.

- **GET /articles** – 리스트/페이지 매김/필터, 사용 가능한 기사 리스트 가져오기
- **POST /articles** – 신규 기사 생성
- **GET /articles/{articleId}** – 개별 기사 리소스 탐색
- **PUT /articles/{articleId}** – 기존 기사 리소스 대체
- **PATCH /articles/{articleId}** – 기존 기사 리소스에서 일부 필드 데이터 수정
- **DELETE /articles/{articleId}** – 특정 기사 리소스 삭제

서로 다른 트랜잭션에 연관된 여러 API의 실행이 필요하도록 너무 세분화된 CRUD로 설계하면 안 된다. 클라이언트가 연속적으로 수행되는 트랜잭션의 일부 실패에 대한 처리를 직접 할 수도 없고, 여러 API 실행의 복잡한 관계를 직접 관리하게 하는 것이 바람직하지 않기 때문이다. 서버 측의 상세 구현인 데이터 모델에 의존성을 갖게 하지 말고 API가 제공하는 비즈니스 기능 중심으로 리소스를 설계해야 한다.

리소스 라이프사이클 확장

일반적인 CRUD 모델로 구현하기 어려운 상태 전환에 대한 요구 사항을 다루는 경우도 적지 않다. HTTP 메서드의 선택은 제한적이기 때문에 HTTP 사양을 준수하면서도 확장성을 확보할 방안을 찾아야 한다.

콘텐츠를 관리하는 시스템에서 기사에 대한 검토와 승인 같은 CRUD에 해당하지 않는 업무 흐름을 처리해야 하는 상황을 생각해보자. 효과적인 방법을 제공하고자 다음과 같은 확장된 API를 고려할 수 있다.

- POST /articles/{articleId}/submit(제출)
- POST /articles/{articleId}/approve(승인)
- POST /articles/{articleId}/decline(반려)
- POST /articles/{articleId}/publish(발행)

이러한 방법을 통해 기사라는 리소스에 대해 업무 흐름에 필요한 추가적인 기능을 확장한다. 또한 다음과 같은 장점이 있다.

- 고유한 URL을 갖는 API를 통해 각각의 작업에 필요한 인증 및 권한 제어 체계를 관리할 수 있다. 예를 들어 리소스의 필드를 변경하는 작업에서 PUT이나 PATCH와 같은 방식으로 데이터 모델의 특정 부분을 변경하는 것이 아니라 비즈니스 로직에 의해 처리되게 하는 것이다.
- 이 장의 앞부분에서 설명한 하이퍼미디어 제어를 이용해서 링크의 제공 여부에 의해 사용자에게 부여된 권한 범위를 기반으로 수행 가능한 작업만 제공할 수 있다.
- API를 사용하는 데 있어 더 명확하고 편리하다. 클라이언트는 리소스의 상태에 대한 최종 사양을 확인하지 않아도 비즈니스 관점의 명시된 기능을 요청할 수 있다.

이러한 방식의 기능적 확장을 선호하지 않는다면 하이퍼미디어 제어를 이용해서 기존과 동일한 PUT 또는 PATCH 방식을 사용하면서 메시지 구조를 요청 작업에 맞춤으로 지원하게 하는 것이 대안이 될 수 있다.

싱글톤 리소스

싱글톤 리소스는 컬렉션 외부에 존재하는 단일 형태의 리소스를 말한다. 컬렉션 내의 개별 리소스와 직접적인 상호작용을 위해 가상의 리소스를 생각해볼 수 있다(예, 특정 사용자의 프로파일은 해당 사용자에 대해 유일하다).

API는 상위 리소스와 하위 리소스 간의 관계에 하나의 개별 리소스만 있는 경우 중첩된 싱글톤 리소스를 제공할 수도 있다(예, 사용자의 환경 구성). 다음은 싱글톤 리소스의 활용 예를 보여준다.

- **GET /me** – GET /users/{userId} 대신 사용할 수 있으며 사용자가 자신인 경우 스스로를 참조하는 가상의 리소스를 사용하고 아이디 값이 노출되

지 않기 때문에 보안에 대한 공격 상황에서 아이디 값 도용 가능성을 방지한다.

- **PUT /users/5678/configuration** – 특정 사용자에 대한 단일 환경 구성 리소스를 관리한다.

싱글톤 리소스는 이미 존재하므로 클라이언트가 미리 생성할 필요가 없다. CRUD 스타일의 전체 라이프사이클에 대한 API를 제공하지 않을 수 있지만 GET, PUT, PATCH와 같은 HTTP 메서드를 이용한 API를 제공하기도 한다.

백그라운드(대기) 작업

HTTP는 요청/응답 프로토콜로, 요청에 대해 응답이 반환돼야 완료된다. 요청에 대한 처리가 오래 걸리는 상황이라면 연결을 유지한 상태로 응답을 계속 기다리는 것이 비효율적일 수 있다. HTTP는 이러한 상황을 위해 **202 Accepted**라는 응답 코드를 정의하고 있다.

여러 사용자의 정보를 한 번에 가져오는 API 작업을 생각해보자. API 클라이언트는 다음과 같이 요청할 수 있다.

```
POST /bulk-import-accounts
Content-Type: application/json

{
  "items": [
    { ... },
    { ... },
    { ... },
    { ... }
  ]
}
```

서버는 요청이 유효하다는 것을 확인해주면서 해당 시점에서 완전히 처리 결과를 보내줄 수 없다고 다음과 같이 응답할 수 있다.

```
HTTP/1.1 202 Accepted
Location: https://api.example.com/import-jobs/7937
```

그러면 클라이언트는 헤더에 있는 Location 필드의 URL를 이용해 작업의 상태를 확인할 수 있다.

```
HTTP/1.1 200 OK
{
    "jobId": "7937",
    "importStatus": "InProgress",
    "percentComplete": "25",
    "suggestedNextPollTimestamp": "2018-10-02T11:00:00.00Z",
    "estimatedCompletionTimestamp": "2018-10-02T14:00:00.00Z"
}
```

이러한 방식이 실행 후 후속 조치fire-and-follow-up 패턴이다. 반면 클라이언트가 작업 상태를 모니터링할 필요가 없으면 다른 작업으로 이동하는 것을 실행 후 무시fire-and-forget 패턴이라고 한다.

REST에서 장기 실행 트랜잭션 처리

트랜잭션을 완료하는 데 여러 API 작업이 필요한 경우가 있다. SOAP에서는 이러한 상황을 관리하고자 WS-트랜잭션 사양을 제공했다. 이러한 방식은 라이선스 비용을 지불해야 하거나 연동하기 어려운 트랜잭션 관리자가 필요한 경우가 많았다. REST 기반 API에서는 빌더builder 설계 패턴을 적용해 유사한 요구 사항을 처리할 수 있다.

음악이나 스포츠 등 행사의 좌석을 예매하는 시스템의 API를 생각해보자. 동시에 여러 사용자가 예약을 시도하고 있을 것이므로 API는 지정된 좌석 예약이 성공하면 다른 사용자가 중복해서 예약할 수 없게 해야 한다. 다음 예제는 seats 리소스를 사용해 프리미엄 존에서 4명이 함께 앉을 수 있는 좌석을 찾는 것을 나타낸다.

```
GET /seats?section=premium&numberOfSeats=4
```

4명을 위한 자리를 찾는 것은 seats 리소스로 가능할 것이다. 하지만 4명을 위한 자리를 한 번에 예약하는 용도로는 사용할 수 없다. 4개의 독립된 API 요청이 하나의 트랜잭션으로 묶을 수 없기 때문이다.

```
PUT /seats/seat1 to reserve seat #1
PUT /seats/seat2 to reserve seat #2
PUT /seats/seat3 to reserve seat #3 <-- 실패했다. 이제 어떻게 할까?
PUT /seats/seat4 to reserve seat #4
```

대신 reservation 리소스를 만들어 이런 복합적인 트랜잭션을 처리할 수 있다.

```
POST /reservations
{
   "seatIds": [ "seat1", "seat2", "seat3", "seat4"]
}
```

예약이 성공하면 새로운 예약 리소스가 생성되고 이를 다음 단계에서 사용할 수 있다. 좌석을 추가하거나 식사 옵션을 추가하는 등 예약에 대한 변경 업무에서도 예약 리소스를 활용할 수 있다. 또한 제한 시간이 경과하면 예약을 무효화할 수도 있을 것이다. 이 경우 시스템에서도 관련 데이터들이 삭제되고 클라이언트는 다시 예약을 위한 프로세스를 진행한다.

▌ 요약

REST 기반 API에 대해 얘기할 때 많은 사람이 JSON을 사용하는 CRUD 기반 API와 REST 아키텍처 스타일을 혼동하는 경우가 많다. REST는 API가 웹의 장점을 적용하기 위한 일련의 아키텍처 고려 사항을 정의하고 있다. CRUD와 같은 다양한 설계 패턴을 적용해 리소스에 대한 활용이 쉬운 REST API가 완성되는 것이다.

5단계의 프로세스를 적용하면 API 모델링을 통해 생성된 프로파일에 REST 고려 사항이 반영된 리소스 기반 API를 설계할 수 있다. 이렇게 도출된 설계를 기계가 처리할 수 있는 API 설명 사양으로 작성하면 관련된 도구를 통해 개발자 또는 사용자들이 API를 어떻게 사용하는지 참고할 수 있는 문서가 생성된다.

API 모델링의 결과가 REST 스타일에 적합하지 않은 경우 어떻게 해야 할까? 8장에서 이러한 경우 선택할 수 있는 2가지 API 스타일을 더 알아본다.

---

16. https://bit.ly/align-define-design-examples

## 8장

RPC와 쿼리 기반 API 설계

네트워크 기반 애플리케이션에 적합한 아키텍처 스타일을 선택하려면 문제의 도메인에 대한 이해와 애플리케이션의 통신 요구 사항, 다양한 아키텍처 스타일 및 이들이 다루는 특정 문제에 대한 인식이 필요하다.

– 로이 필딩

REST 기반 API 스타일은 오늘날 업계에서 사용 가능한 대부분의 API 프로덕트를 구성하지만 항상 그렇진 않다. REST 기반 API 스타일이 항상 모든 API에 가장 적합한 옵션은 아니다. API 설계자는 API를 사용할 대상 개발자에게 가장 적합한 것을 결정하고자 사용 가능한 옵션과 각 API 스타일의 장단점을 이해하는 것이 중요하다.

RPC^Remote Procedure Call와 쿼리 기반 API 스타일은 REST 이외의 2가지 추가 API 스타일이다. RPC 기반 API는 지난 수십 년 동안 사용 가능했지만 gRPC의 도입을 통해 부활하기 시작했다. 쿼리 기반 API는 GraphQL의 도입으로 인해 인기를 얻고 있으며 API 응답의 형태를 더 잘 제어하려는 많은 프론트엔드 개발자가 선택하고 있다.

여러 API 스타일을 사용할 수 있으므로 각 API 스타일의 장점과 과제를 이해하는 것이 중요하다. 일부 API 프로덕트 및 플랫폼의 경우 단일 API 스타일로 충분할 수 있다. 여러 API 스타일을 함께 사용하는 경우 API 통합을 담당하는 개발자의 의도와 선호도가 영향을 미친다.

8장에서는 RPC 및 쿼리 기반 API 스타일과 이런 스타일이 REST 기반의 대안 또는 보완제로 어떻게 사용될 수 있는지 살펴본다(그림 8.1). 또한 6장에 설명한 정의 단계에서 캡처된 API 프로파일을 기반으로 RPC 및 쿼리 기반 API 스타일에 대한 설계 프로세스를 정의한다.

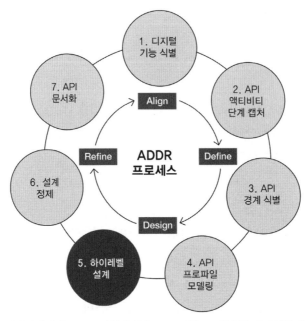

그림 8.1 설계 단계에서는 API 스타일에 대해 REST 기반 API 위에 몇 가지 선택 사항이 있다. 이 장에서는 REST 기반 API의 대안에 대해 자세히 설명한다.

▌ RPC 기반 API란?

RPC 기반 API는 로컬에서 실행되는 것처럼 네트워크를 통해 코드 단위인 프로시저를 실행한다. 클라이언트에는 서버에서 호출할 수 있는 사용 가능한 프로시저 목록이 제공된다. 각 프로시저는 유형 및 순서가 지정된 매개변수 목록과 응답 구조를 정의한다.

클라이언트는 서버와 밀접하게 결합돼 있음을 인식하는 것이 중요하다. 서버의 프로시저가 수정되거나 삭제되면 변경 사항을 적용하는 것은 클라이언트 개발자의 책임이 된다. 클라이언트와 서버가 동기화되고 다시 한 번 제대로 통신하도록 클라이언트 코드를 수정하는 작업이 포함된다. 이런 긴밀한 결합^{tightly coupling}은 대개 더 나은 성능을 제공한다.

RPC 기반 API는 대상 프로그래밍 언어가 프로시저 호출을 마샬링^{marshaling}하는 것을 지원해야 한다. 자바 초기에는 원격 메서드 호출^{RMI, Remote Method Invocation} 라이브러리를 사용해 자바와 자바 간^{Java-to-Java} 통신을 지원했으며 자바의 객체 직렬화 기능은 자바 프로세스 간 교환되는 바이너리 형식으로 사용됐다. 다른 인기 있는 RPC 표준으로는 CORBA, XML-RPC, SOAP RPC, JSON-RPC, gRPC가 있다.

다음은 HTTP를 통한 JSON-RPC 호출의 예다. 명시적으로 작성된 메서드(프로시저)와 순서에 의존하는 매개변수로 인해 클라이언트와 서버 간 긴밀한 결합이 발생한다.

```
POST https://rpc.example.com/calculator-service HTTP/1.1
Content-Type: application/json
Content-Length: ...Accept: application/json

{"jsonrpc": "2.0", "method": "subtract", "params": [42, 23], "id": 1}
```

대부분의 RPC 기반 시스템은 도우미 라이브러리와 코드 생성 도구를 활용해 네트워크 통신을 담당하는 클라이언트 및 서버 스텁^{Stub}을 생성한다. 분산 컴퓨팅[1]의 에러에 익숙한 사람들은 코드가 원격으로 실행될 때마다 에러가 발생할 수 있음을 알고 있다. RPC의 목표 중 하나는 원격 호출이 마치 로컬 프로시저를 호출하는 것처럼 동작하게 하는 것이지만 네트워크 중단 및 기타 에러 처리 지원은 종종 클라이언트 및 서버 스텁에 뒤섞여 에러로 발생한다.

---

1. 위키피디아, "Fallacies of Distributed Computing", 2021년 7월 24일 20:52 마지막 수정본, https://en.wikipedia.org/wiki/Fallacies_of_distributed_computing

원격 프로시저는 인터페이스 정의 언어[IDL, Interface Definition Language]를 사용해 정의된다. 코드 생성기는 IDL을 사용해 구현할 준비가 된 클라이언트 및 서버 스텁 골격을 생성한다. 이런 이유로 RPC 기반 API는 일반적으로 설계 및 구현이 더 빠르지만 이름 변경 및 매개변수의 순서가 바뀌는 것에 대해 대응하기 어렵다.

gRPC 프로토콜

gRPC는 RPC의 코드 생성을 사용해 서비스 개발을 가속화하고자 2015년 구글에서 만들었다. 처음엔 내부 이니셔티브로 시작해 쿠버네티스[Kubernetes]를 비롯한 많은 조직 및 오픈소스 이니셔티브에서 릴리스하고 채택됐다.

gRPC는 전송을 위한 HTTP/2와 직렬화를 위한 프로토콜 버퍼[2]를 기반으로 한다. 또한 HTTP/2에서 제공하는 양방향 스트리밍을 활용해 클라이언트는 데이터를 서버로 스트리밍하고 서버는 데이터를 다시 클라이언트로 스트리밍할 수 있다. 그림 8.2는 생성된 클라이언트 스텁을 사용해 여러 프로그래밍 언어가 GoLang 기반 서비스 내에서 gRPC 서버와 통신하는 방법을 보여준다.

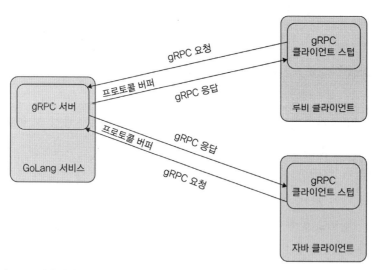

그림 8.2 각 프로그래밍 언어를 위해 생성된 gRPC 서버 및 클라이언트 스텁이 함께 작동하는 방식에 대한 개요다.

---

2. https://developers.google.com/protocol-buffers

기본적으로 gRPC는 프로토콜 버퍼에서 사용하는 proto 파일 형식을 사용해 각 서비스, 제공되는 서비스 방법, 교환되는 메시지를 정의한다. 리스트 8.1은 빼기 연산을 제공하는 계산 서비스에 대한 예제 IDL 파일을 보여준다.

리스트 8.1 빼기 작업을 정의하는 gRPC 기반 IDL

```
// calculator-service.proto3
  service Calculator {
    // 두 정수의 뺄셈
    rpc Subtract(SubtractRequest) returns (CalcResult) {}
}

// 뺄셈을 수행할 값을 포함한 요청 메시지
message SubtractRequest {
  // 빼는 수(피감수)
  int64 minuend = 1;
  // 빼어지는 수(감수)
  int64 subtrahend = 2;
}

// 뺄셈 결과 응답 메시지
message CalcResult {
  int64 result = 1;
}
```

RPC 고려 사항

RPC 기반 API는 종종 성능을 위해 더 긴밀한 결합을 선택한다. gRPC와 같은 많은 RPC 프로토콜에서 제공하는 코드 생성은 클라이언트 스텁을 자동 생성하고 서버 구현을 위한 스켈레톤 코드를 생성해 개발 프로세스를 가속화한다. 이로 인해 팀은 API 클라이언트와 서버 측을 모두 소유할 때 RPC 기반 API를 선택해 개발 시간 및 런타임 성능을 개선할 수 있다.

그러나 계속하기 전에 고려해야 하는 RPC 기반 API 스타일을 사용할 때 몇 가지 단점이 있다.

- 클라이언트와 서버 간의 통합은 밀접하게 결합돼 있다. 일단 운영 단계에 들어가면 API 클라이언트를 중단하지 않고 필드의 순서를 변경할 수 없다.
- 프로시저 호출의 마샬링 및 언마샬링을 위한 직렬화 형식이 고정적이다. REST 기반 API와 달리 여러 미디어 유형을 사용할 수 없으므로 HTTP 기반 콘텐츠 협상이 불가능하다.
- gRPC와 같은 일부 RPC 프로토콜은 브라우저와 함께 작동하고 단일 URL을 통해 작업이 터널링될 때 권한 부여 및 역할 기반 액세스를 적용하고자 사용자 지정 미들웨어가 필요하다.

마지막으로 gRPC는 HTTP/2에 의존하고 HTTP 요청 헤더의 상당한 사용자 정의를 수행하고자 기본 보안 제한을 재정의해야 한다는 점을 명심하자. 브라우저는 기본적으로 gRPC를 지원할 수 없다. 대신 grpc-web[3]과 같은 프로젝트는 HTTP/1 요청을 gRPC 기반 프로시저 호출로 변환하는 라이브러리 및 게이트웨이를 제공한다.

요약하면 RPC 기반 API는 한 팀에서 API 클라이언트와 서버를 모두 개발하고 있을 때 선택하기 좋다. API 팀은 조직 내의 다른 팀을 위해 RPC 기반 서비스 또는 API를 제공하지만 사용자는 클라이언트 코드를 최신 변경 사항으로 유지해야만 한다.

▌RPC API 설계 프로세스

RPC 설계 프로세스는 6장에서 설명한 대로 API 모델링 중 생성된 API 프로파일을 활용한다. API 프로파일은 이미 작업 및 기본 입출력 세부 정보를 식별했기 때문에 RPC API 설계 프로세스는 빠른 3단계 프로세스다. 제공된 예제는 gRPC 및 프로토콜 버퍼 3를 사용하지만 프로세스는 다른 RPC 기반 프로토콜에 대한

---

3. https://github.com/grpc/grpc-web

수정이 거의 또는 전혀 없이 적용될 수 있다.

단계 1: RPC 동작 식별

설명 및 요청/응답 세부 정보를 포함한 동작 목록을 상위 수준 설계를 캡처하게 설계된 새로운 표 형식으로 마이그레이션한다. 이는 그림 8.3에서 보여준다.

꼭 필요한 것은 아니지만 listBooks()와 같은 동사 리소스 이름 패턴을 따르면 RPC 기반 API가 더욱 리소스 중심적이 될 수 있고 REST 기반 API를 사용해본 사람에게 더 친숙해진다.

단계 2: RPC 동작 세부 내역

API 모델링 중에 캡처된 리소스 정의 및 필드를 사용해 각 작업의 요청 및 응답 세부 정보를 확장한다. 대부분의 RPC 프로토콜은 로컬 메서드 호출과 마찬가지로 필드의 매개변수 목록을 지원한다. 이 경우 요청의 일부가 될 입력 매개변수와 응답에서 반환될 값을 나열한다.

프로토콜 버퍼를 사용하는 gRPC 기반 API의 경우 매개변수 목록은 메시지 정의 내에서 래핑돼야 한다. 각 요청에 각 입력 매개변수를 포함하는 연관된 메시지 유형이 정의돼 있는지 확인한다. 마찬가지로 각 응답은 메시지, 메시지 배열 또는 에러 상태 응답을 반환한다. 그림 8.4는 gRPC 기반 API에 대한 Shopping Cart API 설계를 보여준다.

클라이언트가 서버 측 에러를 일관되게 처리할 수 있도록 에러 응답 유형을 표준화하는 것이 중요하다. gRPC의 경우 클라이언트가 처리해야 할 수 있는 추가 세부 정보가 담긴 임베딩된 세부 정보 객체를 제공하는 google.rpc.Status 메시지 타입을 사용하는 것이 좋다.

작업 이름	설명	요청	응답
listBooks()	책을 카테고리나 발행 일자별로 나열		
searchBooks()	책을 저자나 제목으로 검색		
viewBooks()	책의 상세 정보 보기		
viewCart()	장바구니 현황 및 합산 가격 보기		
clearCart()	장바구니 비우기		
addItemToCart()	고객 장바구니에 책 추가		
removeItemFromCart()	고객 장바구니에서 책 제거		
getAuthorDetails()	작성자 세부 정보 검색		

그림 8.3 6장의 이전 API 프로파일 예제를 기반으로 하는 초기 RPC 작업을 캡처하는 테이블이다.

작업 이름	설명	요청	응답
listBooks()	책을 카테고리나 발행 일자별로 나열	ListBookRequest -categoryId -releaseDate	LiatBookResponse -Book[] 또는 google.rpc.Status + ProblemDetails
searchBooks()	책을 저자나 제목으로 검색	SearchQuery -query	SearchQueryResponse -Book[] 또는 google.rpc.Status + ProblemDetails
viewBooks()	책의 상세 정보 보기	ViewBookRequest -bookId	Book 또는 google.rpc.Status + ProblemDetails
viewCart()	장바구니 현황 및 합산 가격 보기	ViewCartRequest -cartId	Cart 또는 google.rpc.Status + ProblemDetails
clearCart()	장바구니 비우기	ClearCartRequest -cartId	Cart 또는 google.rpc.Status + ProblemDetails
addItemToCart()	고객 장바구니에 책 추가	AddCartItemRequest -cartId -quantity	Cart 또는 google.rpc.Status + ProblemDetails
removeItemFromCart()	고객 장바구니에서 책 제거	RemoveCartItemRequest -cartId -cartItemId	Cart 또는 google.rpc.Status + ProblemDetails
getAuthorDetails()	작성자 세부 정보 검색	GetAuthorRequest -authorId	BookAuthor 또는 google.rpc.Status + ProblemDetails

그림 8.4 요청 및 응답 기본 메시지 세부 정보가 포함된 gRPC 설계이다.

단계 3: API 설계 문서화

이전 두 단계의 설계 세부 정보를 사용해 RPC 기반 API에 대한 IDL 파일을 구성한다. gRPC의 경우 IDL 파일은 프로토콜 버퍼 형식이다. 리스트 8.2는 문서화 프로세스를 보여주고자 gRPC 기반 Shopping Cart API의 골격을 제공한다.

리스트 8.2 Shopping Cart API의 gRPC 버전에 대한 IDL 파일

```
// Shopping-Cart-API.proto3
service ShoppingCart {
    rpc ListBooks(ListBooksRequest) returns (ListBooksResponse) {}
    rpc SearchBooks(SearchBooksRequest) returns (SearchBooksResponse) {}
    rpc ViewBook(ViewBookRequest) returns (Book) {}
    rpc ViewCart(ViewCartRequest) returns (Cart) {}
    rpc ClearCart(ClearCartRequest) returns (Cart) {}
    rpc AddItemToCart(AddCartItemRequest) returns (Cart) {}
    rpc RemoveItemFromCart(RemoveCartItemRequest) returns (Cart) {}
    rpc GetAuthorDetails() returns (Author) {}
}
message ListBooksRequest {
    string category_id = 1;
    string release_date = 2;
}
message SearchBooksRequest {
    string query - 1;
}
message SearchBooksResponse {
    int32 page_number = 1;
    int32 result_per_page = 2 [default = 10];
    repeated Book books = 3;
}
message ViewBookRequest {
    string book_id = 1;
}
message ViewCartRequest {
    string cart_id = 1;
```

```
    }
    message ClearCartRequest {
        string cart_id = 1;
    }
    message AddCartItemRequest {
        string cart_id = 1;
        string book_id = 2;
        int32 quantity = 3;
    }
    message RemoveCartItemRequest {
        string cart_id = 1;
        string cart_item_id = 2;
    }
    message CartItem {
        string cart_item_id = 1;
        Book book = 2;
        int32 quantity = 3;
    }
    message Cart {
        string cart_id = 1;
        repeated CartItem cart_items = 2;
    }
```

바로 이것이다. RPC 기반 API는 이제 높은 수준의 설계를 갖는다. 이제 세부 정보를 추가해 개발 및 통합 작업을 빠르게 시작하는 데 사용되는 API 및 코드 생성기를 완성할 수 있다. 사람이 읽을 수 있는 문서를 생성하는 것도 protoc-en-doc과 같은 도구를 사용하는 것이 좋다.[4]

RPC의 코드와 긴밀한 결합으로 인해 많은 코드 변경이 RPC 기반 API의 설계에 직접적인 영향을 미친다는 점을 명심한다. 즉, RPC 기반 API 설계는 코드 변경 사항이 적용될 때 수정되지 않고 대체된다.

---

4. https://github.com/pseudomuto/protoc-gen-doc

API 모델링 단계에서 대부분의 노력이 어떻게 이뤄졌는지 주목한다. API 모델링 기술을 설계 노력의 기초로 사용함으로써 고객이 원하는 결과를 연결하는 작업을 RPC 기반 설계에 쉽게 매핑할 수 있다. REST와 같은 추가 API 스타일이 필요한 경우 선택한 API 스타일에 대한 설계 작업에 동일한 API 모델링 작업을 다시 적용할 수 있다.

▌ 쿼리 기반 API란?

쿼리 기반 API는 강력한 쿼리 기능과 응답 형태를 제공한다. ID로 완전한 리소스 표현 가져오기, 리소스 컬렉션의 페이지 매기기, 단순 및 고급 필터 표현식을 사용한 리소스 컬렉션 필터링을 지원한다. 대부분의 쿼리 기반 스타일은 사용자 지정 작업과 함께 전체 CRUD 기반 라이프사이클을 지원해 데이터 변형도 지원한다.

대부분의 쿼리 기반 API 스타일은 API 클라이언트가 응답에 포함할 필드를 지정할 수 있게 한다. 응답 형성Response shaping은 리소스 그래프의 깊고 얕은 조회도 지원한다. 깊은 조회Deep fetch를 사용하면 중첩된 리소스를 부모와 동시에 검색할 수 있으므로 클라이언트에서 큰 그래프를 다시 생성하기 위한 여러 API 호출을 피할 수 있다. 얕은 조회Shallow fetch는 응답에서 불필요한 데이터를 전송하지 않게 한다. 응답 형성은 단일 화면에서 더 많은 정보 렌더링을 할 수 있는 웹 애플리케이션에 비해 더 적은 양의 데이터가 필요한 모바일 앱에 자주 사용된다.

OData의 이해

가장 인기 있는 쿼리 기반 API 스타일 2가지는 OData와 GraphQL이다. OData[5]는 OASIS에서 표준화하고 관리하는 쿼리 기반 API 프로토콜이다. HTTP 및

---

5. https://www.odata.org/documentation

JSON을 기반으로 하며 이미 REST에 익숙한 사용자에게 익숙한 리소스 기반 접근 방식을 사용한다.

OData 쿼리는 GET을 통해 특정 리소스 기반 URL로 만들어진다. 또한 생성 또는 업데이트 작업 동안 식별자가 아닌 하이퍼미디어 링크를 사용해 리소스 관계를 표현하기 위한 관련 리소스 및 데이터 링크를 따르기 위한 하이퍼미디어 제어를 지원한다. OData는 표준 CRUD 패턴을 넘어서는 방식으로 데이터를 변경할 수 있는 사용자 지정 작업을 지원한다. 계산을 지원하는 기능도 지원된다. 리스트 8.3은 필터링된 GET을 사용해 OData 쿼리로 캘리포니아 샌프란시스코에 있는 공항을 검색하는 방법을 보여준다.

리스트 8.3 OData 필터를 사용해 샌프란시스코의 공항 찾기

```
GET /OData/Airports?$filter=contains(Location/Address, 'San Francisco')
{
    "@odata.context": "/OData/$metadata#Airports",
    "value": [
      {
        "@odata.id": "/OData/Airports('KSFO')",
        "@odata.editLink": "/OData/Airports('KSFO')",
        "IcaoCode": "KSFO",
        "Name": "San Francisco International Airport",
        "IataCode": "SFO",
        "Location": {
          "Address": "South McDonnell Road, San Francisco, CA 94128",
          "City": {
            "CountryRegion": "United States",
            "Name": "San Francisco",
            "Region": "California"
          },
          "Loc": {
            "type": "Point",
            "coordinates": [
                -122.374722222222,
```

```
              37.6188888888889
          ],
          "crs": {
            "type": "name",
            "properties": {
              "name": "EPSG:4326"
            }
          }
        }
      }
    }
  ]
}
```

일부 개발자는 단순한 API에 대해 OData 사양을 적용하는 것이 너무 복잡하다고 생각한다. 그러나 REST 기반 API 설계와 강력한 쿼리 옵션이 결합돼 OData는 더 큰 API 프로덕트 및 플랫폼에서 널리 사용된다.

OData는 마이크로소프트, SAP, Dell과 같은 회사로부터 상당한 지원과 투자를 받고 있다. Office 365 플랫폼을 단일 API로 통합하는 마이크로소프트 Graph API[6]는 OData를 기반으로 하며 고급 쿼리 지원으로 데이터 중심 REST 기반 API를 구성하는 훌륭한 예다.

GraphQL 알아보기

GraphQL[7]은 데이터 쿼리 및 변형을 지원하는 RPC 기반 API 스타일이다. 2015년, 공개되기 전에 2012년 페이스북Facebook에서 내부적으로 개발한 것이다. 원래는 다양한 세부 수준에서 API를 통해 데이터를 가져와야 하는 웹 및 모바일 클라이언트 지원 문제를 극복하고자 설계됐고 깊게 중첩된 그래프 구조를 검색한다.

---

6. 마이크로소프트, "Microsoft Graph의 개요", 2021년 6월 22일, https://docs.microsoft.com/en-us/graph/overview

7. https://graphql.org

시간이 지남에 따라 백엔드 데이터 저장소를 단일 페이지 애플리케이션^{SPA,}
Single-Page Applications 및 모바일 앱과 연결해야 하는 프론트엔드 개발자에게 인기
있는 선택이 되고 있다.

모든 GraphQL 작업은 단일 HTTP **POST** 또는 **GET** 기반 URL을 통해 터널링된다.
요청은 GraphQL 쿼리 언어를 사용해 단일 요청으로 원하는 필드와 중첩된 리
소스의 응답을 만든다. 뮤테이션^{Mutation}은 데이터 수정 또는 계산 논리 수행을
지원하고 유사한 언어를 쿼리에 사용해 수정 또는 계산 요청에 대한 데이터
입력을 표현한다. 모든 리소스 구조는 하나 이상의 스키마 파일에 정의돼 클라
이언트가 설계 타임이나 런타임에 리소스를 검사할 수 있게 한다. 리스트 8.4는
GraphQL 쿼리의 예를 제공한다.

리스트 8.4 IATA 코드로 샌프란시스코 공항을 조회하는 GraphQL 쿼리

```
POST /graphql

{
  airports(iataCode : "SFO")
}

{
  "data" : {
    {
      "Name": "San Francisco International Airport",
      "iataCode": "SFO",
      "Location": {
        "Address": "South McDonnell Road, San Francisco, CA 94128",
        "City": {
          "CountryRegion": "United States",
          "Name": "San Francisco",
          "Region": "California"
        },
        "Loc": {
          "type": "Point",
          "coordinates": [
```

```
                -122.374722222222,
                37.6188888888889
            ]
        }
      }
    }
  }
}
```

GraphQL은 프론트엔드 개발자에게 인기가 있지만 여러 REST API를 단일 쿼리 기반 API로 결합하는 수단으로, 기업 전반에서 상당한 관심을 받고 있다. 또한 기존 REST 기반 API와 함께 쿼리 전용 보고 API를 생성하는 데도 유용하고 API 플랫폼에 대한 훌륭한 접근 방식을 제공한다.

GraphQL과 관련된 많은 문제는 HTTP의 전체 기능을 활용하기보다는 단일 끝점을 통해 터널링하는 선택에 집중돼 있다. 이렇게 하면 JSON 이외의 여러 미디어 유형을 지원하고자 HTTP 콘텐츠 협상을 이용할 수 없다. 또한 HTTP 조건부 헤더가 제공하는 동시성 제어 및 낙관적 잠금의 사용을 방지한다. HTTP, SMTP, JMS 기반 메시지 브로커를 비롯한 여러 프로토콜에서 작동하도록 설계된 SOAP 기반 서비스에서도 유사한 문제가 발생했다.

URL로 접근 제이를 할 것으로 예싱되는 기존 API 게이트웨이가 단일 GraphQL 작업으로 제한되기 때문에 권한 부여를 하는 것도 어렵다. 그러나 일부 API 게이트웨이는 GraphQL 기반 쿼리 및 변형에 대한 권한 부여를 포함하도록 기능을 확장하고 있다. 마찬가지로 종종 경로와 HTTP 방법의 조합과 관련된 속도 제한은 이 새로운 상호작용 스타일을 받아들이고자 고민해야 한다.

▌쿼리 기반 API 설계 프로세스

쿼리 기반 API를 설계하는 데 사용되는 프로세스는 RPC 및 REST와 같은 다른 API 설계 스타일의 프로세스와 유사하다. 주요 차이점은 작업을 설계하기 전에 리소스 그래프를 생성해야 한다는 것이다. 프로세스를 보여주고자 GraphQL 기반 API는 6장에서 다룬 API 모델링을 기반으로 설계됐다.

단계 1: 리소스와 그래프 구조 설계

쿼리 기반 API의 첫 번째이자 가장 중요한 단계는 모든 리소스의 그래프 구조를 설계하는 것이다. 6장에서 설명한 API 모델링 작업이 완료되면 이 단계는 이미 완료된 것이다. API 모델링 작업이 완료되지 않은 경우 계속하기 전에 6장으로 돌아가 해당 단계를 완료한다. 그림 8.5와 8.6은 서점의 예로, 6장에서 식별된 리소스와의 관계를 다시 살펴본다.

관련 리소스와 함께 모든 최상위 리소스가 식별되면 다음 단계로 진행해 쿼리 및 뮤테이션 작업을 설계한다.

책 리소스	
속성 이름	설명
title	책의 제목
isbn	책의 고유 ISBN 값
authors	책의 저자 정보 리스트

책 저자 리소스	
속성 이름	설명
fullName	저자의 풀 네임

그림 8.5 책 리소스는 6장에서 모델링한 Shopping Cart API에 대해 지원해야 하는 첫 번째 최상위 리소스다.

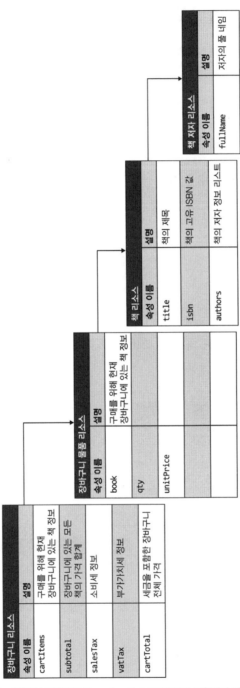

그림 8.6 장바구니 리소스는 6장에서 모델링한 Shopping Cart API에 대해 지원해야 하는 두 번째 최상위 리소스다.

단계 2: 쿼리와 뮤테이션 동작 설계

다음 단계는 6장의 API 모델링 중에 API 프로파일에 캡처된 모든 작업을 마이그레이션하는 것이다. API 프로파일은 각 작업을 캡처하고 안전^{Safe}, 멱등성^{Idempotent} 또는 안전하지 않은^{Unsafe} 안전 분류를 포함한다. 안전한 것으로 표시된 각 작업을 쿼리로 분류한다. 멱등성 또는 안전하지 않은 것으로 표기된 작업은 뮤테이션이 된다. Shopping Cart API의 경우 그림 8.7과 같이 쿼리 및 뮤테이션 작업이 모두 있다.

선택한 프로토콜이 쿼리 작업만 지원하는 경우 다른 API 스타일을 사용해 뮤테이션을 처리해야 한다. GraphQL은 2가지를 모두 지원하므로 동일한 API 정의 안에서 쿼리와 뮤테이션을 모두 포함할 수 있다.

기본 작업의 세부 정보가 캡처되면 입력 및 출력값에 대한 추가 세부 정보로 요청 및 응답 열을 확장한다. 이런 입력 및 출력값은 6장에서 API 모델링 중에 이미 결정됐다. 이 값을 새 API 설계 테이블로 마이그레이션 한다. Shopping Cart API 작업은 그림 8.8에서 확장된다.

작업 종류	작업 이름	설명	요청	응답
쿼리	listBooks()	책을 카테고리나 발행 일자별로 나열		
쿼리	searchBooks()	책을 저자나 제목으로 검색		
쿼리	viewBooks()	책의 상세 정보 보기		
쿼리	viewCart()	장바구니 현황 및 합산 가격 보기		
뮤테이션	clearCart()	장바구니 비우기		
뮤테이션	addItemToCart()	고객 장바구니에 책 추가		
뮤테이션	removeItemFromCart()	고객 장바구니에서 책 제거		
쿼리	getAuthorDetails()	작성자 세부 정보 검색		

그림 8.7 6장에서 모델링한 Shopping Cart API 프로파일은 쿼리 기반 API 설계에 도움이 되는 표 형식으로 마이그레이션된다.

작업 종류	작업 이름	설명	요청	응답

쿼리	listBooks()	책을 카테고리나 발행 일자별로 나열	query {
			  Book (categoryId, releaseDate) {
			  …
			  }
			}
				Book[ ]

쿼리	searchBooks()	책을 저자나 제목으로 검색	query {
			  Book (searchQuery) {
			  …
			  }
			}
				Book[ ]

쿼리	viewBooks()	책의 상세 정보 보기	query {
			  book(bookId) {
			  …
			  }
			}
				Book

쿼리	viewCart()	장바구니 현황 및 합산 가격 보기	query {
			  cart(cartId) {
			  …
			  }
			}
				Cart

뮤테이션	clearCart()	장바구니 비우기	mutation clearCart {
			  cartId
			}
				Cart

뮤테이션	addItemToCart()	고객 장바구니에 책 추가	mutation addItemToCart {
			  cartId
			  bookId
			  quantity
			}
				Cart

뮤테이션	removeItemFromCart()	고객 장바구니에서 책 제거	mutation removeItemFromCart {
			  cartId
			  cartItemId
			}
				Cart

쿼리	getAuthorDetails()	작성자 세부 정보 검색	query {
			  BookAuthor (authorId) {
			  …
			  }
			}
				BookAuthor

그림 8.8 장바구니 GraphQL API 설계는 이제 쿼리 및 뮤테이션에 대한 추가 세부 정보로 확장됐다.

단계 3: API 설계 문서화

마지막으로 선택한 프로토콜에 대해 선호하는 형식을 사용해 결과 API를 문서화한다. GraphQL의 경우 리스트 8.5와 같이 스키마를 사용해 사용 가능한 쿼리와 뮤테이션을 정의한다.

리스트 8.5 GraphQL 스키마로 캡처된 Shopping Cart API

```
# API Name: "Bookstore Shopping API Example"
#
# The Bookstore Example REST-based API supports the shopping experience of an
online bookstore. The API includes the following capabilities and operations...
#

type Query {
    listBooks(input: ListBooksInput!): BooksResponse!
    searchBooks(input: SearchBooksInput!): BooksResponse!
    viewBook(input: GetBookInput!): BookSummary!
    getCart(input: GetCartInput!): Cart!
    getAuthorDetails(input: GetAuthorDetailsInput!): BookAuthor!
}

type Mutation {
    clearCart(): Cart
    addItemToCart(input: AddCartItemInput!): Cart
    removeItemFromCart(input: RemoveCartItemInput!): Cart
}

type BooksResponse {
    books: [BookSummary!]
}

type BookSummary {
    bookId: String!
    isbn: String!
    title: String!
    authors: [BookAuthor!]
}
```

```
type BookAuthor {
  authorId: String!
  fullName: String!
}

type Cart {
  cartId: String!
  cartItems: [CartItem!]
}

type CartItem {
  cartItemId: String!
  bookId: String!
  quantity: Int!
}

input ListBooksInput {
  offset: Int!
  limit: Int!
}

input SearchBooksInput {
  q: String!
  offset: Int!
  limit: Int!
}

input GetAuthorDetailsInput {
  authorId: String!
}

input AddCartItemInput {
  cartId: String!
  bookId: String!
  quantity: Int!
}

input RemoveCartItemInput {
  cartId: String!
  cartItemId: String!
```

```
}
```

graphql-docs[8]와 같은 도구를 사용해 사람이 읽을 수 있는 문서를 생성하는 것이 좋다. GraphQL Playground[9]를 사용해 대화형 인터페이스를 제공하고 개발자가 통합 코드를 작성하기 전에 브라우저에서 직접 요청을 작성할 수 있게하자.

8장에서 제공하는 모든 예제는 깃허브에서 사용할 수 있는 API 워크숍 예제[10]를 기반으로 한다.

▌요약

REST는 사용 가능한 유일한 API 스타일이 아니다. RPC 및 쿼리 기반 API는 개발자가 API 프로덕트 또는 플랫폼과 빠르게 통합하는 데 도움이 되는 추가 상호작용 스타일을 제공한다. 또한 REST 기반 API와 결합해서 보고 및 빠른 코드 생성 옵션을 위한 강력한 쿼리 작업을 제공할 수 있다.

API 스타일마다 설계 프로세스가 약간 다르지만 모든 스타일은 비즈니스, 고객 및 개발자의 요구 사항을 맞추기 위한 투자를 기반으로 한다. 설계 프로세스의 다음 단계는 하나 이상의 비동기 API가 API 소비자에게 도움이 될 것인지 결정하는 것이다. 이 주제는 9장에서 자세히 다룬다.

---

8. https://www.npmjs.com/package/graphql-docs
9. https://github.com/graphql/graphql-playground
10. https://bit.ly/align-define-design-examples

## 9장

이벤트와 스트리밍을 위한 비동기 API

안전의 핵심은 캡슐화에 달려있다. 확장성의 핵심은 메시지가 실제로 처리되는 방식에 있다.

- 앨런 케이

대부분의 웹 기반 API 관련 논의는 보편적인 REST 기반, 쿼리 기반, 원격 프로시저 호출[RPC, Remote Procedure Call] 기반 API와 같이 동기식 요청/응답 상호작용 방식에 중점을 두고 있다. 동기식 방식은 HTTP 개발 경험이 적은 개발자와 비개발자도 이해하기 쉽고 진입 장벽이 낮다.

그러나 동기식 API는 한계가 있다. API 서버는 리소스 표현의 변화가 생기거나 워크플로에서 여러 단계의 변화가 완료돼도 클라이언트에게 변경 사항을 직접 알릴 수 없다. 대신 어떠한 변화가 알려지려면 클라이언트가 API 서버에 새로운 요청을 시작해야 한다.

비동기 API는 디지털 프로덕트 또는 플랫폼의 잠재력을 최대한 활용한다. 다시 말해 API의 대화 방식을 클라이언트에서 시작하는 것에서 서버가 시작하는 것으로 확장해 클라이언트가 단순히 대화를 시작하던 것이 아니라 서버의 요청에 반응하는 것이 가능하다는 의미다. 새로운 기능은 단일화된 이벤트 알림을 기반으로 만들 수 있다. 그리고 이 모든 것을 API 공급자의 개입 없이 사용자인 클라이언트 측에서 제어할 수 있다.

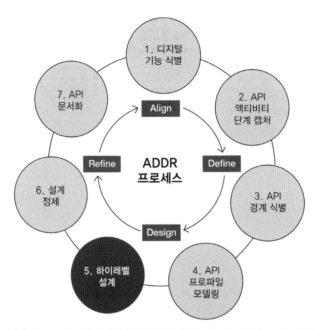

그림 9.1 설계 단계에서는 API 스타일에 대한 여러 옵션을 제공한다. 이 장에서는 비동기 API 설계를 다룬다.

비동기 API 설계를 전체 API 설계 작업에 포함시키면 팀은 알림 또는 데이터 스트림 기반으로 새로운 솔루션을 만들 수 있다. 그러나 비동기 API의 잠재력을 최대한 활용하려면 몇 가지 사항을 고려해야 한다. 이 장에서는 비동기 API 설계와 관련된 몇 가지 고려 사항과 설계 패턴을 제시하는 한편 6장에서 기술된 API 모델링 단계를 기반으로 비동기 API를 설계하고 문서화하는 방법도 보여준다.

▌API 폴링의 문제점

API 클라이언트가 새 데이터를 사용할 수 있는지 알려면 새 리소스가 추가됐거나 기존 리소스가 수정됐는지 주기적으로 서버를 확인해야 한다. 이러한 패턴을 API 폴링^{polling}이라고 하며 새로운 리소스가 추가됐거나 기존 리소스의 변경 사항을 알아야 하는 클라이언트를 위한 보편적인 방법이다.

API 폴링은 유연하며 요청/응답 스타일을 사용하는 대부분 API 형태의 클라이언트에 구현될 수 있다. 그러나 API 폴링은 이상적인 솔루션은 아니다. 수정 사항을 감지하고 추적하는 데 필요한 로직을 코딩하는 것은 복잡하고 리소스 소모적이며, 간혹 좋지 않은 사용자 경험을 발생시킨다. API 클라이언트는 리소스 집합에 **GET** 요청을 보내 최신 리소스 목록을 가져오고 API 클라이언트가 검색한 마지막 목록과 비교해 새로운 항목이 추가됐는지 확인해야만 한다. 일부 API는 타임스탬프를 기반으로 마지막 요청 이후 최근 변경 사항을 제공하는 기능을 지원하지만 변경 사항이 적용된 시점을 확인하려면 클라이언트가 API 폴링을 계속 수행해야 한다.

그렇기 때문에 많은 개발자는 서버 측 상태 변경 사항을 지속적으로 확인하기 위해 API 폴링 코드를 작성해야 한다. 폴링 코드를 작성하는 것은 개발자가 다음의 추가적인 사항을 고려해야 함을 의미한다.

- API는 최적화되지 않은 기본 정렬(예, 가장 오래된 것부터 최신 순)로 응답한다. 그러면 데이터를 확인해야 하는 소비자^{consumer}는 새로운 항목이 있는지 확인하고자 모든 항목을 요청해야 하며, 새로운 항목의 여부를 확인하고자 이미 살펴본 ID 목록을 유지하는 경우가 많다.
- 빠르게 변경 사항을 감지하고자 원하는 시간 간격의 요청이 요청 횟수 제한에 의해 거부되거나 차단될 수 있다.
- API에서 제공하는 데이터는 클라이언트가 리소스 수정과 같은 특정 이벤트가 발생했는지 확인할 수 있는 충분한 세부 정보를 포함하지 않는다.

이상적인 상황은 서버가 API를 사용하는 소비자에게 새로운 데이터 추가나 최근 이벤트를 알려주는 것이다. 하지만 전통적인 요청/응답 스타일의 HTTP API 스타일에서는 클라이언트가 요청하기 전에 서버가 먼저 변경 사항을 전달할 수 없기 때문에 이것이 불가능하다.

비동기 API는 이러한 요구 사항을 해결하는 데 도움이 된다. API 클라이언트에서 변경을 감지하는 규칙을 구현하는 대신 API 서버는 서버에서 변경 사항이 있을 때 연관된 API 클라이언트에게 비동기 푸시 알림을 보낸다. 이러한 특성은 HTTP 요청/응답에 기반을 둔 기존의 동기식 웹 기반 API와 비교할 때 완전히 새로운 가능성을 열어준다.

▌ 비동기 API가 갖는 새로운 가능성

1장에서 다룬 것처럼 API는 일반적으로 디지털 기능을 전달하기 위한 데이터 및 동작의 인터페이스를 HTTP를 통해 제공한다. 디지털 기능의 예로는 고객 프로파일 검색, 고객 등록 및 계정에 고객 프로파일을 등록하는 것 등이 있다. 이러한 디지털 기능을 결합해 조직의 각 사업부서가 파트너 및 고객과 함께 새로운 결과를 창출할 수 있는 API 프로덕트 및 API 플랫폼을 생성한다.

비동기 API 역시 디지털 기능이다. 비동기 API는 기존 REST 기반 웹 API를 넘어 디지털 비즈니스를 위한 새로운 가능성을 연다.

- **비즈니스 이벤트에 실시간으로 반응:** 솔루션은 내부 상태 변화나 중요한 비즈니스 이벤트 발생 시 이에 대응할 수 있다.
- **메시지 스트림을 통한 솔루션의 가치 확장:** 기존의 솔루션과 API로부터 부가적인 가치가 발생한다. API에서 제공하는 기능과 함께 내부 이벤트를 표면화해 내부 이벤트를 활용할 수 있는 새로운 기회가 나타난다. 이벤트 기반 상호작용 스타일을 통해 기존 API를 기반으로 새로운 솔루션을 구축할 수 있다.
- **API 효율성 향상:** 더 이상 상태 변경을 확인하고자 지속적으로 API 폴링을 할 필요가 없다. 즉, 관련 대상에게 상태 변경 이벤트를 푸시함으로써 API를 지원하는 데 필요한 리소스를 줄여 인프라 비용이 절감됨을 의미한다.

깃허브 웹훅(Webhook)이 촉발한 새로운 CI/CD 시장

깃허브 웹훅은 한동안 새로운 코드가 깃허브에서 제공하는 저장소에 푸시될 때 알림을 보내는 용도로 사용됐다. 깃(Git)은 소스코드 저장소 내에서 이러한 종류의 이벤트에 반응하는 스크립트 작성을 지원했고 깃허브는 이러한 스크립트 기반 훅을 웹훅으로 전환한 최초의 공급업체 중 하나였다. 깃허브로 코드를 호스팅하는 개인이나 조직은 새 코드가 사용 가능해졌을 때 HTTP 기반 POST 메서드를 통해 알림을 받고 새 빌드 프로세스를 트리거했다.

시간이 지나면서 이전에는 온프레미스 설치로 제한됐던 CI/CD(지속적 통합/지속적 전달) 도구가 이제 서비스형 소프트웨어(SaaS, Software-as-a-Service) 모델을 통해 제공되게 됐다. 이러한 SaaS 형태의 솔루션에는 웹훅 기반의 알림을 수신하고 새로운 빌드 프로세스를 시작할 수 있는 권한이 부여된다.

이 하나의 비동기 API 알림이 궁극적으로 전체 CI/CD 도구의 SaaS 시장을 만들었다. 이것이 비동기 API의 힘이다.

비동기 API의 잠재력을 모두 확인하기 전에 메시징의 기초를 이해힐 필요가 있다.

▌메시징의 기초 다시 보기

메시지에는 메시지 생산자가 메시지 수신자에게 공개하는 데이터가 포함된다. 수신자는 로컬 기능이나 메서드, 동일한 호스트의 다른 프로세스, 원격 서버의 프로세스 또는 메시지 브로커와 같은 미들웨어일 수 있다.

메시지는 일반적으로 명령command, 응답reply, 이벤트event의 3가지 유형이 있다.

- 명령형 메시지command message를 요청하면 즉시 수행되거나 이후에 수행된다. 명령형 메시지는 CreateOrder, RegisterPayment와 같은 경우에는 필수적이다. 명령형 메시지는 종종 요청 메시지Request message라고도 한다.
- 응답형 메시지reply message는 명령형 메시지의 결과를 제공한다. 응답형 메시지는 종종 접미사 Result 또는 Reply를 추가해 해당 명령형 메시지에

응답하는 CreateOrderReply, RegisterPaymentResult 등으로 구분된다. 응답형 메시지는 종종 응답 메시지$^{Response\ message}$로 불린다. 그리고 모든 명령형 메시지가 응답 메시지를 생성하는 것은 아니다.

- 이벤트 메시지$^{event\ message}$는 과거에 발생한 일에 대해 알려준다. 이벤트 이름의 좋은 예는 OrderCreated, PaymentSubmitted 등과 같이 실제 작업이 과거에 발생했음을 알 수 있도록 과거형 시제를 사용한다. 이벤트 메시지는 일반적으로 비즈니스 이벤트가 발생했거나 워크플로의 상태^{state}가 변경되는 경우 또는 데이터의 생성 또는 수정을 알리고자 사용된다. 필요한 경우에 새 메시지와 원본 메시지 사이의 상관관계를 포함한다.

메시지의 불변성

메시지를 변경할 수 없다는 것은 매우 중요하다. 한 번 메시지가 생성되면 수정돼서는 안 된다. 따라서 수정이 필요한 메시지는 새로 생성돼야 한다.

그림 9.2는 각 종류의 메시지와 메시지에 포함되는 콘텍스트의 예를 보여준다.

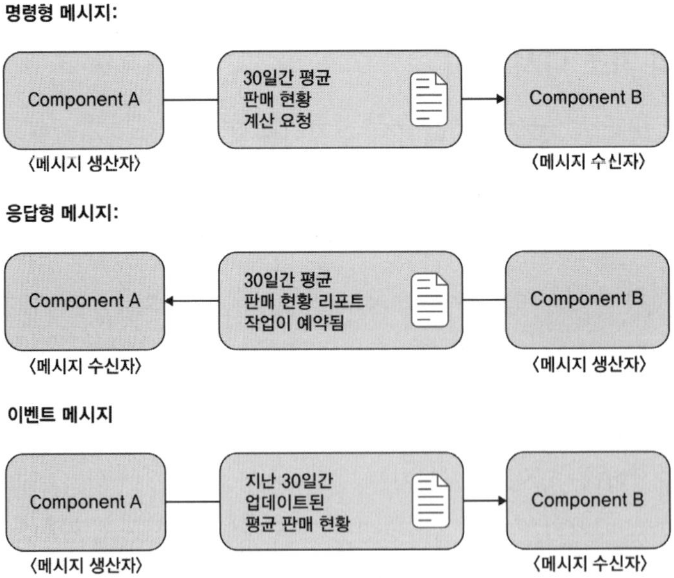

그림 9.2 3가지 주요 메시지의 예

메시지 스타일과 지역성

하나의 애플리케이션 또는 서비스는 하나 이상의 메시징 스타일을 선택할 수 있다.

- **동기식 메시징:** 메시징 생성자가 메시지를 보내고 수신자가 메시지를 처리하고 응답을 반환하는 동안 기다리는 것이 포함된다.

- **비동기식 메시징:** 메시지 생산자와 수신자가 서로를 기다리는 시간 없이 작동할 수 있다. 다만 메시지 생산자는 메시지를 수신자에게 보내지만 수신자는 즉시 처리하지 못할 수 있다. 대신 메시지 생산자는 메시지 수신자의 응답을 기다리는 동안 다른 작업을 자유롭게 수행할 수 있다.

또한 메시지는 지역^{Local}을 넘어 교환될 수 있다.

- **로컬 메시징**^{local messaging}: 동일한 프로세스 내에서 메시지를 주고받는 것을 의미한다. 따라서 메시지 생산자와 수신자 간 프로그래밍 언어와 호스트가 동일하다. 스몰토크^{Smalltalk} 프로그래밍 언어는 객체 간 메시지 송수신을 지원하고자 만들어졌다. Vlingo[1]와 같은 행위자 기반 프레임워크^{Actor-based framework}도 이와 같은 메시징 기능을 지원한다. 메시지를 생성하는 코드와 메시지를 처리하는 코드 사이에 'mailbox'가 위치한다. 메시지를 처리하는 코드^{consumer code}는 가능한 한 빨리 각 메시지를 처리하게 동작하며 경우에 따라 스레드 또는 전용 CPU 코어를 사용해 여러 메시지를 병렬로 처리하기도 한다.

- **프로세스 간 메시징**^{interprocess messaging}: 동일한 호스트 내의 다른 프로세스 사이에서 메시지를 주고받는 것을 의미한다. 유닉스 소켓 및 다이내믹 데이터 교환^{DDE, Dynamic Data Exchange} 등이 예가 될 수 있다.

- **분산 메시징**^{distributed messaging}: 2개 이상의 호스트를 포함하는 메시징 방식이다. 메시지는 네트워크를 통해 특정 프로토콜을 사용해 전송된다. 분산

---

1. https://vlingo.io

메시징의 예로는 AMQP^{Advanced Message Queuing Protocol}, MQTT^{Message Queuing Telemetry Transport}와 같은 프로토콜을 사용하는 메시지 브로커와 SOAP 기반 웹 서비스, REST API 등이 있다.

메시징의 지역화와 함께 동기 또는 비동기 스타일 조합은 메시지 기반 솔루션의 방향성을 결정한다.

메시지의 구성 요소

메시지 설계에 대한 논의가 시작되는 시점에는 대부분의 경우 메시지 본문을 중요하게 생각한다. 메시지 본문은 일반적으로 JSON, XML과 같이 구조화된 형식이지만 바이너리 형태나 평문^{plain text}도 사용할 수 있다. 일부 조직에서는 메시지의 내용 및 메시지 게시자에 대한 정보 등을 메타데이터로 감싸는 형태의 메시지 본문을 선택하기도 한다.

하나의 메시지는 메시지 본문에 기재된 내용보다 더 많은 내용을 포함하고 있다. 전송 프로토콜 관련 정보도 여기 해당한다. HTTP, MTQQ, AMQP와 같은 네트워크 프로토콜의 메시지 헤더에는 메시지의 타임스탬프, TTL, 서비스의 우선순위^{priority} 또는 품질^{quality} 등과 같은 상세한 정보를 담고 있다. 메시지는 프로토콜에서 메시지를 처리하는 데 필요한 모든 정보가 포함돼 있지 않으면 정상적으로 해석되지 않는다. 그림 9.2는 REST API에서 API 클라이언트와 API 서버 간에 교환되는 각 메시지 요소를 보여준다.

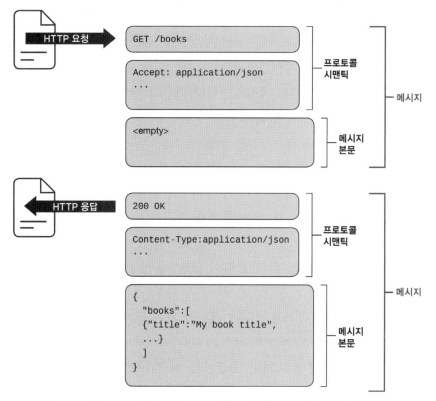

그림 9.3 API 클라이언트와 API 서버 간 교환되는 요청과 응답 메시지의 구성 요소 예

메시지 브로커의 이해

메시지 브로커는 메시지 생산자와 수신자 사이에서 중개자 역할을 한다. 메시지 브로커가 존재함으로써 메시지 생산자는 브로커만 인지하고 메시지 수신자는 신경 쓸 필요가 없어지게 되고, 이는 결과적으로 메시지를 생성자가 수신자에게 직접 전달할 때보다 느슨하게 결합된[loosely coupled] 설계가 된다. 메시지 브로커에는 RabbitMQ[2], ActiveMQ[3], Jmqtt[4] 등이 있다.

메시지 브로커는 다음에 기술된 것과 같은 추가적인 기능을 제공한다.

---

2. https://www.rabbitmq.com

3. http://activemq.apache.org/index.html

4. https://github.com/Cicizz/jmqtt

- 트랜잭션으로 나눠 처리^{Transactional boundaries}하는 것은 트랜잭션이 커밋된 경우에만 메시지가 게시되거나 전달된 것으로 표시되는 기능이다.
- 지속적인 구독^{Durable subscriptions}은 메시지 수신자가 메시지를 가져가기 전까지 저장하는 기능이다. 메시지 수신자가 오프라인 등의 이유로 메시지를 수신할 수 없을 때 수신자가 다시 연결될 때까지 클라이언트를 대신해서 저장한다(예, store and forward 패턴).
- 클라이언트 응답 확인 모드^{Client acknowledgement mode}는 클라이언트의 성능을 고르게 관리하고 실패를 복구하는 데 유연성을 확보하고자 클라이언트가 메시지를 수신했음을 알리는 방법을 지정하는 것이다. 메시지는 발송 시 자동 전달된 것으로 처리할 수도 있고 클라이언트에서 메시지가 성공적으로 처리됐다는 확인 응답이 있을 때 성공적으로 발송된 것으로 처리할 수도 있다.
- 전달에 실패한 메시지 처리 기능은 메시지 처리 실패 이벤트가 발생하거나 첫 메시지 수신자의 이상 동작으로 인해 메시지가 처리되지 않을 때 브로커에 등록된 다른 메시지 수신자가 메시지를 가져가게 하는 기능이다. 이 동작은 브로커에 연결된 클라이언트의 '클라이언트 응답 확인 모드' 설정에 따라 제어된다.
- DLQ^{Dead Letter Queue}는 메시지 수신자가 복구할 수 없는 에러로 인해 처리할 수 없는 메시지를 저장하는 기능이다. DLQ에 저장된 메시지는 자동 또는 수동으로 검토해 처리할 수 있다.
- 메시지 우선순위와 TTL^{Message priority and TTL} 기능은 메시지 브로커가 우선순위에 기반을 두고 메시지를 전달하거나 특정 시간 동안 처리되지 않은 메시지를 제거하는 기능이다.
- 표준 연결성^{Standard-based connectivity}은 AMQP 프로토콜 및 JMS와 다른 언어 바인딩을 통해 자바에 최적화된 프로토콜을 통해 제공된다.

메시지 브로커는 P2P^{Point-to-Point}와 팬아웃^{Fanout}이라는 2가지 메시지 배포 방식을 제공한다.

P2P 메시지 배포(큐)

P2P 메시징은 메시지 게시자가 등록된 구독자 중 단 하나의 구독자에게 메시지를 보내는 것이다. 브로커는 라운드로빈$^{round\ robin}$ 또는 유사한 선택 프로세스를 통해 게시된 메시지를 수신할 구독자를 선택하는 역할을 담당한다. 오직 하나의 구독자만 큐^{Queue}에 게시된 메시지를 받는다. 구독자가 지정된 타임아웃 시간 내에 메시지를 처리하지 못하면 브로커는 메시지 처리를 위해 새로운 구독자를 선택한다. 그림 9.4에서 P2P 큐의 예를 보여준다.

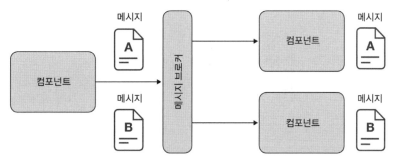

그림 9.4 각 메시지를 등록된 수신자 중 한곳에서만 처리하는 P2P 큐

P2P 큐는 정합성과 예측 가능성을 보장하고 메시지 중복 처리를 피하고자 한 번에 하나의 소비자만 메시지를 처리해야 하는 명령형 메시지를 게시하는 데 유용하다. 이는 각각의 작업이 작업자 풀$^{pool\ of\ workers}$에서 한 번만 처리돼야 하는 백그라운드 작업 프로세스의 일반적인 패턴이다.

팬아웃 메시지 배포(토픽)

팬아웃 메시징은 토픽^{Topic}에 게시되는 모든 메시지가 현재 등록돼 있는 구독자[5]에게 모두 배포하는 것이다(그림 9.5 참고). 팬아웃 방식에서 브로커는 각각의 메시지가 등록된 모든 구독자에 의해 처리되는 것을 보장하지 않는다. 모든 구독자에 의해 처리될 수도 있고 일부 구독자에 의해 처리될 수도 있다. P2P 큐와 달리

---

5. 흔히 메시징 서비스에서 'pub-sub' 방식이라고 부르는 'Publisher & Subscriber' 패턴에서 'Subscriber'에 해당한다. - 옮긴이

메시지는 모든 구독자에 의해 처리될 수 있다.

모든 토픽 구독자는 게시된 각 메시지의 사본을 받는다. 이런 배포 방식은 게시된 각 이벤트 메시지에 대해 독립적인 병렬 처리 로직을 지원한다. 모든 구독자는 다른 구독자와 게시자를 인지하지 않고 처리해야 할 새로운 메시지가 전송된 것만 알 수 있다.

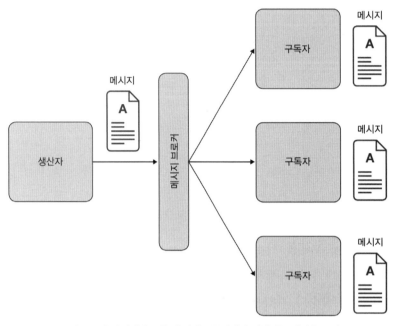

그림 9.5 각 메시지가 모든 메시지 구독자에게 전달되는 팬아웃 토픽

메시지 브로커 용어 참고 사항

이 장에서 사용되는 큐(queue)와 토픽(topic)은 분산 메시징 자료에서 자주 등장한다. RabbitMQ와 같은 특정 업체에서는 용어 토픽에 대해 특별한 옵션을 제공한다. 여기서 제공하는 옵션은 일반적인 메시지 브로드캐스팅을 의미하는 팬아웃부터 선택적인 브로드캐스팅을 의미하는 토픽 등 매우 다양하다. 각 업체가 목표하는 기능 구현을 위해 사용한 용어를 올바르게 이해하려면 업체에서 제공하는 문서를 주의 깊게 읽어야 한다.

메시지 스트리밍의 기초

메시지 브로커는 주로 트랜잭션한 처리를 위해 오프라인 수신자로 인한 전송 실패에도 안정적인 메시지 구독 상태를 관리하도록 설계됐다. 트랜잭션을 보장하는 기능이 수많은 애플리케이션이나 통합 솔루션에 유용하지만 동시에 다른 특성에 의해 메시지 브로커의 확장성에 제약이 있다.

메시지 스트리밍이 지난 수십 년간 축적된 메시지 브로커 전문 지식을 기반으로 하는 것은 맞지만 오늘날의 복잡한 데이터와 메시징 요구 사항을 해결하고자 서버의 일부 역할도 수용하게 됐다. 메시지 브로커의 토픽과 유사하게 하나 이상의 구독자에게 새 메시지를 푸시 형태로 알리고자 팬아웃 패턴을 사용한다.

메시지 스트리밍 서버의 예로는 아파치 카프카Apache Kafka[6], 아파치 펄서Apache Pulsar[7], 아마존 키네시스Amazon Kinesis[8]가 있다.

메시지 브로커와 달리 구독자는 토픽의 가용한 메시지 기록을 이용해서 어느 시점의 메시지라도 요청할 수 있다. 이 기능은 특정 메시지를 다시 열람하거나 이전에 처리가 중단된 시점의 메시지를 선택하는 데 활용할 수 있다. 메시지 브로커와는 달리 대부분의 메시지 스트리밍 서버는 상태 관리 주체로 서버가 아닌 클라이언트가 담당한다. 따라서 클라이언트는 이제 마지막으로 본 메시지를 추적해야 하는 책임을 갖는다. 에러 복구도 클라이언트가 담당해야 하며 발생한 에러에 대해 클라이언트가 마지막으로 처리된 메시지로부터 프로세스를 재개해야 한다.

이러한 유형의 상호작용을 지원하려면 메시지 관리 방법을 기존의 전통적인 큐 또는 토픽 형태에서 추가 전용 로그append-only log 형태로 전환해야 한다. 여기서 로그는 모든 메시지를 저장하거나 지정된 보존 기간에 의해 메시지 기록이 유지되도록 제한되는 형태일 수 있다. 2명의 소비자가 있는 분산 로그 토픽을

---

6. https://kafka.apache.org

7. https://pulsar.apache.org

8. https://aws.amazon.com/kinesis

그림 9.6에서 보여준다.

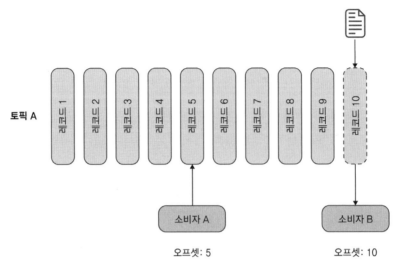

그림 9.6 2개의 소비자가 서로 다른 오프셋을 갖고 메시지를 분산 로그 형태로 기록하는 스트리밍 토픽

시작 지점을 지정하는 오프셋을 지정하는 기능은 클라이언트가 메시지 브로커에서는 해결할 수 없었던 새로운 종류의 문제를 해결할 수 있게 해준다.

- 높은 확장성과 짧은 대기 시간의 메시지 스트리밍 서버 설계를 통해 다른 시스템이나 외부에서 들어오는 데이터를 실시간에 가깝게 가공하고 분석할 수 있다.
- 새로운 코드를 운영 환경에 반영하기 전에 메시지 기록을 활용해 코드 변경에 대한 결과를 확인할 수 있다.
- 기록된 메시지를 이용해 실험적인 데이터 분석을 수행할 수 있다.
- 메시지 브로커의 메시지 처리 현황을 감사하고자 모든 메시지 브로커의 큐와 토픽을 구독할 필요가 없다.
- 기존 ETL^Extract, Transform, Load 프로세스 없이 데이터 웨어하우스 또는 데이터 레이크에 데이터를 푸시해 다른 시스템이 이를 활용할 수 있다.

메시지 스트리밍의 더 높은 확장성은 데이터가 관리되고 공유되는 방식의 변화에 도움을 준다. 데이터 저장소에 대한 접속 권한을 공유하거나 데이터 저장소를 복제하는 대신 각각의 신규 데이터나 변경된 데이터 이벤트 메시지가 토픽 스트림으로 푸시된다. 그러면 모든 소비자는 캐싱이나 추가 분석을 위해 로컬에 저장하는 등의 방법으로 데이터 변경 사항을 처리할 수 있다.

메시지 스트리밍 고려 사항

다음과 같은 특정 상황에서는 메시지 스트리밍은 최선이 아닐 수 있다.

- **메시지 중복 처리**: 구독자는 메시지 스트림에서 현재 읽어온 메시지가 스트림의 어느 위치에 있는지 항상 추적해야 한다. 이때 구독자는 메시지의 중복이 발생할 수 있음을 고려해서 처리해야 한다. 메시지 처리가 실패하기 전에 스트림에서 현재 위치를 저장할 수 없다면 이는 문제가 된다.

- **메시지 필터링 불가**: 메시지 브로커는 특정 값을 기반으로 큐나 토픽에서 메시지를 필터링하는 기능을 제공하지만 메시지 스트림은 기본적으로 필터링 기능을 지원하지 않는다. 대신 지정된 오프셋을 처리하기 위한 리시버를 이용하거나 아파치 스파크(Apache Spark)와 같은 외부 솔루션을 적용해야 한다.

- **제한적인 권한 설정**: 메시지 스트리밍이 비교적 새로운 솔루션이기 때문에 세분화된 권한 관리나 필터링 기능까지 제공하는 솔루션이 현재는 없다. 외부 솔루션 공급업체를 선택해서 더 진행하기 전에 반드시 권한 부여 요구 사항을 충족하는지 확인해야 한다. 메시지 스트림과 REST를 연결해 API 게이트웨이에서 좀 더 엄격한 권한 제어를 제공하는 솔루션이 등장하기 시작했다.

비동기 API

비동기 API는 변경 사항이 있을 때 서버가 소비자에게 알릴 수 있도록 상호작용하는 API 스타일이다. 비동기 방식을 지원하는 많은 API 스타일이 있다. 일반적인 예로는 웹훅webhook, SSEServer-Sent Events, 웹소켓WebSocket이 있다.

웹훅을 이용한 서버 알림

웹훅을 사용하면 이벤트가 발생했을 때 API 서버가 다른 연관된 서버에 알림을 생성할 수 있다. 동일한 코드베이스에서 발생하는 기존의 콜백[callback]과 달리 웹훅은 웹에서 HTTP POST를 사용해 전달된다. 웹훅이라는 용어는 2007년 제프 린제이[Jeff Lindsay][9]가 만들었다. 그 이후로 REST 훅[Hook] 패턴[10]은 웹훅의 구독과 알림을 안전하고 표준화된 방법으로 관리하는 방향으로 발전했다.

웹훅은 시스템에서 콜백을 받고자 제공한 URL에 POST 요청을 보내는 형태로 전달된다. 예를 들어 웹훅을 받고 싶은 구독자는 새 작업 이벤트 알림을 수신받고자 https://myapp/callbacks/new-tasks와 같은 특정 URL을 등록한다. 그러면 API 서버는 각각의 구독자가 등록한 콜백 URL에 POST 요청을 통해 이벤트 세부 정보가 포함된 메시지를 전달한다. 그림 9.6에서 전체 흐름을 보여준다.

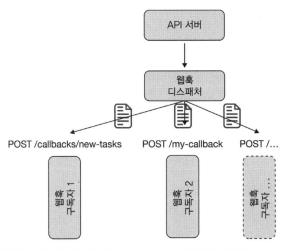

그림 9.7 웹훅을 받기 위한 콜백 URL을 등록하고 HTTP POST로 메시지를 전달하는 API 서버의 웹훅 디스패처

웹훅을 사용하려면 API 서버가 네트워크를 통해 구독자에게 접근 가능해야 하

---

9. 제프 린제이, "Webhooks to Revolutionize the Web"(blog), Wayback Machine, May 3, 2007, https://web.archive.org/web/20180630220036/http:/progrium.com/blog/2007/05/03/web-hooksto-revolutionize-the-web

10. https://resthooks.org

며 웹훅을 API 서버로부터 수신하고자 구독자는 POST 요청을 호스팅할 수 있어야 한다. 따라서 웹훅은 서버 사이의 통신에는 적합하지만 웹 브라우저나 모바일 애플리케이션에는 적합하지 않다.

> **효율적인 웹훅 구현**
>
> 웹훅은 전달 실패에 대한 처리, 클라이언트와 서버 간의 통신 안정성, 알림 확인 후 콜백까지 매우 오래 걸리는 경우 등 고려해야 할 사항이 많다. 효율적으로 웹훅을 구현하는 방법은 REST Hooks 문서[11]를 참고한다.

SSE를 이용한 서버 푸시

SSE는 W3C에서 HTML5의 표준의 일부로 포함된 EventSource 브라우저 인터페이스[12]를 기반으로 한다. EventSource 브라우저 인터페이스에는 서버가 클라이언트에게 데이터 응답을 푸시하고자 서버와 클라이언트 간 연결을 더 오래 지속하는 HTTP 사용법이 정의돼 있다. 서버에서 푸시된 메시지에는 클라이언트에 유용한 이벤트 세부 정보가 포함돼 있다.

SSE는 API 폴링 문제를 피하면서 서버 푸시 알림을 지원하는 간결한 솔루션이다. SSE의 최초 설계는 브라우저에 데이터를 푸시하는 것을 지원하는 것이었지만 브라우저뿐만 아니라 서버의 구독자에게 데이터를 푸시할 때에도 사용되는 대중적인 방법이 됐다.

SSE는 표준 HTTP 연결을 사용하지만 연결을 즉시 해제하지 않고 좀 더 긴 시간 동안 유지한다. 이렇게 연결이 유지되는 동안 API 서버는 데이터가 사용 가능해지면 클라이언트에 데이터를 푸시한다. 이 사양은 회신 데이터 형식과 허용되는 이벤트 이름, 주석, 단일 또는 여러 줄의 텍스트 데이터 및 이벤트 식별자 등 몇 가지 옵션을 설명한다.

---

11. https://resthooks.org/docs

12. https://developer.mozilla.org/en-US/docs/Web/API/EventSource

구독자는 미디어 유형이 **text/event-stream**인 HTTP **GET** 메서드를 이용해 SSE 작업에 요청을 제출한다(그림 9.8 참고). 따라서 기존의 작업은 JSON, XML을 사용하는 HTTP 요청/응답 표준과 미디어 유형을 사용하는 콘텐츠 전달을 모두 지원할 수 있다. SSE를 사용하려는 클라이언트는 **Accept** 요청 헤더에 JSON 또는 XML 대신 SSE 미디어 형태를 지정해야 한다.

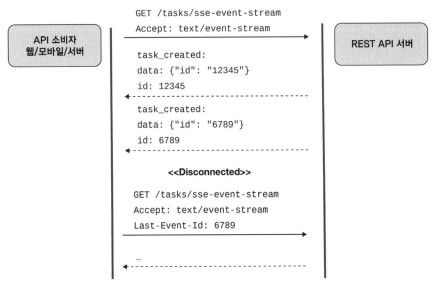

```
GET /tasks/sse-event-stream
Accept: text/event-stream

task_created:
data: {"id": "12345"}
id: 12345

task_created:
data: {"id": "6789"}
id: 6789

            <<Disconnected>>

GET /tasks/sse-event-stream
Accept: text/event-stream
Last-Event-Id: 6789

   …
```

그림 9.8 SSE를 사용해 API 서버가 긴 수명의 연결을 통해 클라이언트에 이벤트를 푸시할 수 있게 한다. 연결은 Last-Event-Id 요청 헤더를 사용해 재개될 수 있다.

연결이 되면 서버는 새 이벤트마다 새 라인으로 푸시한다. 어떠한 이유에서든 연결이 끊어지면 클라이언트는 다시 연결을 맺고 새로운 이벤트를 수신할 수 있다. 이때 클라이언트는 HTTP 헤더에 **Last-Event-ID**를 추가해 마지막으로 처리된 이벤트 ID 이후에 누락된 이벤트를 복구할 수 있다. 유용한 장애 복구 수단이다.

데이터 필드의 형식은 간단한 데이터 포인트부터 한 줄의 JSON 페이로드에 이르기까지 모든 텍스트 기반 콘텐츠가 될 수 있다. 여러 줄의 텍스트는 각 줄마다 **data-** 접두사를 포함하는 형태로 지원할 수 있다.

SSE가 지원하는 사용 사례는 다음과 같다.

- 사용자 인터페이스를 서버의 최신 상태와 연동하는 브라우저 또는 모바일 애플리케이션과 같이 서버의 상태 변화를 프론트엔드 애플리케이션에 전달하는 경우
- RabbitMQ나 카프카와 같이 내부의 메시지 브로커나 스트리밍 플랫폼 연결 없이 비즈니스 이벤트를 HTTP로 수신하는 경우
- 클라이언트가 오랜 시간 동안 지속되는 쿼리나 복잡한 집계 결과를 한 번에 스트리밍하는 대신 증분 형태로 데이터를 처리하려는 경우

SSE가 적합하지 않을 수 있는 사례는 다음과 같다.

- API 게이트웨이가 연결을 오래 지속할 수 없거나 짧은 타임아웃(예, 30초보다 짧은 시간)을 갖는 경우다. 이것이 큰 문제가 되지는 않지만 클라이언트는 연결을 더 자주 맺어야 한다.
- SSE를 지원하지 않는 브라우저를 사용하는 경우다. 더 많은 정보는 모질라^{Mozila}에서 제공하는 지원 가능한 브라우저 목록을 참고한다.[13]
- 클라이언트와 서버 사이에 양방향 통신이 요구되는 경우다. 이런 경우는 SSE가 서버만 푸시하는 것이기 때문에 양방향 통신을 지원하는 웹소켓 프로토콜이 더 좋은 옵션이 될 수 있다.

W3C SSE 사양 문서는 읽기 쉽고 추가적인 사양 정보와 예제를 제공한다.

웹소켓을 이용한 양방향 알림

웹소켓은 HTTP를 통해 구현된 단일 TCP 연결 안에 서브프로토콜^{subprotocol}이라 불리는 완전 이중화된 터널링 프로토콜을 지원한다. 완전한 이중화이기 때문에 API 클라이언트와 서버 사이의 양방향 통신이 가능하다. 클라이언트는 웹소켓

---

13. MDN Web Docs, "Server-Sent Events", 2021년 8월 수정본, https://developer.mozilla.org/en-US/docs/Web/API/Server-sent_events

연결을 통해 서버에 요청을 푸시할 수 있으며 서버는 이벤트 및 응답을 클라이언트에 다시 푸시할 수 있다.

웹소켓은 인터넷 엔지니어링 태스크 포스Internet Engineering Task Force의 RFC 6455[14]로 관리되는 표준화된 프로토콜이다. 대부분의 브라우저는 웹소켓을 지원하므로 브라우저와 서버, 서버와 브라우저, 서버와 서버 시나리오에서 모두 쉽게 사용할 수 있다. 웹소켓 연결은 HTTP 연결 내에서 터널링되기 때문에 일부 조직에서 사용되는 프록시 제약을 극복할 수 있다. 명심해야 할 것은 웹소켓이 HTTP 연결 위에서 구성됐더라도 HTTP처럼 동작하지 않는다는 것이다. 대신 서브프로토콜을 반드시 선택해야 한다. IANA[15]에는 공식 등록된 많은 서브프로토콜이 있다. 웹소켓은 텍스트 형태와 바이너리 형태의 서브프로토콜 모두 지원한다. 그림 9.9는 평문 서브프로토콜을 이용한 웹소켓 통신의 예를 보여준다.

웹소켓은 구현이 더 복잡하지만 양방향 통신을 지원한다. 즉, 클라이언트가 서버에 데이터를 보내고 동일한 연결을 통해 서버에서 푸시된 데이터를 수신할 수 있다. SSE는 상대적으로 구현이 쉬운 반면 클라이언트는 동일한 연결 내에서 요청을 보낼 수 없기 때문에 완전히 이중화된 통신이 필요할 때는 웹소캣이 더 좋은 옵션이다. 비동기 API 스타일을 선택할 때 이런 점을 기억해두자.

gRPC 스트리밍

TCP 프로토콜은 연결 시간이 긴 양방향 통신에 최적화돼 있다. HTTP/1.1은 TCP 위에 구축됐지만 클라이언트의 동시 접근성을 위해서는 여러 개의 연결을 맺어야 했다. 이 다중 연결 요구 사항은 부하를 분산하기엔 용이하지만 매 연결마다 새로운 TCP 소켓 연결과 프로토콜 협상protocol negotiation을 해야 하기 때문에 성능에 상당한 영향을 미친다.

---

14. Internet Engineering Task Force(IETF), The WebSocket Protocol(Request for Comments 6455, December 2011), https://tools.ietf.org/html/rfc6455

15. Internet Assigned Numbers Authority(IANA), WebSocket Protocol Registries, 2021년 7월 19일 수정본, https://www.iana.org/assignments/websocket/websocket.xhtml

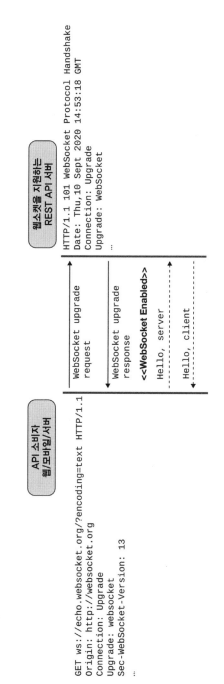

그림 9.9 웹소켓과 일반 텍스트 서브프로토콜을 사용해 채팅 애플리케이션을 작성하는 API 클라이언트와 서버 간의 상호작용 예

HTTP/2는 구글에서 HTTP/1.1의 일부를 최적화한 SPDY 프로토콜 위에 생성된 새로운 표준이다. 최적화는 요청 및 응답의 멀티플렉싱^{multiplexing}을 포함하고 있다. 응답 다중화에서 하나의 HTTP/2 연결은 하나 이상의 동시 요청을 처리한다. 따라서 HTTP/1.1에서 지원하는 keep-alive 연결과 유사하게 새로운 연결을 맺을 때 발생하는 오버헤드를 피할 수 있다. 하지만 keep-alive 연결과 달리 HTTP/2의 멀티플렉싱은 순차적으로 요청을 보내는 것이 아니라 한 번에 모든 요청을 보낸다.

또한 HTTP/2 서버는 클라이언트가 요청을 생성하지 않아도 리소스를 클라이언트에 푸시할 수 있다. 이는 HTTP/1.1의 전통적인 웹 기반 요청/응답 상호작용 스타일 대비 상당한 변화다.

gRPC는 HTTP/2의 양방향 통신 지원의 이점을 활용하기 때문에 HTTP/1.1 기반에서처럼 요청과 응답을 지원하고자 네트워크 연결이 필요하지 않고 웹소켓, SSE 또는 다른 푸시 기반 접근도 지원할 필요가 없다. gRPC는 양방향 통신을 지원하므로 비동기 API를 설계해 기존의 요청/응답 RPC 메서드를 같은 gRPC 기반 프로토콜과 통합할 수 있다.

그림 9.10은 gRPC에서 지원하는 클라이언트에서 서버, 서버에서 클라이언트 그리고 양방향 형태의 3가지 스트리밍 옵션을 보여준다.

웹소켓과 마찬가지로 gRPC는 단일 완전 이중화된 연결을 통해 메시지와 이벤트를 주고받을 수 있다. 웹소켓과는 달리 gRPC는 프로토콜 버퍼를 기본으로 사용하기 때문에 서브프로토콜을 결정하지 않아도 된다. 하지만 브라우저에는 내장된 gRPC 지원 기능이 없다. grpc-web 프로젝트[16]에서 gRPC와 브라우저를 연결하기 위한 작업이 이뤄지고 있지만 제한적이다. 따라서 gRPC 스트리밍은 주로 서비스와 서비스 상호 연결에 사용된다.

---

16. https://github.com/grpc/grpc-web

gRPC 비동기 옵션 1: 서버로의 클라이언트 스트림

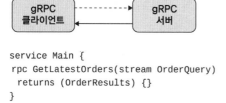

```
service Main {
 rpc GetLatestOrders(stream OrderQuery)
  returns (OrderResults) {}
}
```

gRPC 옵션 2: 클라이언트로의 서버 스트림

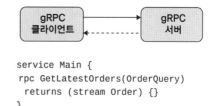

```
service Main {
 rpc GetLatestOrders(OrderQuery)
  returns (stream Order) {}
}
```

gRPC 비동기 옵션 3: 양방향 스트리밍

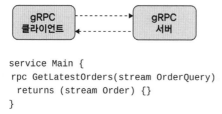

```
service Main {
 rpc GetLatestOrders(stream OrderQuery)
  returns (stream Order) {}
}
```

그림 9.10 3가지 gRPC 기반 스트리밍 옵션: 클라이언트에서 서버, 서버에서 클라이언트, 양방향

비동기 API 스타일 선택

비동기 API에 사용할 수 있는 몇 가지 선택지가 있지만 솔루션의 상황과 제약조건에 따라 일부 선택이 다른 선택보다 더 나은 옵션일 수 있다는 점을 유의해야 한다. 다음은 팀이 API에 맞는 최선의 선택을 할 수 있게 도와주는 비동기 API 스타일에 대한 몇 가지 고려 사항이다.

- **웹훅:** 웹훅은 서버에서부터 시작하는 유일한 비동기 API 스타일이다. 즉, 최초 연결을 클라이언트에서 시작할 필요가 없다. 다만 구독자는 POST 형식의 콜백을 수신할 수 있어야 하므로 웹훅은 서버와 서버 간 알림이 필요할 때 사용하자. 웹 브라우저와 모바일 앱은 서버가 보내는 HTTP 콜백을 받을 수 없으므로 웹훅의 장점을 가져갈 수 없다. 방화벽으로 통신이 제한된 구독자는 네트워크 경로상 서버로부터의 콜백을 받을 수 없다.

- **SSE:** SSE는 일반적으로 서버와 클라이언트에서 구현하기가 쉽지만 브라우저 지원이 제한적이다. 또한 양방향 통신을 제공하지 않는다. 서버

에서 REST API 설계를 따르는 이벤트를 푸시해야 할 때 SSE를 사용하자.

- **웹소켓 프로토콜:** 웹소켓은 하나 이상의 서브프로토콜을 지원해야 하기 때문에 구현이 더 복잡하지만 양방향 통신을 지원한다. 상대적으로 더 많은 브라우저에서 웹소켓을 지원한다.

- **gRPC 스트리밍:** gRPC는 HTTP/2를 최대한 활용하므로 모든 인프라와 구독자가 gRPC 스트리밍을 최대한 활용하려면 모두 이 새로운 프로토콜을 지원해야 한다. 웹소켓과 유사하게 양방향 통신을 지원한다. 단, 브라우저가 gRPC의 모든 기능을 지원하지는 않는다. 따라서 gRPC 스트리밍은 서비스와 서비스 간 통신이나 인프라를 관리하고 구성하는 API에 적합하다.

▌비동기 API 설계

비동기 API 설계는 REST-, RPC-, 또는 쿼리 기반 스타일을 사용한 기존의 요청/응답 API 설계에 사용되는 프로세스와 유사하다. 6장에서 설명한 것처럼 API 모델링 단계에서 식별된 리소스로 시작한다. 각 API 프로파일의 작업 세부 정보를 캡처하는 동안 식별된 이벤트를 다시 방문하자. 그리고 API 사용자에게 도움이 될 만한 명령과 이벤트를 결정한다.

명령 메시지

명령 메시지는 다른 구성 요소가 단위 작업을 수행하도록 요청하는 데 필요한 모든 세부 사항을 통합한다. 비동기 API에 대한 명령을 설계할 때 요청을 처리할 수 있도록 충분한 세부 정보를 포함하는 명령 메시지를 설계하는 것이 중요하다. 여기에는 결과 메시지가 게시될 수 있는 대상 위치도 포함될 수 있다. 이 대상 위치는 결과를 POST하는 URL이 될 수도 있고, 메시지 브로커 토픽에 대한 URI가 되거나 아마존 S3와 같은 공유 객체 저장소에 대한 URL이 될 수도 있다.

명령을 설계할 때 객체 직렬화 같은 개발 언어에서 기본 제공되는 메커니즘을 사용해 명령 생산자와 소비자의 개발을 단순화할 수도 있다. 그러나 이런 방법은 명령을 사용하고 처리할 수 있는 시스템을 제한하게 된다. 대신 UBER 하이퍼미디어 형식, 아파치 에이브로, 프로토콜 버퍼, JSON 또는 XML과 같은 언어에 구애받지 않는 메시지 형식을 사용한다.

다음은 고객의 청구서 주소를 비동기적으로 업데이트하도록 요청하는 JSON 기반의 명령 메시지 예다.

```
{
    "messageType": "customerAddress.update",
    "requestId": "123f4567",
    "updatedAt": "2020-01-14T02:56:45Z",
    "customerId": "330001003",
    "newBillingAddress": {
        "addressLine1": "...",
        "addressLine2": "...",
        "addressCity": "...",
        "addressState": "...",
        "addressRegionProvince": "...",
        "addressPostalCode": "..."
    }
}
```

콜백을 위한 URL과 함께 추가 replyTo 필드가 제공되거나 다른 구독자가 변경에 반응하고자 customerAddress.updated 이벤트를 수신할 수 있으며 타사 시스템에서 청구 주소를 업데이트할 수도 있다.

이벤트 알림

씬 이벤트[thin events]라고도 하는 이벤트 알림은 상태 변경이나 비즈니스 이벤트가 발생했음을 구독자에게 알리는 기능을 한다. 이벤트 알림은 알림의 구독자가 관심 있는 이벤트 인가를 판단하기에 충분한 필요 정보를 제공해야 한다.

이벤트 구독자는 표현되는 데이터를 최신으로 유지하고자 API를 통해 세부 항목을 최신화해야 한다. 씬 이벤트의 일부로 하이퍼미디어 링크를 제공하면 최신 리소스 표현을 검색하기 위한 API 작업을 이벤트와 같은 비동기 API와 통합하는 데 도움이 된다. 다음의 이벤트 페이로드 예를 살펴보자.

```
{
    "eventType": "customerAddress.updated",
    "eventId": "123e4567",
    "updatedAt": "2020-01-14T03:56:45Z",
    "customerId": "330001003",
    "_links": [
      { "rel": "self", "href":"/events/123e4567" },
      { "rel": "customer", "href":"/customers/330001003" }
    ]
}
```

씬 이벤트는 자주 변경되는 리소스와 관련된 이벤트에 사용되므로 이벤트 구독자가 최신 리소스 표현을 검색해 오래된 데이터로 작업하지 않게 한다. 필수 정보는 아니지만 씬 이벤트에는 업데이트가 발생했을 때 변경된 특정 속성에 대한 세부 정보를 포함할 수도 있어서 소비자가 해당 이벤트가 필요한 것인지 판단할 수 있다.

Event-Carried 상태 전달 이벤트

Event-Carried 상태 전달 이벤트에는 이벤트 당시 사용 가능한 모든 정보가 포함돼 있다. 과거에는 구독자가 프로세싱을 수행하고자 필요한 데이터를 얻을 때 추가적인 API가 사용됐던 반면 Event-Carried 상태 전달 이벤트의 특성을 사용하면 리소스 표현을 완료하고자 API를 사용할 필요가 없어진다.

씬 이벤트보다 Event-Carried 상태 전송이 더 선호되는 몇 가지 이유를 알아보자.

- 구독자는 썬 이벤트가 제공하는 몇 가지 세부 정보 및 연관된 하이퍼미디어 링크보다는 이벤트와 관련된 리소스의 스냅숏을 원한다.

- 리소스에서 특정 시점의 완전한 스냅숏이 필요하거나 메시지 히스토리에 대한 이벤트 재현을 지원하고자 데이터의 상태 변경을 스트리밍으로 처리한다.

- 서비스 간 통신에서 API 호출수를 줄이고 결합도를 낮추고자 리소스의 모든 정보를 포함해 비동기 API로 메시지를 전송한다.

(API 호출의 응답은 리소스의 상태인데) 이벤트도 API 호출에 대한 응답과 유사하게 사용하는 것이 일반적이다. 이벤트의 경우엔 이전과 현재 값을 함께 전송해야 할 때 현재의 전체 리소스 상태를 전송하는 API 호출과는 다를 수밖에 없다.

마지막으로 중대형 페이로드의 속성을 그룹화할 때는 평면 구조가 아닌 중첩 구조를 사용해야 한다. 중첩 구조를 사용하면 속성 이름이 상위 속성으로 범위가 지정되므로 속성 이름의 충돌이나 속성들의 상호 관계를 표현하고자 속성 이름이 너무 길어지는 것을 방지하게 돼 혁신 가능성을 높이는 데 도움이 된다. 다음은 평면 구조의 Event-Carried 상태 전달 메시지 스타일의 예다.

```
{
    "eventType": "customerAddress.updated",
    "eventId": "123e4567",
    "updatedAt": "2020-01-14T03:56:45Z",
    "customerId": "330001003",
    "previousBillingAddressLine1": "...",
    "previousBillingAddressLine2": "...",
    "previousBillingAddressCity": "...",
    "previousBillingAddressState": "...",
    "previousBillingAddressRegionProvince": "...",
    "previousBillingAddressPostalCode": "...",
    "newBillingAddressLine1": "...",
    "newBillingAddressLine2": "...",
    "newBillingAddressCity": "...",
```

```
    "newBillingAddressState": "...",
    "newBillingAddressRegionProvince": "...",
    "newBillingAddressPostalCode": "...",
    ...
  }
```

다음은 예는 좀 더 구조화된 접근을 보여준다.

```
{
  "eventType": "customerAddress.updated",
  "eventId": "123e4567",
  "updatedAt": "2020-01-14T03:56:45Z",
  "customerId": "330001003",
  "previousBillingAddress": {
    "addressLine1": "...",
    "addressLine2": "...",
    "addressCity": "...",
    "addressState": "...",
    "addressRegionProvince": "...",
    "addressPostalCode": "..."
  },
  "newBillingAddress": {
    "addressLine1": "...",
    "addressLine2": "...",
    "addressCity": "...",
    "addressState": "...",
    "addressRegionProvince": "...",
    "addressPostalCode": "..."
  },
  ...
}
```

구조화된 구성의 Event-Carried 상태 전송 스타일을 사용하면 중첩 구조에서
하위 수준의 객체 값을 재사용해 각각의 세부 정보를 표현할 수 있고, 따라서

필드의 차이점을 쉽게 감지하거나 이후 사용자 인터페이스 내에서 변경 사항을 시각화할 수 있다.[17] 위와 같은 패턴 없이 단일화된 필드를 연결하려면 이전 주소와 새 주소 사이의 차이를 감지하고자 큰 값을 갖는 객체와 추가적인 코딩이 필요하다.

이벤트 일괄 처리

대부분의 비동기 API가 구독자에게 각 메시지가 사용 가능할 때 알리는 형태로 설계됐지만 일부 설계에서는 이벤트를 일괄 처리로 그룹화해 이점을 얻는다. 이벤트 일괄 처리는 구독자가 하나의 알림으로부터 하나 이상의 메시지를 처리할 수 있어야 한다. 간단한 예는 알림을 배열로 감싸고 각각의 이벤트 응답 메시지를 묶는 것이다. 이벤트 메시지가 한 번에 하나만 발생해도 동일하다.

```
[
  {
    "eventType": "customerAddress.updated",
    "eventId": "123e4567",
    "updatedAt": "2020-01-14T03:56:45Z",
    "customerId": "330001003",
    "_links": [
      { "rel": "self", "href":"/events/123e4567" },
      { "rel": "customer", "href":"/customers/330001003" }
    ]
  },
  ...,
  ...
]
```

또 다른 설계 옵션은 일괄 처리에 대한 메타데이터를 추가해 각 이벤트의 일괄

---

17. 저자는 위의 '좀 더 구조화된' 예에서 previousBillingAddress와 newBillingAddress가 하위 수준에 같은 이름의 객체를 사용함으로써 얻는 이득을 설명하고 있다. ─ 옮긴이

처리를 감싸는 봉투^{envelope}을 제공하는 것이다.[18]

```
{
  "meta": {
    "app-id-1234",
    ...
  },
  "events": [
    {
      "eventType": "customerAddress.updated",
      "eventId": "123e4567",
      "updatedAt": "2020-01-14T03:56:45Z",
      "customerId": "330001003",
      "_links": [
        { "rel": "self", "href":"/events/123e4567" },
        { "rel": "customer", "href":"/customers/330001003" }
      ]
    },
    ...,
    ...
  ]
}
```

메시지 또는 이벤트를 일괄 처리하면 특정 시간 범주에서 처리된 이벤트들로 그룹화하거니 각각의 일괄 처리당 발생한 이벤트들로 그룹화할 수도 있고 또 다른 그룹화 요소를 기반으로도 그룹화할 수 있음을 알아두자.

이벤트 순서 정렬

대부분의 이벤트 기반 시스템은 가능하다면 순서대로 메시지를 전달한다. 그러나 항상 그런 것은 아니다. 이벤트 수신자는 오프라인 상태가 될 수 있으며 누락된 메시지를 복원하면서 동시에 새로 들어오는 메시지도 수락해야 한다.

---

18. 다음 예시에서 메타데이터를 의미하는 meta와 각 이벤트를 감싸는 events에 주목하자. – 옮긴이

또는 메시지 브로커가 전달된 메시지의 순서를 보장하지 않는 경우도 있다. 복잡한 분산 시스템에서는 여러 메시지 브로커와 메시지 스타일이 혼재돼 사용될 수 있음으로 메시지를 순서대로 유지하는 것은 어려운 작업이다.

이벤트 순서 정렬이 필요한 경우 메시지 설계에 반드시 반영돼야 한다. 단일 메시지 브로커의 경우 브로커는 각 메시지마다 번호를 지정하거나 메시지가 수신된 시간을 기준으로 하는 타임스탬프 기반의 순서를 제공할 수 있다. 분산 아키텍처에서는 각각의 호스트가 모두 조금씩 다른 시간을 갖고 있으므로 타임스탬프의 신뢰도가 떨어진다. 이를 보완하려면 중앙 집중식 순서 생성 기법을 사용해 각 메시지에 할당해야 한다.

순서에 대한 요구 사항이 메시지 설계와 다양한 설계적인 의사결정에 반영되는지 검토하자. 분산된 노드들 사이에 발생하는 시간 오차를 극복하고 모든 호스트에 걸쳐 메시지가 적절한 순서로 정렬되려면 램포트 클럭Lamport Clock[19]과 같은 기술을 사용해 분산 시스템의 동기화를 연구하고 이해하는 것이 필요할 수 있다.

▌비동기 API 문서 작성

AsyncAPI 사양[20]은 비동기 메시징 채널의 정의를 캡처하는 표준이다. AsyncAPI는 기존 메시지 브로커인 SSE, 카프카 및 기타 메시지 스트림과 MQTT 같은 사물인터넷IoT 메시징을 지원한다. 이 표준은 메시지 스키마와 메시지 기반 프로토콜의 프로토콜 바인딩 세부 사항을 정의하는 단일 솔루션으로 널리 사용되고 있다. 이 사양은 OpenAPI 사양OAS과 직접적인 관련은 없지만 영감을 받았으며 채택이 수월하게 유사한 형식을 따르고자 노력하고 있다는 점을 주목하자.

리스트 9.1은 6장에서 모델링한 Shopping API의 알림 이벤트에 대한 메시지

---

19. 위키피디아, "Lamport Timestamp", 2021년 3월 21일 최종 수정본, https://en.wikipedia.org/wiki/Lamport_timestamp

20. https://www.asyncapi.com

정의가 있는 비동기 API 설명 파일을 보여준다.

리스트 9.1 Shopping API 이벤트에 대한 비동기 API 정의

```
#
# Shopping-API-events-v1.asyncapi.yaml
#
asyncapi: 2.0.0
info:
  title: Shopping API Events
  version: 1.0.0
  description: |
    An example of some of the events published during the bookstore's shopping
cart experience...
channels:
  books.searched:
    subscribe:
      message:
        $ref: '#/components/messages/BooksSearched'
  carts.itemAdded:
    subscribe:
      message:
        $ref: '#/components/messages/CartItemAdded'
components:
  messages:
    BooksSearched:
      payload:
        type: object
        properties:
          queryStringFilter:
            type: string
            description: The query string used in the search filter
          categoryIdFilter:
            type: string
            description: The category ID used in the search filter
          releaseDateFilter:
```

```
                    type: string
                    description: The release date used in the search filter
    CartItemAdded:
      payload:
        type: object
        properties:
          cartId:
            type: string
            description: The cartId where the book was added
          bookId:
            type: string
            description: The book ID that was added to the cart
          quantity:
            type: integer
            description: The quantity of books added
```

AsyncAPI 사양은 각 채널의 게시 및 구독 메시지에 대한 프로토콜 바인딩 추가
도 지원한다. 이러한 유연성으로 인해 메시지 브로커, SSE, 메시지 브로커 및
메시지 스트림을 비롯한 여러 메시징 프로토콜에서 동일한 메시지 정의를 사용
할 수 있다. 이 비동기 API 설명서 문서 형식을 사용하는 데 도움이 되는 사양
및 추가 리소스에 대한 자세한 정보는 AsyncAPI 웹 페이지[21]를 참고한다. 비동
기 API 설명 예제는 깃허브의 API 워크숍 예제[22]를 참고한다.

▌ 요약

팀은 API 설계 접근 방식을 '엄격한 요청/응답 API'에서 "어떻게 하면 API가 동
기 요청/응답 작업과 비동기 이벤트를 모두 제공할 수 있는가"로 생각을 전환함
으로써 이득을 얻는다. 이러한 이벤트는 API가 다른 팀에 푸시 알림을 보낼

---

21. https://asyncapi.com
22. https://github.com/launchany/align-define-design-examples

수 있게 하고, 이는 원래 갖고 있던 API 위에 완전히 새로운 기능과 프로덕트를 제시할 수 있다. 그 결과 더 많은 혁신과 혁신적인 API가 API 프로덕트의 일부 또는 API 플랫폼에 기여하게 될 것이다.

5부

API 설계 개선

지금까지 ADDR^{Align-Define-Design-Refine} 프로세스를 따라 조정^{Align} 단계에서 결과를 식별하고 디지털 기능을 캡처했다. 그런 다음 정의^{Define} 단계에서 세부 정보를 자세히 설명해 범위와 책임이 정해진 API 프로파일을 형성했다. 설계^{Design} 단계에서는 API 프로파일에 하나 이상의 API 스타일을 적용해 원하는 결과를 제공하기 위한 하이레벨의 API 설계를 생성했다.

정제^{Refine} 단계에서는 개발자 경험을 개선하고 API 배포를 준비한다. 5부에서 다루는 주제에는 API를 서비스로 분해해 복잡성을 낮추고 적절한 API 테스트 전략을 수립하며 강력한 API 문서를 제공하기 위한 전략이 포함된다. 도우미 라이브러리 및 커맨드라인 인터페이스를 제공하는 방법도 살펴본다. 마지막으로 대규모 조직에서 ADDR 프로세스를 확장하기 위한 팁을 제공한다.

10장

API에서
마이크로서비스까지

모놀리식(Monolithic)의 가장 큰 에러는 하나밖에 없다는 것이다.

- 켈시 하이타워^{Kelsey Hightower}

모든 조직은 비즈니스 가치를 가능한 한 빨리 전달하고 싶어 한다. 동시에 소프트웨어가 예상대로 일관성 있게 작동하는지도 확인해야 한다. 개발 속도를 높이면 버그가 증가하고 안정성이 떨어질 위험이 있다. 소프트웨어 솔루션이 커질수록 이런 위험도 커진다.

이러한 위험을 완화하고자 조직은 회의를 통해 소프트웨어 제공 속도를 줄이도록 조정해야 한다. 이런 회의에서는 소프트웨어 제공을 최적화하는 동시에 발생하는 모든 위험을 해결하려고 한다. 소프트웨어 솔루션이 클수록 관련 위험을 완화하고자 더 많은 회의가 필요하다. 그러나 역설적으로 모든 회의는 소프트웨어 제공 속도를 늦춘다. 따라서 속도와 품질 사이의 균형이 매우 중요하다.

API를 마이크로서비스^{Microservices}로 분해하는 것(그림 10.1)은 팀이 이런 균형과 관련된 요구를 해결할 수 있는 한 가지 옵션이다. 10장에서는 마이크로서비스에 대한 이점, 문제점, 대안 등을 알아본다.

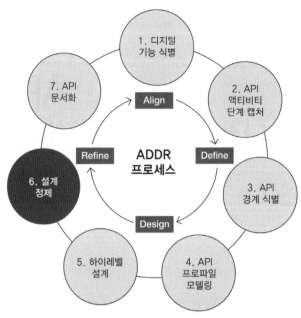

그림 10.1 API 설계에서 정제(Refine)에는 작은 서비스 단위로 분해해
전체 솔루션의 복잡도를 낮추는 작업이 포함될 수 있다.

마이크로서비스란?

마이크로서비스는 크기가 작고 독립적으로 배포 가능하면서 하나 또는 작은
단위의 기능을 제공하는 구성 요소를 의미한다. 각각의 마이크로서비스는 필요
한 많은 기능 중 일부만 제공함으로써 각 서비스의 범위를 명확하게 한다. 그림
10.2에서는 여러 마이크로서비스를 결합하면 기존의 서비스 지향 service-oriented 접
근 방식보다 더 작은 단위 블록을 사용해 복잡한 솔루션을 제공하는 것을 보여
준다.

마이크로서비스는 주로 복잡도가 높은 시스템 구성을 위해 단일 코드베이스에
서 코드 복잡도가 증가하는 상황을 피하고 독립적으로 배포가 가능한 컴포넌트
들을 통해 복잡성을 낮추기 위한 수단으로 사용된다. 단일 마이크로서비스를
이해하는 것이 단일 코드베이스 시스템을 이해하는 것보다 쉽다.

모놀리식
(1개의 유닛)

서비스 지향
(대략적으로 구분된 소수의 유닛)

마이크로서비스
(세세하게 구분된 다수의 유닛)

그림 10.2 모놀리식, 서비스 지향, 마이크로서비스 아키텍처에 대한 인식. 마이크로서비스의 사각형으로 구분된 구역은 마이크로서비스 이전까지 사용되던 전통적인 구분 형태를 나타내며, 마이크로서비스는 서비스의 복잡성을 줄이기 위해 기존의 구분보다 더욱 세분화될 수 있음을 의미한다.

그림 10.3을 보자. 마이크로서비스 테스트 접근성이 좋아지며 자동화된 테스트 프로그램은 각각의 컴포넌트들에 집중할 수 있게 됐다.

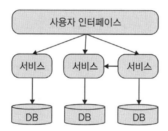

그림 10.3 마이크로서비스는 시스템을 작고 독립적으로 배포할 수 있는 컴포넌트로 구성해 시스템의 복잡도를 경감시킨다.

마이크로서비스에 대한 아이디어는 10년 이전부터 존재했지만 최근에 와서야 널리 사용되고 있다. 마이크로서비스 초기에 운영 팀은 마이크로서비스 아키텍처에 필요한 인프라를 구축하고 관리하는 데 많은 노력을 들여야 했다. 시간이 지남에 따라 요소들은 클라우드 기반의 인프라, 데브옵스^{DevOps} 문화의 성장, 자동화 배포 파이프라인의 고도화, 컨테이너를 이용한 프로덕트 패키지 생성과 같은 기법의 많은 부분이 해결됐다.

'마이크로서비스'라는 용어에 매우 다양한 정의와 해석이 있다는 것을 인지해야 한다. 일부 조직이나 개인은 마이크로서비스가 웹 API를 제공하는 독립된 엔터티라고 생각하고 결과적으로 네트워크상의 각 서비스 사이에 불필요한 요청을 발생시킬 수 있다고 생각한다. 다른 정의도 많다. 따라서 조직에서 마이크로서비스로의 전환을 대대적으로 발표할 때는 확실한 주의가 필요하다.

첫째, 용어가 의미하는 바를 확실히 이해해야 한다. 그런 다음 레퍼런스 아키텍처를 찾고 하나 이상의 레퍼런스 애플리케이션을 준비해서 팀이 마이크로서비스를 통해 도달하고자 하는 목표를 공유하자. 마이크로서비스로 전환하려고 한다면 모두가 전환의 목적과 목표를 충분히 이해했다는 공감대가 형성될 때까지 질문을 하자. 그렇지 않으면 조직 구성원마다 서로 다른 마이크로서비스에 대한 정의 때문에 조직 전체가 혼란에 빠질 것이다.

마지막으로 외부에서는 마이크로서비스를 단순히 기존의 사일로화된 시스템보다 조금 작은 시스템 정도로 사용할지라도 조직 내에서는 마이크로서비스라는 용어를 매우 특수한 방식으로 사용할 수 있음을 인지하자. 마이크로서비스로 전환 시에 앞에 언급된 절차에 따라 상호 간에 같은 용어 정의와 목표를 갖기 전까지 절대로 상대방도 나와 동일하게 이해했을 거라고 가정해서는 안 된다.

▌의견 조정 비용을 줄이는 마이크로서비스

앞서 언급된 여러 가지 요소로 인해 오늘날 조직은 기본적으로 마이크로서비스 기반 접근 방식을 취하고 있다. 다만 마이크로서비스와 관련된 아키텍처 결정의 좋은 점과 어려운 점의 이해가 선행돼야 한다. 기술과 기술 외적인 부분은 모두 최종 사용자에게 긍정적 또는 부정적인 영향을 줄 수 있기 때문에 의사결정할 때 모두 고려해야 한다.

같은 코드베이스를 사용하는 여러 팀 사이에 의견을 조정Coordination하는 일은 매우 많은 시간과 노력을 필요로 한다. 개발자들이 서로 상반되는 코드의 병합을 피하고 버그를 막고자 연이은 미팅이 필요하다. 대규모 조직에서는 여러 부서 간 의견을 조율하는 중간 관리자의 역할이 요구되기도 한다.

마이크로서비스의 가장 큰 이점은 팀 간의 의견 조율이 필요한 상황을 줄이는 것이다. 하나 또는 적은 수의 마이크로서비스만 독립적으로 운영하는 팀은 주요 의사결정 사항에 대해 팀 내에서 조율이 가능하고 팀 외부로는 조율의 필요성이 일부 제한된 항목으로 줄어든다.

멧칼프의 법칙[1]에 따르면 작은 팀일수록 더 적은 커뮤니케이션 경로를 갖게 된다. 여기서 얻는 이득은 조직 전체의 의견을 고려해 문제를 해결하는 데 필요한 회의가 그만큼 적다는 것이다. 이는 조직이 서비스 설계, 코딩, 테스팅을 포함해 서비스를 시장에 출시하는 데 더 많은 시간을 쏟을 수 있다는 것을 의미한다.

그러나 여러 팀 사이의 의견 조율 필요성은 마이크로서비스를 도입한다고 해서 없어지지 않는다. 모든 마이크로서비스를 솔루션의 요구 사항에 맞게 통합하는 것은 반드시 서로 간의 조율을 필요로 한다. 또한 제품의 출시 일정을 작성하는 일은 프로덕트 관리자와 비즈니스 및 서비스팀 사이의 의견 조율을 필요로 한다. 따라서 소규모 팀 회의의 수는 증가할 수 있지만 회의마다 참석자의 수와 토론 범위가 크게 줄어든다. 하나의 팀이 의견을 조율해야 하는 범위가 팀이 제공할 수 있는 기능으로 제한되기 때문에 더 많은 독립성이 부여되고 더 효율적인 회의가 된다.

팀의 의견 조율 업무를 줄이려면 몇 가지 요소가 필요하다.

- 새로운 서비스가 빠르게 준비될 수 있도록 인프라 리소스 생성을 자동화하는 셀프 서비스가 필요하다. 보통 데브옵스 문화의 자동화 도구 및 지속적인 통합 프로세스와 연관돼 있다.
- 기능 개선과 고객 지원을 포함한 소프트웨어 개발 라이프사이클 전반에 걸친 팀 차원의 주인 의식이 필요하다. 개발자가 개발 라이프사이클 전반에 걸친 주인 의식을 갖게 된다면 자신이 담당하는 기능만 고려해 변경 사항을 운영 팀에 전달하는 것이 아니라 '내가 만들어서 내가 관리하는 서비스'와 같이 서비스 차원에서 자신이 맡은 부분이 전체 서비스에

---

1. 위키피디아, 멧칼프의 법칙(Metcalfe's Law), 2021년 4월 13일 최종 수정본, https://en.wikipedia.org/wiki/Metcalfe%27s_law

미치는 부분을 고려하는 조직 문화가 생겨난다. 이때 소프트웨어 신뢰성 엔지니어와 같은 추가적인 역할이 팀에 포함될 수 있다.

- 중앙 집중식 데이터 관리 정책의 제거가 필요하다. 각 서비스와 관련된 데이터는 각 서비스에서 소유하고 관리할 수 있게 한다.

이러한 중요 요소들을 고려하지 않고 마이크로서비스로 전환한다면 각 마이크로서비스의 비대, 느려지는 배포 속도 심지어 프로젝트 실패로도 이어질 수 있다. 이 주제는 반 버논과 토마스 야스쿨람의 저서인 『Strategic Monolithics and Microservices』의 6장[2]에서 많은 내용을 다루고 있다.

마이크로서비스로의 전환은 기술적인 부분보다는 조직에 미치는 영향이 더 크다. 마이크로서비스로의 전환은 일상적인 개발과 운영에 긍정적 또는 부정적인 영향을 미칠 수 있으므로 신중하게 고려해야 한다.

API와 마이크로서비스의 차이점

API 프로덕트[3]와 마이크로서비스는 모두 네트워크 기반의 API를 제공하지만 다음과 같은 차이점이 있다.

- API 프로덕트는 안정성과 발전 가능성을 목표로 하는 반면 마이크로서비스는 실험을 가능하게 한다. API 사용자는 API가 새로운 버전이 제공되기 전까지 동일한 동작이 유지되길 바란다. 반면 마이크로서비스는 실험과 끊임없는 변화를 지향한다. 따라서 마이크로서비스는 언제든지 분리되거나 합쳐질 수 있고 삭제될 수도 있다.
- API 프로덕트는 하나의 솔루션에 통합되는 일련의 디지털 기능을 제공한다. 반면 마이크로서비스에서는 하나의 솔루션을 여러 컴포넌트로 나

---

2. 반 버논(Vaughn Vernon)과 토마스 야스쿨람(Tomasz Jaskula), Strategic Monoliths and Microservices: Driving Innovation Using Purposeful Architecture(Boston: Addison-Wesley, 2021)

3. 시스템 외부로 제공되는 디지털 능력(digital capability)으로서의 API를 말한다. 예를 들어 구글 맵(google map)에서 제공하는 directions API 등이 있다. - 옮긴이

눈다. 각각의 마이크로서비스에는 그 경계 너머의 외부 개발자들과 맺는 계약 관계가 없다. 외부와의 계약이 요구 사항이 된다면 안정적으로 인터페이스를 제공하는 API 프로덕트로 전환해야 한다.

단순히 코드의 규모가 작다고 해서 마이크로서비스가 되는 것은 아니다. 마이크로서비스는 하나의 내부 컴포넌트이며 직접적으로 외부의 소비자와 공유돼선 안 된다. API 프로덕트는 특정 팀에 공유될 수도 있고 여러 팀 또는 팀을 넘어선 조직 전체 또는 외부의 파트너나 모든 개발자에게 공개될 수도 있다.

█ 마이크로서비스의 복잡성 평가

마이크로서비스를 검토할 때 가장 중요한 것 중 하나는 솔루션의 복잡성^{Complexity}이다. 복잡성은 소프트웨어 솔루션에서 완전히 제거될 수 없다. 다만 솔루션 전체로 분산될 수 있다. 마이크로서비스는 복잡성을 여러 컴포넌트에 분산하고 분산된 복잡성은 개별 컴포넌트에서 분산되기 전보다 더 쉽게 관리될 수 있다. 그러나 여러 컴포넌트로 문제를 분산하면 또 다른 복잡성이 발생한다.

각 팀과 조직은 솔루션의 복잡성과 함께 마이크로서비스로의 전환으로 조직이 시장에 솔루션을 빠르고 안전하게 배포하는 데 도움이 될지, 방해가 될 것인지와 같은 마이크로서비스 도입으로 인해 발생하는 복잡성을 모두 고려해야 한다. 하나의 마이크로서비스가 복잡성을 줄일 수 있는 반면 개발 런타임의 배포, 모니터링, 보호를 위한 인프라 및 자동화 요구 사항이 증가한다.

솔루션의 복잡성이 낮다면 마이크로서비스는 불필요하며 솔루션의 성공에 방해가 될 수도 있다. 솔루션의 복잡성을 알 수 없다면 다음 항목들을 측정해 그 값을 기준으로 최소한의 솔루션으로 시작하다가 복잡성의 증가가 보일 때 마이크로서비스로의 전환을 검토하자.

셀프 서비스 인프라

마이크로서비스는 완전 자동화된 셀프 서비스 인프라가 필요하다. 팀은 마이크로서비스를 설계, 빌드, 코드를 배포함에 있어 모든 프로세스가 사람의 수작업과 별도의 승인 없이 진행할 수 있어야 한다. 프로비저닝과 배포 파이프라인을 완전히 자동화하지 않으면 조직은 골치 아픈 문제에 직면할 것이다. 완전한 자동화가 지원되지 않는다면 수동 프로세스를 피하고자 새로운 코드가 마이크로서비스에 추가될 것이고 결과적으로 일부 크고 사일로화된 서비스가 생성된다.

독립적인 배포 일정

마이크로서비스는 자체 배포 일정^{Release Cycles}이 있어야 한다. 일부 조직은 개별 마이크로서비스가 준비됐을 때 배포하는 것이 아니라 '2주 스프린트 후 배포'와 같은 기존 배포 일정에 끼워 넣기도 한다. 이렇게 모든 마이크로서비스를 한 번에 배포하게 되면 각 마이크로서비스가 필요할 때마다 독립적으로 배포할 수 없고 대규모의 배포 프로세스가 발생한다.

단일 팀 관리 체계로 전환

각 마이크로서비스는 단일 팀에서 전담해 모니터링 및 관리해야 한다. 각 팀은 하나 또는 적은 수의 마이크로서비스만 전담해 노력을 집중해야 한다. 이때 각 팀은 서비스의 정의에서 설계 및 출시에 이르는 모든 부분을 전담해야 한다. 또한 여느 프로덕트와 마찬가지로 다른 팀으로부터 받은 피드백이 개선 사항으로 반영되도록 서비스를 지원해야 한다.

작은 규모의 조직에서는 단일 팀에서 모든 것을 전담하는 방식이 어려운 경우엔 모든 서비스의 소유권을 적은 수의 개발자가 공동으로 가져갈 수 있다. 개발자는 솔루션을 시장에 제공하는 데 드는 시간을 줄이고 분산 컴퓨팅에서 발생하는 문제나 여러 코드 사이에서 발생하는 문제를 해결하는 데 더 많은 시간을 사용할 수 있다.

조직의 구조 및 조직 문화의 변화

마이크로서비스에는 적절한 조직 차원의 지원과 조직 구조가 필요하다. 기존 조직의 구조와 문화는 상호 독립적이고 자체적인 소유권을 갖는 마이크로서비스의 팀 구조와 상충될 수 있다. 수직적인 보고 체계는 대규모 운영 조직에 최적화됐을 것이다. 각 팀마다 매니저가 있는 상황에서 마이크로서비스의 통합을 조정하는 상황에서는 문제가 발생할 수 있다. 중앙 집중식 관리 체계를 선호하는 조직이라면 개별 팀으로 통제권을 옮기는 데 어려움을 겪을 수 있다.

이런 조직적인 문제는 마이크로서비스를 통해 속도와 안전성을 얻으려 할 때 조직의 전환을 어렵게 만드는 불필요한 긴장을 유발할 수 있다. 마이크로서비스로 전환하기 전에 서비스를 감독하는 경영진과 관리자의 동의가 있는지 확인하고 현재 조직의 구조를 염두에 둬야 한다.

> **팁**
>
> 마이크로서비스 도입에 대한 조직과 문화적인 영향을 과소평가하지 말라. 프로덕트 또는 프로젝트 단위로 주어지던 책임과 권한을 제한된 영역의 하나 또는 소수의 마이크로서비스로 전환하는 일은 보고 체계와 팀의 구성에 영향을 미친다. 예상되는 영향도를 미리 파악하라. 그렇지 않으면 조직은 코드의 복잡성을 조직 구조적인 복잡성으로 맞바꾸는 결과를 보게 될 것이다.

데이터 소유권의 이동

각 마이크로서비스는 마이크로서비스가 다루는 데이터에 대해 소유권을 가져야 한다. 보통 마이크로서비스로의 전환을 검토하는 팀에서는 소스코드를 넘어서는 부분까지는 잘 생각하지 않기 때문에 나중에 문제가 될 수 있다. 각 서비스가 자신의 데이터를 갖고 있지 않다면 공유되는 데이터의 스키마 조정에 대한 조정 비용이 여러 마이크로서비스에 파급될 수 있다. 공유되는 데이터 소스 내의 주요 스키마 변경에 맞춰 모든 서비스를 조정하려면 대규모의 조정 작업이 요구될 수 있다.

분산 데이터 관리 및 거버넌스

마이크로서비스는 상당한 수준의 데이터 관리와 거버넌스^{Governance}를 요구한다. 마이크로서비스는 각각의 서비스별 자체 데이터를 보유하기 때문에 리포팅과 분석을 위한 적절한 데이터 관리 정책이 있는지 확인하기 위한 노력이 반드시 필요하다. 오늘날의 데이터 관리는 일반적으로 ETL^{Extract-Transform-Load} 기반 프로세스를 통해 데이터를 쿼리 최적화와 의사결정을 지원하는 OLAP^{On-Line Analytical Processing} 기반 데이터 저장소로 데이터 마이그레이션을 통해 이뤄진다.

마이크로서비스로 전환하게 되면, 여러 서비스에서 데이터를 모아 데이터 집계와 보고서를 작성하기 위한 데이터 프로세싱 방법도 기존의 ETL 프로세스에서 데이터 스트리밍으로 전환이 요구된다. 분산 데이터 모델을 통합하려면 더 강력한 온톨로지[4] 및 분류를 제공하는 용어집 관리에 더 신경을 써야 한다. 중앙 집중식 데이터 모델 거버넌스와 대규모 공유 데이터베이스가 있는 조직은 마이크로서비스로 마이그레이션할 때 주의가 필요하다. 마지막으로 모놀리식 데이터 저장소를 서비스별 데이터 저장소로 분리하는 데 필요한 노력을 절대 과소평가하지 말자.

분산 시스템의 어려움

마이크로서비스를 이해하려면 분산 시스템에 대한 깊은 이해가 필요하다. 분산 추적^{distributed tracing}, 관측 가능성^{observability}, 최종 일관성^{eventual consistency}, 내결함성^{fault tolerance}, 장애 복구^{failover} 개념에 익숙하지 않은 사용자라면 마이크로서비스를 사용하는 데 더 어려움을 겪을 것이다. 1994년 피터 도이치가 썬 마이크로시스템즈^{Sun Microsystems}에서 다른 사람과 함께 편찬한 『분산 컴퓨팅의 8가지 오류』[5]에는 오늘날에도 모든 개발자가 이해해야 하는 내용을 다루고 있다.

---

4. ontology는 사람들이 세상에 대해 보고 듣고 느끼고 생각하는 것에 대해 서로 간의 토론을 통해 합의를 이룬 바를 개념적이고 컴퓨터에서 다룰 수 있는 형태로 표현한 모델로, 개념의 타입이나 사용상의 제약 조건들을 명시적으로 정의한 기술이다(위키피디아 2022년 2월 23일 수정본, https://ko.wikipedia.org/wiki/온톨로지). – 옮긴이

5. 위키피디아, "Fallacies of Distributed Computing", 2021년 7월 24일 수정본, https://en.wikipedia.org/wiki/Fallacies_of_distributed_computing

또한 많은 사람이 처음 서비스를 분해하고 이후에 서비스를 솔루션으로 통합할 때 아키텍처를 유심히 살펴야 한다는 것을 알게 됐다. 아키텍처 지원을 받을 수 없는 팀은 마이크로서비스 설계 시 아키텍처 고려 사항에 대한 정보가 부족해 서비스 사이에 경계가 모호하고, 따라서 팀 간의 책임 범위가 중복돼 팀 사이의 더 많은 의견 조정이 발생하는 문제를 겪을 수 있다. ADDR 프로세스의 조정 단계는 이 문제의 빠른 해결을 지향한다.

마지막으로 모놀리식 코드베이스에서 일반적인 계층화된 아키텍처는 마이크로서비스에서는 권장되지 않는다. 마이크로서비스가 잘못 계층화되면 단일 마이크로서비스의 변경이 다른 서비스에 영향을 미칠 수 있으며, 이때는 변경 사항을 동기화하고자 추가적인 노력이 필요하다. 계층적인 접근 방식을 적용하려는 마이크로서비스는 서비스 변경으로 인한 영향이 다른 서비스로 전파되지 않도록 제한돼야 한다. 컴포넌트 사이의 독립성을 추가하고자 계층화를 사용하려 한다면 REST의 계층화 원칙을 다시 확인한다.

복원력, 장애 조치, 분산 트랜잭션

마이크로서비스에서 서비스 간 호출이 필요할 때 서비스가 많을수록 복잡성이 증가한다. 동기식 마이크로서비스는 네트워크 전반에 걸쳐 호출의 연결^{call channing}이 요구되기 때문에 네트워크 장애에 취약하다.

일시적인 네트워크 중단 시 연결 재시도 및 장애 조치가 발생하도록 마이크로서비스에 복원력이 구현돼야 한다. 15장에서 자세히 다루는 서비스 메시^{service mesh} 컨셉트는 이런 공통적인 문제 해결을 위해 소개했다. 하지만 서비스 메시는 간단한 솔루션에는 필요하지 않을 배포와 운영 측면의 복잡성을 가져온다.

또 다른 동기식 호출 체인의 문제점은 첫 번째 호출 뒤에 발생한 실패가 트랜잭션을 되돌리고자^{roll back} 이전 단계 서비스의 요청을 필요로 한다는 점이다. 서비스 지향 아키텍처^{SOA, Service-Oriented Architecture}의 전성기에는 일반적으로 트랜잭션 매니저를 통해 2단계 커밋^{2PC, two-Phase Commit}을 통해 분산 트랜잭션을 생성했다. 이것은 고도로 분산된 마이크로서비스 아키텍처에서는 적용할 수 없다.

대신 종종 Saga 패턴[6]을 통해 구현 분산 트랜잭션을 구현한다. 트랜잭션의 문맥[7]은 각각의 서비스 요청에서 롤백이 필요한 경우 요청의 반대 방향으로 적용될 보상 트랜잭션과 함께 적용된다. 관련된 리소스에 대한 상태 머신state machine이 필요하다. 이벤트 소싱은 주로 Saga 패턴과 함께 사용되는데, Saga 패턴은 모든 작업에 대해 감사와 문제 해결 목적으로 원장을 통해 지원되는 트랜잭션의 원자성을 보장한다.

코드 리팩토링 코드 공유의 어려움

통합 개발 환경IDE, Integrated Development Environment과 다른 리팩토링 도구들은 하나의 코드베이스만 지원하기 때문에 마이크로서비스에서 코드를 리팩토링하는 것은 더 어렵다. 여러 마이크로서비스의 코드베이스에서 코드를 리팩토링하다간 더 많은 에러가 발생하기 쉽다.

마이크로서비스가 동일한 프로그래밍 언어를 사용하는 경우엔 공통 코드의 코드베이스를 활용하는 경향이 있다. 서비스 간에 코드를 공유하면 상호 의존성이 생기게 되고 코드 변경이 다른 마이크로서비스에 부정적인 영향을 미치지 않는지 확인하기 위한 더 많은 미팅이 생겨나게 된다. 서비스 간 코드를 공유할 때는 모든 변경이 선택 사항이어야 한다. 그래야 다른 팀들이 보조를 맞춰 변경해야 하는 상황을 피할 수 있다.

> **마이크로서비스가 정말 필요한가?**
> 마이크로서비스 도입이 가져올 모든 필요 변경 사항과 운영의 복잡성을 확인한 후 각 API를 여러 마이크로서비스로 나눌 필요가 없다고 결정할 수도 있다. 마이크로서비스 대신에 필요한 건 아마도 모듈형 모놀리식이라고 표현하는, 모듈형으로 설계된 하나 이상의 모놀리식 API일 수 있다.

---

6. 크리스 리차드슨(Chris Richardson), "Pattern: Saga", 마이크로서비스 아키텍처, 2021년 8월 19일 기준, https://microservices.io/patterns/data/saga.html
7. 여기서는 트랜잭션의 ACID 특성 중 원자성(Atomicity)을 의미한다. – 옮긴이

모듈형 모놀리식은 분산 컴퓨팅의 복잡성을 피하고자 단일 코드베이스에서 느슨한 결합(loosely coupling)과 높은 응집력(high cohesion)을 지향한다. 시간이 지남에 따라 하나의 덩어리로 존재하던 솔루션이 하나의 코드베이스로 감당하기 어려운 만큼 복잡해지면 마이크로서비스로 나눠질 수도 있다. 그러나 단일 코드베이스에서 모든 경로로 모듈 리팩토링과 재구성을 마쳐 더 이상 진행할 것이 없을 때 마이크로서비스를 적용하자.

조직이 하나의 덩어리로 제한되는 것은 아니란 것을 기억하자. 팀의 요구 사항을 충족하고자 여러 개의 모듈형 모놀리스로 충분할 수도 있다. 이때 각각의 모놀리스는 모놀리스에 포함된 제한된 콘텍스트 내에서 하나 또는 소수의 API만 지원한다.

▌ 동기식과 비동기식 마이크로서비스

마이크로서비스는 동기식과 비동기식으로 설계가 가능하다. 동기식 마이크로서비스는 좀 더 전통적인 요청/응답 형태로, 일반적으로 HTTP 위에서 REST, RPC 또는 쿼리 API 스타일을 사용한다. 동기식 요청/응답 형태의 API는 개발자에게 익숙하지만 결과적으로 실패에 민감한 연결 구조가 될 수 있다. 서비스 사이의 API 요청을 관리하는 서비스는 한 서비스에서 실패가 발생하면 이전에 성공했던 API 요청도 모두 되돌려야 하므로 전체 API 요청의 결과도 실패가 될 수 있다. **호출 체인**^{call chaining}이라고 부르는 서비스가 다른 서비스에게 요청을 보내는 작업도 중간에 실패할 수 있으며, 이 경우엔 이전 API 요청을 자체적으로 되돌릴 수도 없다. 그림 10.4에서는 이와 관련된 문제를 보여준다. 서비스 클라이언트가 서비스 A만 호출하기 때문에 다운스트림에서 에러가 발생하면 실제 요청은 실패했지만 클라이언트는 인지하지 못하는 상황이 발생한다.

이에 대한 대안으로 마이크로서비스 연동에 비동기식 접근 패턴을 사용할 수 있다. 여기서 메시지는 메시지 브로커 또는 스트리밍 서버에서 호스팅되는 메시지 큐 또는 토픽으로 전달된다. 하나 이상의 마이크로서비스가 메시지 수신을 대기하면서 차례대로 처리한 후 비즈니스 이벤트가 포함된 메시지를 결과로 내보낸다(그림 10.5).

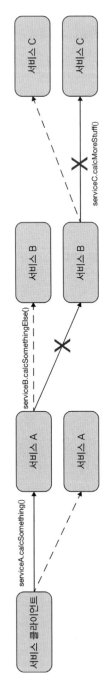

그림 10.4 동기식 마이크로서비스, 호출 체인에서 발생한 실패에 대해 클라이언트가 알 수 없는 요청/응답 스타일

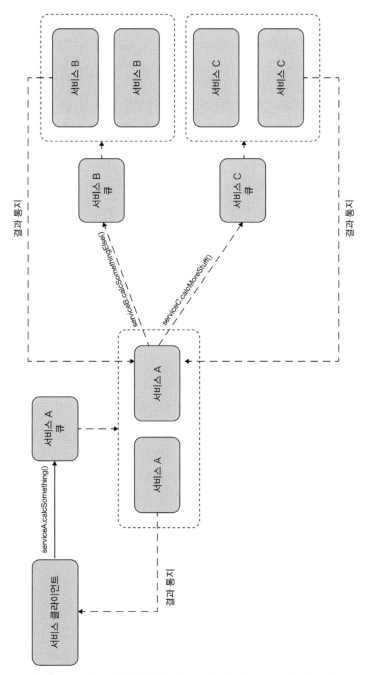

그림 10.5 연결 관리에 취약한 호출 체인 없이 명령 메시지와 이에 대한 결과로
응답 메시지를 수신할 수 있는 비동기식 마이크로서비스

비동기식 마이크로서비스는 몇 가지 장점을 제공한다. 가장 큰 장점은 새로운 마이크로서비스를 소비자 모르게 이전 버전과 교체할 수 있다는 것이다. 새 마이크로서비스는 같은 토픽이나 큐를 구독해서 메시지 처리를 시작한다.

추가로 소비자는 다음의 연결 패턴 중 하나 이상을 유연성 있게 선택할 수 있는데, 실행 후 무시fire-and-forget, 실행 후 확인fire-and-listen 또는 제공된 응답 URL을 통한 실행 후 추적fire-and-follow-up 패턴이 있다.

마지막으로 비동기 에러 처리 및 복구 기능이 메시지 브로커와 스트리밍 솔루션에 내장돼 있다. 이를 통해 동기식 호출 체인의 에러 복구 요구 사항을 우회하면 인프라 요구 사항이 크게 단순화돼 서비스 메시의 필요성이 줄거나 제거된다.

물론 비동기식 연동이 표준 요청/응답 접근보다 복잡한 연동인 것은 사실이다. 개발자는 비동기 서비스와 통합하는 방법, 에러 응답 메시지를 확인해 실패를 처리하는 방법, 전달되지 않은 메시지 큐DLQ, Dead Letter Queue를 사용해 처리되지 않은 메시지를 처리하는 방법을 알아야 한다.

▌마이크로서비스 아키텍처 스타일

마이크로서비스 기반 아키텍처는 특정 스타일이나 접근 방식에 제한되지 않는다. 마이크로서비스를 적용하는 데 3가지 일반적인 스타일이 있다. 3가지 스타일은 팀 간의 의견 조율을 줄이고자 약간의 변형을 제공한다. 일부는 조직의 요구 사항과 문화를 지원하고자 이러한 스타일 중 하나 이상이 조합된 형태를 선택한다.

직접적인 서비스 통신

이 스타일에서 각 서비스는 동기 또는 비동기 모델을 사용해 다른 서비스와 직접 통신한다. 이 방식은 마이크로서비스 초기에 사용되던 가장 일반적인 접근 방식이다. 동기식 모델을 사용하는 경우엔 서비스 통신 실패 및 호출 체인의 취약성과 같은 문제에 직면한다. 서비스 메시의 도입은 메시지 중심의 좀 더 비동기식 모델로의 전환과 마찬가지로 이런 문제를 극복하는 데 도움이 된다. 그림 10.6은 좀 더 전통적인 마이크로서비스 아키텍처 스타일을 보여준다.

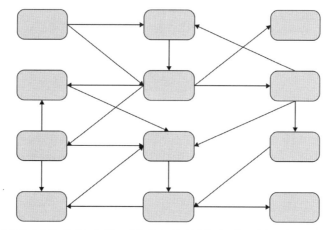

그림 10.6 모든 서비스가 서로 다른 서비스를 호출할 수 있는 직접 서비스 통신 모델

API 기반 오케스트레이션

이 스타일은 API를 마이크로서비스로 적절하게 더 분해하는 API 설계부터 시작한다. API는 하나 이상의 마이크로서비스를 안정적으로 오케스트레이션하는 레이어가 돼 외부에 좀 더 안정적인 서비스 제공을 약속함과 동시에 마이크로서비스 내부적으로 실험 및 분할[split8]을 지원한다. 몇 가지 문제로 직접 서비스 통신 모델에서 어려움을 겪은 조직이 선택하는 스타일이다. 마이크로서비스를 비교적 초기에 받아들인 많은 조직이 이 모델로 이동하고 있다. 이 모델은 그림 10.7에서 확인할 수 있다.

---

8. 하나의 마이크로서비스가 Canari, Blue & Green 배포 전략과 같이 동시에 여러 버전으로 존재하는 형태 – 옮긴이

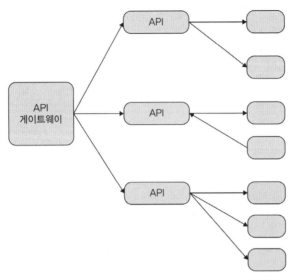

그림 10.7 내부의 마이크로서비스의 외부 노출은 피하면서 안정성을 보장하는 API 기반 오케스트레이션 스타일

셀 기반 아키텍처

셀 기반[Cell-based] 아키텍처(그림 10.8 참고)는 이전 2가지 스타일을 혼합해 마이크로서비스에 대한 좀 더 모듈화된 접근 방식을 제공한다. 각 셀은 하나 이상의 디지털 기능을 동기 또는 비동기 API를 통해 제공한다. API는 게이트웨이를 통해 외부로 노출되고 서비스 분해와 관련된 내부의 세부 사항은 캡슐화를 통해 숨긴다. 셀을 결합해 더 큰 솔루션을 만든다. 이 스타일은 모듈화된 구성이 가능하므로 진화하는 시스템을 더 쉽게 관리할 수 있어 대규모 조직에서 많이 사용한다.

우버[Uber] 엔지니어링이 최근 많은 소규모 서비스를 통합하는 구조에서 셀 기반 아키텍처로 전환했다. 이는 마이크로서비스가 제공하는 가치보다 복잡성의 증가가 더 컸다는 것을 의미한다. 우버는 자신의 접근 방식을 도메인 지향 마이크로서비스 아키텍처[DOMA, Domain-Oriented Microservice Architecture]라고 밝혔으며 글로 요약해 게시했다.[9] 이는 대규모 마이크로서비스 아키텍처의 복잡성을 줄이면서 유연성

---

9. 아담 글러크(Adam Gluck), "Introducing Domain–Oriented Microservice Architecture", Uber Engineering, 2020년 7월 23일, https://eng.uber.com/microservice–architecture/

과 이점을 제공하는 셀 기반 아키텍처의 여러 요소와 닮았다.

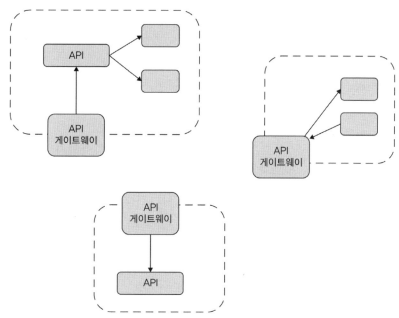

그림 10.8 직접 통신 스타일과 API 기반 오케스트레이션 스타일을 조합해 대규모 조직이나
복잡한 시스템을 위해 좀 더 모듈화된 접근을 갖는 셀 기반 아키텍처

▌ 마이크로서비스의 크기 최적화

마이크로서비스로 전환을 진행 중인 조직은 종종 마이크로서비스의 적절한 크기를 찾는 데 어려움을 겪는다. 마이크로서비스로 전환 중인 팀은 종종 "마이크로서비스에 허용되는 최대 크기는 어느 정도인가?"라고 묻는다. 더 나은 질문은 "오늘날 요구되는 마이크로서비스의 최적 크기는 얼마인가?"이다.

마이크로서비스는 고정적이지 않다. 오히려 시간이 흐를수록 성장하고 더욱 복잡해진다. 시간이 지남에 따라 마이크로서비스가 나눠져야 할 수도 있다. 반대로 2개의 마이크로서비스가 상호 종속돼 단일 서비스로 결합되는 것이 이득이 될 수도 있다. 이것이 의미하는 바는 마이크로서비스의 최적 크기는 시간에 따라 변화한다는 것이다.

서비스는 시간이 지남에 따라 성장하는 경향이 있으므로 마이크로서비스의 경계도 자주 재평가돼야 한다는 점도 중요하다. 이런 작업은 서비스 소유권이 단일 팀에 있는경우에만 효율적으로 진행된다. 팀 간에 공유되는 서비스는 추가적인 의견 조율 미팅이 필요하다.

마이크로서비스의 규모를 적절하게 조정하려면 지속적인 설계 프로세스와 재평가가 필요하다.

1. 서비스의 경계를 찾고자 트랜잭션 경계 위치를 식별하자. 경계를 정의하면 서비스 간에 트랜잭션이 분산될 가능성을 줄이는 데 도움이 된다.
2. 식별된 경계를 기반으로 대략적으로 나눠진 2개 또는 몇 개의 마이크로서비스를 설계하자. 이 단계는 마이크로서비스 요청 처리 작업이 트랜잭션 경계 안에서 무결성을 유지하고 여러 마이크로서비스가 네트워크를 통해 호출하는 상황에서 트랜잭션 롤백으로 인한 어려움을 피할 수 있게 해준다.
3. 팀의 의견 조율 비용을 낮게 유지하면서 트랜잭션 경계의 요구 사항을 숙지하고 서비스 성장을 고려해 서비스를 지속적으로 분할하자.

> **팁**
>
> 최선은 마이크로서비스에 집중하기보다 서비스의 목적에 집중하는 것이다. 시작할 때보다 덜 세분화되더라도 마이크로서비스는 앞으로 있을 변경을 쉽게 하는 방향을 지향해야 한다.

▌API를 마이크로서비스로 분해

팀에서 API를 2개 이상의 마이크로서비스로 분해하는 것이 더 좋다고 판단될 때 배포 단계 시작 전에 몇 가지 추가 단계가 필요하다. 이전에 생성된 API 시퀀스 다이어그램을 좀 더 세부적으로 확장하는 것, 후보 서비스를 식별하는 것, 서비스 설계 세부 사항을 캡처하는 것이다.

단계 1: 후보 마이크로서비스 식별

API 분해의 첫 단계는 후보 마이크로서비스를 식별하는 것이다. API 모델링과 설계 단계에서 생성한 웹 시퀀스 다이어그램을 외부 시스템과 데이터 저장소를 포함하도록 확장하는 것부터 시작하자. 다이어그램은 서비스 간의 자연스러운 경계를 식별하는 데 도움이 된다. 그림 10.9는 Shopping API가 기본 및 고급 쿼리를 지원하는 외부 검색 엔진을 포함하도록 확장하는 것을 보여준다.

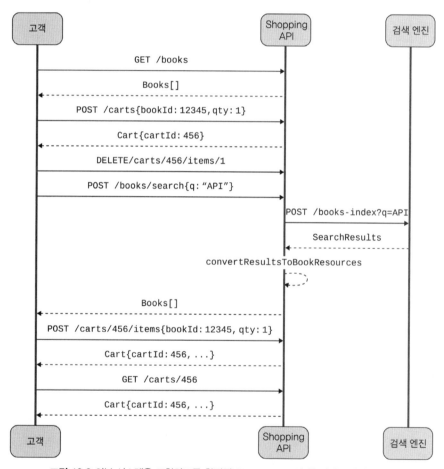

그림 10.9 외부 시스템을 포함하도록 확장된 Shopping API의 웹 시퀀스 다이어그램

검색 엔진 통합은 Shopping API의 Search Books 작업 안에서 읽기 전용이므로 별도의 서비스로 분해하기에 적합하다. 이 후보 마이크로서비스를 소유하게 될 팀은 검색 엔진 인덱스의 성능을 확인하고 고객이 요구하는 검색 기능을 제공할 책임을 갖게 된다. 그림 10.10은 책 검색 기능을 지원할 마이크로서비스 후보의 경계를 보여준다.

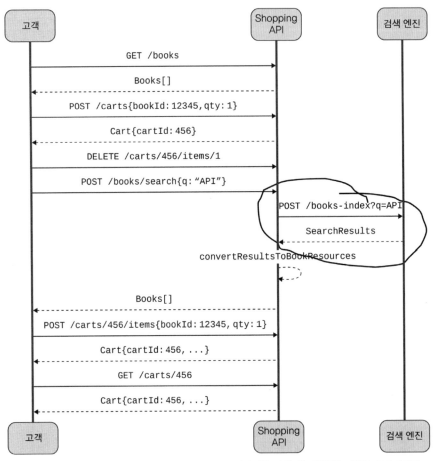

그림 10.10 검색 엔진 통합은 올바른 색인을 만들고 엔터티를 검색하는 특별한 지식이 요구되므로 책 검색 작업은 별도의 마이크로서비스에 적합하다.

단계 2: API 다이어그램에 마이크로서비스 추가

다음으로 후보 마이크로서비스 도입을 보여주고자 시퀀스 다이어그램을 수정한다. 연동 방식을 REST와 같은 동기식 API로 할지, 비동기식 서비스가 더 좋을지 결정한다. Shopping API가 업데이트된 시퀀스 다이어그램은 그림 10.11과 같다.

업데이트를 검토하고 후보 마이크로서비스가 너무 많은 작업을 수행하고 있는지, 추가로 분해해야 하는지를 확인한다. 또는 서비스가 너무 작아 너무 많은 네트워크 호출을 요구한다면 좀 더 큰 서비스로 결합돼야 한다.

단계 3: 마이크로서비스 설계 캔버스를 이용해 캡처

마지막으로 후보 마이크로서비스의 설계 세부 정보를 캡처한다. 서비스가 지원할 명령, 쿼리, 이벤트에 집중하는 데 도움이 되는 마이크로서비스 설계 캔버스 MDC, Microservice Design Canvas[10]를 사용할 것을 추천한다. 서비스의 세부 사항이 한 페이지의 MDC에 맞지 않으면 너무 많은 책임을 갖고 있다는 의미일 수 있다. 이 경우 설계 사항을 다시 검토해 더 세분화해 나눌 수 있는지, 또는 API의 요구 사항을 지원하기에 적합한 크기인지 확인한다. 그림 10.12는 책 검색 서비스를 위한 MDC의 예를 보여준다.

여기서 MDC는 서비스 구축 및 하나 이상의 API와 통합을 진행하기에 충분한 세부 정보를 제공한다. 그러나 계속 진행하기 전에 검토해야 할 몇 가지 설계 고려 사항이 있다.

---

10. https://launchany.com/canvas

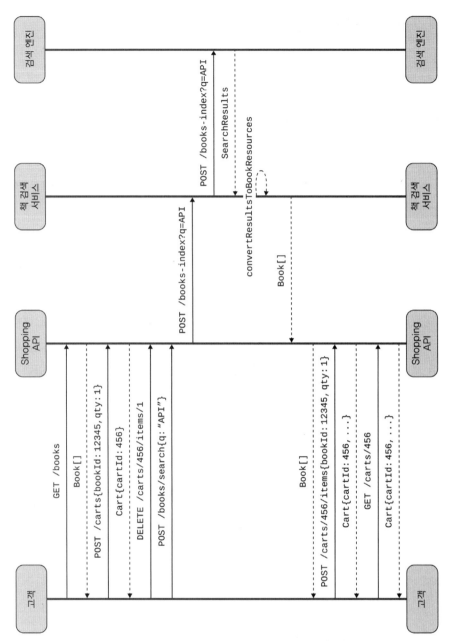

그림 10.11 네트워크 또는 트랜잭션에서 발생할 수 있는 문제 식별을 도와주는
후보 마이크로서비스가 업데이트된 시퀀스 다이어그램

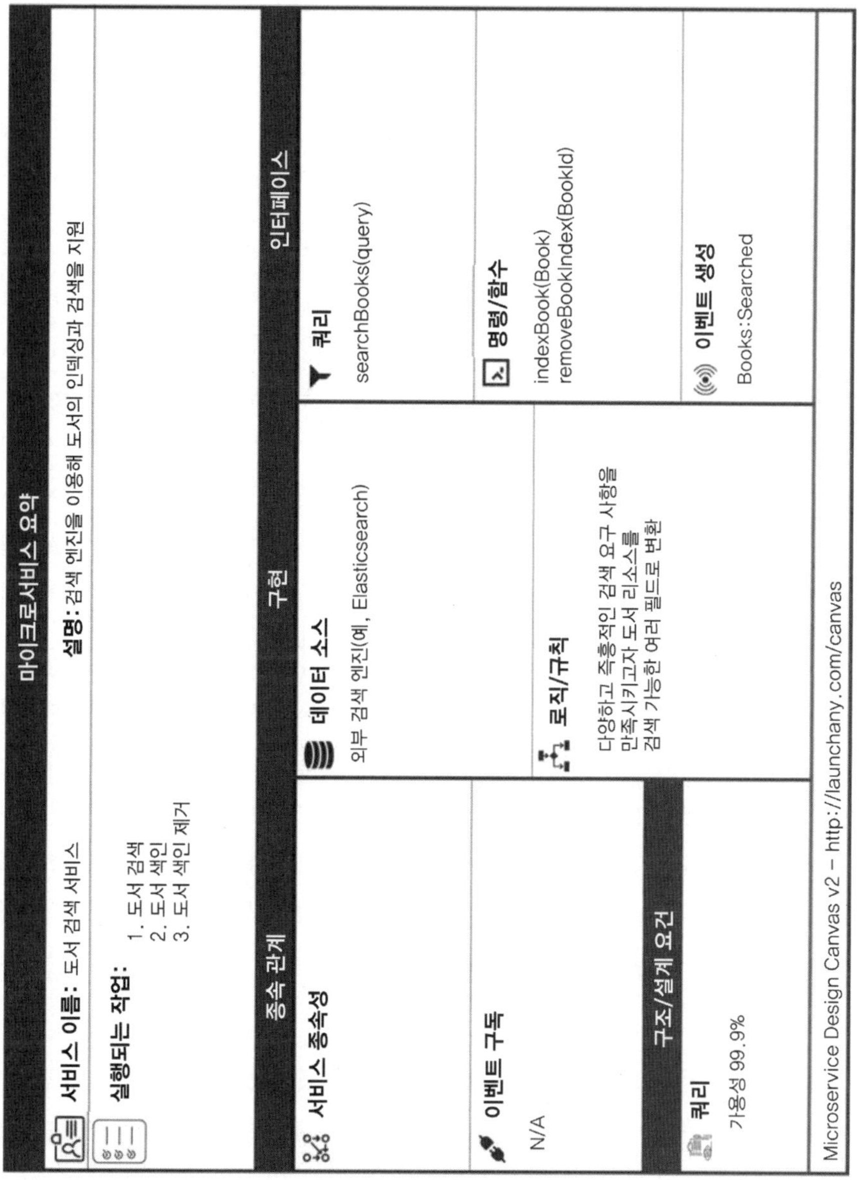

마이크로서비스 요약

서비스 이름: 도서 검색 서비스
설명: 검색 엔진을 이용해 도서의 인덱싱과 검색을 지원

실행되는 작업:
1. 도서 검색
2. 도서 색인
3. 도서 색인 제거

종속 관계

서비스 종속성

이벤트 구독
N/A

구현

데이터 소스
외부 검색 엔진(예, Elasticsearch)

로직/규칙
다양하고 즉흥적인 검색 요구 사항을 만족시키고자 도서 리소스를 검색 가능한 여러 필드로 변환

인터페이스

쿼리
searchBooks(query)

명령/함수
indexBook(Book)
removeBookIndex(BookId)

이벤트 생성
Books:Searched

구조/설계 요건

쿼리
가용성 99.9%

Microservice Design Canvas v2 – http://launchany.com/canvas

그림 10.12 구현 전의 설계 고려 사항을 포함해 후보 마이크로서비스를 캡처하는 MDC

마이크로서비스 설계의 추가 고려 사항

모든 API가 서비스를 작게 나누는 작업^{decomposition}으로부터 이득을 얻는 것은 아니다. 언제나 새로운 마이크로서비스가 추가되면 API 클라이언트에게 부정적인 영향을 줄 수 있는 네트워크 지연이 발생할 가능성이 있다.

네트워크 지연 시간의 증가는 서비스 호출 체인 형태로 다른 서비스를 호출하는 동기식 서비스에서 발생할 때 특히 중요하다. 클라이언트가 응답을 받는데 걸리는 총시간은 각 서비스 호출을 순차적으로 실행하는 데 필요한 시간의 총합과 같다. 대기 시간이 각 단계에서 10밀리초 미만으로 매우 효율적으로 구현된 서비스에서는 그다지 큰 문제가 되지 않을 수 있다. 하지만 레거시 시스템과 연동된 서비스는 사용량이 최대치를 기록하는 시간 구간에서 최종 사용자가 몇 초의 대기 시간을 갖게 되는 불편함을 겪을 수 있다. 마지막으로 일부 마이크로서비스 생태계에서는 얼마나 많은 서비스가 연동될지, 최종 실행 시간이 얼마나 될지 예측하는 것이 불가능할 수 있다.

가능하다면 단일 서비스 범위 내에서 트랜잭션을 유지한다. 트랜잭션이 여러 서비스에 걸쳐 요청을 보내야 한다면 추가 설계 고려 사항을 검토해야 한다. 서비스 호출이 실패하면 이전 서비스 호출을 되돌려야 한다$^{rolled\ back}$. 각 서비스는 자체 범위 내에서 트랜잭션을 관리하기 때문에 전체 트랜잭션을 취소하려면 보상 트랜잭션이 필요할 수 있다. 이것이 Saga 패턴이 동작하는 방식이다. 가능하다면 트랜잭션 무결성이 보장되도록 마이크로서비스로 분해하는 것을 지향한다.

추가로 마이크로서비스를 하나의 전담 팀이 소유할 것인지 검토한다. 전담 팀이 소유한다면 후보 마이크로서비스를 도입할 경우 팀 간의 의견 조율이 줄어들거나 늘어나는가? 코드 크기를 줄이는 것만이 서비스의 분해를 결정하는 요인은 아니다.

마지막으로 CRUD 라이프사이클을 기반으로 서비스를 분할하거나 작업당 하나의 서비스(예, Create Project 서비스, Update Project 서비스, Read Project 서비스, List Project 서비스, Delete

Project 서비스)를 생성하지 말자. 이런 패턴은 각 서비스 팀 사이에 더 많은 의견 조율 요구 사항을 불러온다. 프로젝트의 리소스 표현을 변경하려면 서비스를 소유한 모든 팀과 의견 조율을 해야만 한다. 복잡성 증가로 인해 CRUD 라이프 사이클의 한 부분으로 분할해야 하는 경우는 예외다. 예를 들면 결제 프로세 스[11]를 연동하고자 할 때 결제 프로세스의 복잡성으로 인해 이 동작을 별도의 마이크로서비스로 전환할 수 있다.

▌마이크로서비스 전환 시 고려 사항

마이크로서비스로 전환하면 많은 이점이 있지만 전환 작업을 가볍게 여겨서는 안 된다. 심사숙고 끝에 일부 조직이 마이크로서비스로의 여정을 단순화하기로 결정할 때 다른 조직은 마이크로서비스 없이 구조를 작게 만들기로 결정할 수 있고 또 다른 조직은 계속해서 마이크로서비스로의 전환을 유지하는 결정을 내릴 수 있다.

먼저 마이크로서비스 기반 접근이 올바른 이해를 바탕으로 적용되는지 확인한 다. 일부 마이크로서비스 도입 사례에서는 올바른 이해 없이 경영진의 지시에 의해 결정된다. 이와 같은 경우는 일반적으로 도입 속도를 높이고자 전임 임원 을 내세워 시작한다. 이때 대상이 되는 솔루션이 단순해서(예, 데이터 세트 관리를 위해 CRUD 기반 문서 양식을 제공하는 애플리케이션) 마이크로서비스 도입의 복잡성을 회피한다는 명 목으로 팀에 올바른 콘텍스트가 제공되지 않는다면 결과는 간단한 솔루션에 마이크로서비스로 전환에 따른 런타임 관리, 문제 해결의 복잡성 증가, 분산 트랜잭션 관리 등과 같은 불필요한 복잡성이 추가되고 여기에 투입된 시간과 노력의 낭비로 이어진다.

다음으로 조직의 보고 체계와 조직 문화가 마이크로서비스로의 전환을 받아들 일 준비가 됐는지 확인하자. 조직 내의 팀들이 장기적으로 서비스를 소유하고

---

11. 결제 트랜잭션을 생성하고(Create) 결제 이력을 업데이트(Update)하는 프로세스) – 옮긴이

관리할 준비가 돼 있지 않은 상황이라면 팀은 마이크로서비스를 하나의 할당된 프로젝트라고 생각하고, 그 이상은 고려하지 않는다. 이후 마이크로서비스를 구축한 팀에 다른 프로젝트가 더 높은 우선순위로 할당되면 팀은 새로운 프로젝트에 집중할 것이다. 결과적으로 조직 내의 다른 팀에서 기존 서비스에 작은 변경을 하고자 한다면 결과적으로 새로운 서비스를 만들어야 하는 상황이 올 것이다.

마지막으로 더 작게 구축하는 방법을 찾는다. 단일 코드베이스에서 코드를 모듈화하고 소비자가 사용할 명확한 API를 설계한다. 복잡성이 높아 API를 마이크로서비스로 분해해야만 할 때 분해한다.

▌요약

마이크로서비스는 분산 시스템을 만들고자 결합된 독립적으로 배포 가능한 코드의 단위다. 마이크로서비스로 전환하려면 새로운 기술과 하향식 조직 지원이 필요하다.[12] 조직이 의사결정 요소를 신중하게 검토한 후 마이크로서비스로 전환하면 여러 팀에서 의견 조정을 위한 노력이 감소하는 이득을 얻을 수 있다.

가져오는 이점보다 요구되는 복잡성이 더 높은 기술 트렌드를 조심한다. 마이크로서비스를 도입한 일부 조직은 이득을 얻었지만 문제가 없었던 것은 아니다. 조직은 마이크로서비스로 전환을 결정할 때 설계와 구축, 운영에서 오는 복잡성과 단일 모놀리식 코드베이스로부터 오는 복잡성 중 어느 것이 더 큰지 판단해 이전 여부를 결정해야 한다.

모듈러 모놀리스와 셀 기반 아키텍처 같은 여러 가지 대안은 마이크로서비스의 목표 중 많은 부분을 지원하면서 동시에 의견 조율 비용 감소, 의사결정의 최적화와 같은 효과도 얻을 수 있다. 마이크로서비스로의 전환에 확신이 들지 않는다면 Agile의 YAGNI^You Ain't Gonna Need It 원칙을 참고한다. 시작은 모놀리스 API로 시작해 필요할 때 마이크로서비스로 분해하는 방안도 있다.

---

12. 조직의 리더로부터 조직 문화 개선이 가능해야 한다는 의미 - 옮긴이

11장
개발자 경험 향상시키기

가치 있는 유용한 API는 많은 사용자에 의해 선택된다. 시간이 흐르면서 사용자가 증가하는 것은 자연스러운 현상이다.

- 마크 오닐^{Mark O'Neill}

API를 출시할 때 개발 팀은 코드에 초점을 맞추게 된다. 프로그래밍 언어, 개발 프레임워크, CI/CD(지속적인 통합 및 배포) 파이프라인과 같은 요소에 중점을 두는 것이다. 이것들은 모두 공급자의 관점에서 중요한 결정 사항이다. 소비자, 즉 API를 사용하는 수백 또는 수천 명의 사용자들을 API 구현에 직접적으로 관여하지 않고 단지 이용할 뿐이다.

API 공급자로서 API 설계와 제공하는 모든 것에 대해 사용자를 우선으로 고려해야 한다. API 설계 초기 단계에서 피드백을 얻고자 테스터에게 모의 API를 제공하는 것도 이러한 고려 사항 중 하나다(그림11.1 참고). 또한 API를 사용하는 개발자가 쉽게 통합에 활용할 수 있도록 개발 라이브러리나 커맨드라인 인터페이스 도구 등을 제공할지 여부도 고려해야 한다. 11장에서는 API를 사용하는 개발자에게 도움이 될 수 있는 방법들을 살펴본다.

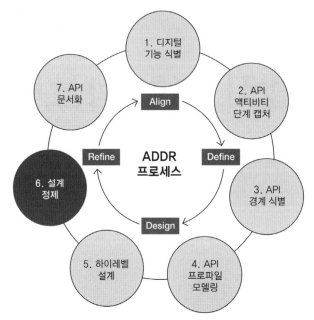

그림 11.1 API 설계 개선에서는 개발자의 경험을 향상시키고자 코드 라이브러리와
커맨드라인 인터페이스 도구들을 제공하는 것을 함께 고려한다.

▌모의 API 구현체 생성

API 설계는 패턴의 적용과 설계 결정을 적절히 조화시키는 것이다. 설계 단계에
서 이해관계자들이 공통의 이해를 이루었더라도 API를 사용해서 통합을 구현
하는 개발자는 이해하지 못하는 것들이 있을 수 있다. 모의 API는 API 설계의
시뮬레이션 버전을 제작하는 것이다. 모의 API를 통해 사용자인 개발자의 요구
사항을 충족시키는지 확인하고 반영할 수 있다.

모의 API의 구현은 실제 출시 환경을 모두 갖추지 않은 상태에서 빠르게 작성된
다. 백엔드에 데이터베이스와 기존 시스템과의 통합 부분은 구현에서 제외한
다. 대신 결괏값에 대한 고정적인 응답이나 미리 준비된 데이터 세트를 이용한
응답을 반환하게 한다.

모의 API 구현을 통해 개발자는 API가 출시되기 전에 부분적으로 자신의 시스

템과 통합을 구현할 수 있다. 이 과정에서 피드백을 수집하면 API 설계에 중요한 기능의 누락 여부 또는 주요 데이터 항목에 대한 누락 여부를 점검하는 데 도움이 된다.

API 설계에는 협업 또는 상호작용을 고려해야 한다. 개발자가 실제 통합 작업을 시작하면 API를 어떤 식으로 변경하면 좋을지 의견을 말할 수 있다. 일단 출시되고 나면 추가적인 변경에 대한 요구 사항은 새로운 버전의 출시까지 기다려야 한다. 모의 API를 제공하고 초기 단계에서 통합 작업을 시작하면 이러한 문제들을 미리 식별하고 대응할 수 있다.

나아가서 모의 API를 구현하는 것은 배포가 원활한 프로세스를 정립하는 데 도움이 된다. 전체 API 구현이 완료될 때까지 기다릴 필요 없이 프론트엔드까지 API를 통합하는 코드를 작성할 수 있다. 또한 자동화된 테스트 프로세스를 구축하는 데도 활용한다. API에 대한 출시 일정이 다가오면 모의 API는 실제 구현된 API로 자연스럽게 대체된다. 인터페이스는 변하지 않지만 모의 구현은 비즈니스 로직 수행을 위한 구현으로 대체된다. 이 과정은 팀의 구성원들이 동시에 병렬로 진행할 수 있다.

모의 API 구현은 정적 모의 API, 프로토타이핑, README 기반까지 3가지 기본 방식이 있다. 각 방식은 개별적으로 또는 조합해서 API 설계 검토에 활용한다. 모의 구현은 개발 환경에서 프로덕션 환경과의 연동 부분이나 클라우드 컴퓨팅 기술이 활용된 연동 부분을 대신해 구축하는 데도 사용할 수 있다.

정적 모의 API

본격 코딩 전에 API 설계를 검토하는 가장 쉬운 방법 중 하나는 고정된 결괏값으로 API 요청 및 응답을 구현해보는 것이다. 정적 모의 API에서는 설계자인 아키텍트와 사용자인 개발자가 공유할 수 있는 JSON 또는 XML과 같은 형식의 파일을 이용해 API 연동을 실행해본다. 실질적인 예제를 통해 코드를 작성하기 전에 개선할 수 있는 점을 함께 검토할 수 있다.

다음 코드는 모의 API의 응답이 JSON:API 사양을 준수하는 Shopping API 예제로, 책 리소스를 나타낸다.

```json
{
  "data": {
  "type": "books",
  "id": "12345",
  "attributes": {
    "isbn": "978-0321834577",
    "title": "Implementing Domain-Driven Design",
    "description": "With Implementing Domain-Driven Design, Vaughn has made an
important contribution not only to the literature of the Domain- Driven Design
community, but also to the literature of the broader enterprise application
architecture field."
  },
  "relationships": {
    "authors": {
      "data": [
        {"id": "765", "type": "authors"}
      ]
    }
  },
  "included": [
    {
      "type": "authors",
      "id": "765",
      "fullName": "Vaughn Vernon", "links": {
        "self": { "href": "/authors/765" },
        "authoredBooks": { "href": "/books?authorId=765" }
      }
    }
  ]
}
```

프론트엔드 개발자가 화면을 구현하는 작업에서 API 응답을 통합할 수 있도록 정적 모의 API를 제공하는 것으로 아파치나 엔진엑스^{nginx}와 같은 웹 서버를 이용한다. 이렇게 실제 코드를 작성해 가면서 작업을 시작하면 초기 단계부터 피드백을 주고받을 수 있다.

이 방식에서는 실제 작업이 모두 구현되는 것이 아니기 때문에 GET 기반 작업만 가능하다는 점을 유의해야 한다. 이러한 제약에도 정적 모의 API를 활용하는 것은 매우 쉽게 구현이 가능하고 API에 대한 사용자의 의견을 청취할 수 있는 점에서 유용하다.

API 프로토타이핑

프로토타이핑은 정적 모의 API 방식에 비해 더 많은 영역을 실행해볼 수 있다. GET 기반의 작업으로 제한되는 정적 모의 API 방식과 달리 리소스를 생성하거나 상태를 변경하는 작업을 포함해서 모든 유형의 작업이 가능하다.

프로토타이핑을 구현하는 데 시간과 노력이 상대적으로 더 많아 필요한 것이 사실이다. 생산성을 높이고자 프로토타이핑에 적합한 프로그래밍 언어와 개발 프레임워크를 선택하는 것이 좋다. 루비^{Ruby}, 파이썬^{Python}, PHP, Node.js는 풍부한 개발 라이브러리와 빠른 구현에 용이하다는 특징이 있어 개발자들이 선호하는 기술이다.

> **참고**
>
> 의도적으로 프로덕션 수준에 부합하지 않는 프로그래밍 언어나 기술을 선택하는 것은 프로토타이핑 코드를 작성할 때 본연의 목적과 달리 복잡한 비즈니스 로직 전체를 구현하려고 하는 함정을 피하는 한 가지 방법이다.

OAS$^{OpenAPI\ Specification}$ 같은 API 설명 형식 기반으로 모의 API를 지원하는 자동화된 도구를 활용하면 모의 API 구현에 필요한 개발 노력의 일부 또는 전체를 효율화할 수 있다. 일반적으로 이러한 도구는 CURD 기반의 데이터를 임시로 저장하는 모의 API를 생성한다. 어떤 도구는 모의 API 구현 코드를 생성하기도 하고 어떤 것은 API가 곧바로 생성되기도 한다.

API 프로토타입은 간결하게 유지하는 것이 좋다. 추가로 프로토타입 구현은 논쟁의 여지가 많아 직접 확인해야 하는 부분이나 병렬로 개발이 가능한 부분 등을 확장할지 판단한다.

README 기반 모의 API

README 기반 방식은 코드를 작성할 필요 없이 프로토타이핑을 대신할 수 있는 방법이다. 어떤 기대 결괏값에 도달하는 사용 방법을 설명하고자 README 파일을 생성한다. 구현이 시작되기 전에 API에 대한 사용법과 실행 결과에 대한 의도를 공유해서 API 설계를 검증한다.

대부분의 README 파일은 마크다운^{Markdown} 파일 형식을 사용해 텍스트와 코드 예제를 브라우저에서 읽기 쉽게 표시한다. 깃허브와 깃랩^{GitLab} 같은 소스코드 형상 관리 서비스에서는 마크다운에 대한 지원이 내장돼 있다. 또한 Jekyll이나 Hugo와 같은 정적 웹 사이트 생성 도구들을 활용할 수도 있다.

다음은 예제에서 책의 세부 정보를 검색하고 JSON:API 형식을 사용해 장바구니에 책을 추가하는 방법을 나타내는 README 방식을 보여준다.

```
1. Retrieve Book Details

GET /books/12345 HTTP/1.1
Accept: application/vnd.api+json

HTTP/1.1 200 OK
Content-Type: application/vnd.api+json
...

{
  "data": {
    "type": "books", "id": "12345",
    "attributes": {
```

```
      "isbn": "978-0321834577",
      "title": "Implementing Domain-Driven Design",
      "description": "With Implementing Domain-Driven Design, Vaughn has made
an important contribution not only to the literature of the Domain- Driven Design
community, but also to the literature of the broader enterprise application
architecture field."
    },
    "relationships": {
      "authors": {
        "data": [
          {"id": "765", "type": "authors"}
        ]
      }
    },
    "included": [
      {
        "type": "authors",
        "id": "765",
        "fullName": "Vaughn Vernon",
        "links": {
          "self": { "href": "/authors/765" },
          "authoredBooks": { "href": "/books?authorId=765" }
        }
      }
    ]
  }
}
```

2. Add Book to Cart

```
POST /carts/6789/items HTTP/1.1
Accept: application/vnd.api+json

HTTP/1.1 201 Created
Content-Type: application/vnd.api+json
...

{
  "data": {
```

```
    "type": "carts",
    "id": "6789",
    "attributes": {
       ... truncated for space ...
    }
  }
}

3. Remove a Book from a Cart

...
```

이런 방식을 이용하면 코드 작성이나 변경에 대한 노력 없이 API 설계와 실행 결과를 생성하고 사용법을 검토할 수 있다. 또한 문서의 품질과 설계에 대한 논의를 활성화시킨다. README 기반 설계는 Cucumber[1]와 같은 **행동 주도 개발** ^BDD, Behavior-Driven Development 프레임워크의 승인 테스트를 손으로 직접 써보는 버전으로 생각하면 이해가 쉽다.

▎개발 라이브러리와 SDK 제공

클라이언트 개발 라이브러리는 단일 프로그래밍 언어에 대한 모든 HTTP 연결 관리, 에러 감지, JSON 데이터 처리, 여러 기능을 사용하기 쉽게 제공한다. HTTP 프로토콜 처리에 대한 로우레벨 코드를 직접 작성할 필요 없어 생산성을 향상시킬 수 있기 때문에 개발자들이 선호한다. 또한 개발자들이 많이 사용하는 IDE에서 자동 코드 완성 등의 기능이 지원될 수 있게 하는 것이 좋다.

소프트웨어 개발 키트^SDK, Software Development Kit는 라이브러리, 설명서, 예제 코드, 참조 애플리케이션, 개발자를 위한 기타 리소스가 포함된 패키지 솔루션이다. SDK는 API 공급자가 배포하는 것이 일반적이지만 API 개발자 커뮤니티 같은 서비스가

---

1. https://cucumber.io

활성화돼 SDK의 모든 구성을 직접 제공해야 하는 노력이 많이 줄었다.

많이 혼동되는 것 중 하나가 개발 라이브러리와 SDK를 동일한 의미로 사용하는 것인데, 엄밀히 이 둘은 다르다. 중요한 것은 이러한 혼동을 최소화하고자 배포되는 구성 요소들의 내용을 명확히 하는 것이다.

모든 개발자가 개발 라이브러리를 사용하는 것은 아니다. HTTP 처리에 능숙한 개발자들은 직접 코드를 작성하는 것을 선호하기도 한다. 개발 라이브러리에서 누락될 수 있는 세부 설정 사항들을 사용 의도에 맞게 직접 설정해서 최적화할 필요가 있기 때문이다.

개발 라이브러리 제공 방법

개발 라이브러리를 제공하는 방법으로 다음과 같은 3가지가 있다.

- **공급자가 직접 제공:** API 공급자가 직접 구축하고 유지 보수한다. 직접 소유하고 관리하며 지속적으로 업데이트한다. API가 추가되거나 변경됐을 때 관련 라이브러리에도 해당 내용을 반영해 최신 상태로 유지한다.
- **커뮤니티에서 참여:** 커뮤니티 주도로 SDK를 제공한다. 공식적으로 지원하는 프로그래밍 언어나 그렇지 않은 언어도 해당할 수 있다. API 공급자는 커뮤니티의 SDK 작업에 대한 직간접 지원을 통해 공식화할 수도 있고 API 개발자가 직접 커뮤니티의 SDK 작업에 참여하거나 또는 해당 SDK 프로젝트를 인수해 직접 제공하는 형태로 전환할 수도 있다. 커뮤니티 주도의 SDK는 시간이 지남에 따라 관심도가 낮아지고 관리적인 측면에 약화되는 경향이 있다. API 공급자가 커뮤니티 구성원과의 활발한 소통을 통해 활동이 침체되지·않게 하는 것이 중요하다.
- **사용자가 생성:** Swagger, RAML, Blueprint 등과 같은 API 정의 도구의 성장으로 인해 API 소비자가 직접 자신만의 클라이언트 개발 라이브러리를 만드는 것이 쉬워졌다. 이러한 방식은 사용자가 본인의 의도에 맞게 HTTP 처리를 경량화하거나 API 리소스의 구조를 반영한 객체나 데이터

구조를 직접 생성할 수 있기 때문에 특정 사용자에게 활용도가 높다.

API 공급자는 개발 라이브러리 제공 방법, 지원할 프로그래밍 언어, 커뮤니티 또는 사용자 생성 개발 라이브러리에 대한 지원 등 포괄적으로 API 사용자인 개발자들을 지원할 수 있는 방법에 대해 고민해야 한다.

개발 라이브러리의 버전 관리

개발 라이브러리의 자체 버전 관리 체계는 개발자를 혼란스럽게 할 수 있다. 개발 라이브러리의 버전 발행은 일반적으로 API를 객체로 나타내기 위한 주요 변경 사항에 대해 발생한다.

예를 들어 버전 1에서 리소스 속성을 해시hash 데이터 타입의 이름/값 쌍의 데이터를 반환하는 것을 다른 데이터 타입으로 변경하게 되면 새로운 버전을 발행해야 할 것이다. 또는 API 버전은 v1인 상태에서 루비용 개발 라이브러리는 버전 2.1.5이고 파이썬용 개발 라이브러리는 1.8.5일 수도 있어서 자칫 혼란을 야기할 수 있다.

API 요청의 User-Agent 헤더 항목에 SDK의 언어 및 버전을 명시하면 도움이 될 수 있다. 가장 중요한 것은 API와 개발 라이브러리의 버전 호환성 문제를 발견하고 대응하고자 클라이언트와 서버 측에 로깅을 하는 것이다.

이메일과 같이 수동적인 방식을 통한 문제 해결 지원은 소통 과정에서의 에러 가능성으로 인해 실제로 사용된 API와 개발 라이브러리 버전을 확인하는 데 효과적이지 않을 수 있다. 이러한 실수는 개발자의 경력이나 숙련도에 무관하다.

API 요청에 대한 요청자 또는 방법을 식별할 수 있는 관련 정보를 추가하는 것이 일반적인 솔루션이다. 이렇게 추가된 정보가 로그에 기록되면 클라이언트의 요청이 서버 측에서 어떻게 처리됐는지 추적하고 문제의 정확한 분석에 도움이 된다. 또한 APMApplication Performance Management 도구의 활용도 문제 진단과 분석에 유용한 방법이다.

개발 라이브러리 문서와 테스트

API 사용자가 사용법을 알아내고자 API 문서와 문서가 제공되지 않는 개발 라이브러리를 교차로 참조하는 것은 효과적인 방법이 아니다. 개발자에게 API 사용을 통한 통합 개발에 있어 질 높은 경험을 제공하려면 개발 라이브러리에 대한 문서가 제공돼야 한다. 또한 이러한 자료에는 예제 코드를 함께 제공하는 것이 좋다.

각 출시 버전 일정을 결정할 때 API 공급자는 개발 라이브러리와 관련 문서 업데이트를 위한 일정을 포함해서 고려해야 한다. 개발 라이브러리에 대한 자동화된 테스트도 출시 예정인 API의 변경 내용을 반영해 누락된 테스트 케이스가 없게 관리해야 한다.

▌API를 위한 CLI 제공

대부분의 API는 더 큰 규모의 애플리케이션 또는 시스템 통합에 사용되지만 커맨드라인 인터페이스^{CLI, Command-Line Interfaces}로 사용하는 사용 사례도 간과하지 않아야 한다. 개발 라이브러리가 웹 기반 API에 대한 사용을 프로그래밍 언어별로 지원하는 것처럼 API를 CLI로 사용할 수 있도록 지원하는 것도 일반적인 사례다.

개발 라이브러리와 달리 CLI는 본격적인 코딩 없이도 원격의 API를 실행할 수 있는 편리한 방법을 제공한다. CLI는 API 사용자를 위한 일종의 자동화 도구다. 다음 설명과 같이 다양한 용도로 사용할 수 있다.

- 자동화 구축을 위한 빠른 일회성 스크립트 코드 작성에 활용
- 개념 증명^{POC, Proofs Of Concept}을 위한 데이터를 로컬 환경에 추출
- 쿠버네티스^{Kubernetes}, 헤로쿠^{Heroku}, 아마존 웹 서비스^{AWS, Amazon Web Services}, 구글 클라우드 플랫폼^{GCP, Google Cloud Platform}과 같은 환경에서 인프라 자동화를 위해 사용

CLI 도구를 제공하면 API를 애플리케이션의 통합에 활용하는 개발자뿐 아니라 셸 스크립트에 더 익숙한 엔지니어와 자동화를 구축하는 엔지니어까지 API의 활용 범위를 확장하는 효과가 있다. CLI 도구는 JSON, CSV 또는 가독성이 뛰어난 다른 출력 형식으로 제공할 수 있다.

CLI 도구를 설계하는 것은 API 자체의 설계와 크게 다르지 않다. 수행해야 할 작업에 대한 기대 결과, 동작, 실행 단계를 이해해야 한다. 그런 다음 이러한 요구 사항들을 CLI 설계에 반영한다. 다음 코드 블록은 10장에서 설계한 Shopping API를 지원하는 CLI의 예를 보여준다.

```
$> bookcli books search "DDD"

| Title                          | Authors         | Book ID         |
|--------------------------------|-----------------|-----------------|
| Implementing Domain-Driven ... | Vaughn Vernon   | 12345           |

$> bookcli cart add 40321834577

Success!

$> bookcli cart show

Cart Summary:

| Total         | Estimated Sales Tax |
|---------------|---------------------|
| $42.99 USD    | $3.44 USD           |

Cart Items:

| Title                          | Price       | Qty | Book ID         |
|--------------------------------|-------------|-----|-----------------|
| Implementing Domain-Driven ... | $42.99 USD  | 1   | 12345           |

$> ...
```

CLI가 사용자에게 좋은 경험을 제공하게 하려면 API 공급자가 사용성에 대해 중요하게 고려해야 한다. 뛰어난 커맨드라인 인터페이스 가이드라인[2] 사이트는 도구 및 운영체제 전반에 걸친 40년간 축적된 패턴과 사례 기반으로 사용성이 좋은 CLI를 설계하는 방법을 자세히 설명하고 있다.

또한 CLI 도구들이 작동하는 방식을 더 잘 이해하고자 sed, awk, grep과 같은 유닉스 계열(*nix) 운영체제의 파이프 그리고 필터 설계 패턴을 알아야 한다. 마지막으로 쿠버네티스, 헤로쿠와 같이 인기 있는 프로젝트에서 사용하고 있는 CLI를 주의 깊게 분석하는 것도 좋은 설계 방법을 학습하는 방법 중 하나다.

개발 라이브러리와 CLI에서 코드 자동 생성

소규모의 팀이 민첩하게 API를 개발해야 하는 상황이나 상대적으로 규모가 큰 애플리케이션 통합 프로젝트에서도 코드 생성 도구를 활용하는 것은 중요하다. 코드 생성 도구들은 공통의 패턴과 상용구들을 적용해 일관되고 규모에 맞는 코드를 작성할 수 있게 도와준다. gRPC와 같은 일부 API 스타일에서는 코드 생성에 의존성이 크지만 일반적인 API 스타일에서 코드 생성은 선택 사항이다. 코드 생성기는 다양한 프로그래밍 언어 지원에 대해 SDK 및 개발 라이브러리 개발 환경을 일관성 있게 구축하는 데 유용하다.

REST 기반 API 개발에서는 Swagger Codegen[3] 프로젝트가 가장 많이 사용된다. 이 프로젝트는 다양한 프로그래밍 언어를 위한 오픈소스 클라이언트 코드를 생성한다. 또 다른 인기 있는 도구는 상용 솔루션인 APIMatic[4]이다. 이러한 도구들은 OAS 파일을 기반으로 코드를 생성한다. 생성된 코드는 API 구현에 활용할 수 있다.

때로는 자체 코드 생성기를 만드는 것이 더 나은 옵션일 수 있다. 더 많은 노력이 필요하지만 사용 사례에 따라 최적화된 결과물을 얻을 수 있다. 예를 들면 호출 제한 빈도를 추적하거나 사용자가 정의한 특수 에러 응답에 대한 처리, 적절한 재시도 로직 추가 등을 자동 생성된 코드로 제공할 수 있다.

---

2. Aanand Prasad, Ben Firshman, Carl Tashian, and Eva Parish, Command Line Interface Guidelines, accessed August 20, 2021, https://clig.dev

3. https://swagger.io/tools/swagger-codegen

4. https://www.apimatic.io/

▎요약

API 설계는 작업을 구체화하고 프로토콜을 명확히 정의하는 것에서 끝나는 것이 아니다. 개발자가 어떻게 API를 사용해 애플리케이션을 통합할지도 중요하게 고민해야 한다. API 구현 코드는 대개 공급자들에게는 중요한 문제지만 API를 사용하는 입장에서는 특별히 알 필요가 없다. API가 복잡할수록 설계와 배포 프로세스에 API 모의 구현, 개발 라이브러리, CLI와 같은 적절한 도구의 활용과 지원이 필요하다.

API 아키텍트는 자신의 결정이 미래의 API 사용자에게 어떤 영향을 미칠 것인지 신중하게 생각해야 한다. 소수의 개발자를 위한 지엽적인 최적화 대신 미래의 다수 개발자를 위한 포괄적인 선택을 해야 한다.

12장
API 테스팅 전략

소프트웨어 결함 제거는 소프트웨어에 가장 비용이 많이 들고 시간이 많이 소요되는 작업 형태다.

- 캐스퍼 존스[Caspers Jones]

API 프로덕트 개발이나 플랫폼 구축에서 테스트 전략을 수립하는 것은 중요하다. API 테스트에 대한 올바른 방향 설정을 통해 성공 가능성을 높여야 한다. 테스트를 통해 결함을 조기에 제거할 수 있기 때문에 유지 보수 비용 절감의 역할을 하며 전반적인 생산성 향상에도 영향을 준다. 또한 고객 중심의 테스트 자동화는 API 개발자에게 구현이나 기술적인 맥락 외에 비즈니스를 포함한 종합적인 관점을 갖게 할 수 있다.

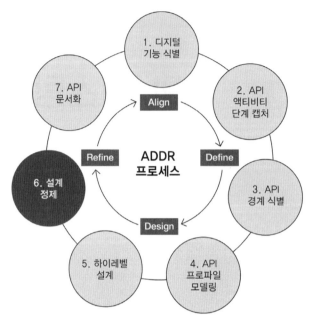

그림 12.1 API 테스트는 API의 품질 문제를 조기에 발견해 전반적인 설계를 개선시킨다.

▌인수 테스트

인수Acceptance 테스트는 솔루션 지향 테스트라고도 하는데, API가 비즈니스 요구사항을 지원하고 있는지 확인한다. 다음 질문에 대한 답을 찾는 것이다.

- API가 고객의 진짜 문제를 해결하는가?
- 작업이 수행되면 원하는 결과를 얻을 수 있는가?

인수 테스트는 원하는 결과를 도출하는 데 필요한 API의 연동을 확인한다. 테스트의 구성은 API 인터페이스 호출이 응답 결과를 만들어내는 모든 구간에서 필요한 기능을 충족하는지 확인해야 한다. API의 내부 구현은 변경될 수 있지만 인수 테스트의 결과는 일정해야 한다.

인수 테스트는 API를 검증할 수 있는 가장 효과적인 테스트 스타일이다. 인수 테스트를 작성하는 과정에서 단인 API나 연동된 API들의 구간에서 좋지 않은 사용 경험을 확인하고 개선할 수 있다. 사용성 개선은 코드 자체의 기능 테스트가 완료된 이후에 출시 일정 전까지 가장 많은 노력을 기울여야 하는 부분이다.

▌자동화된 보안 테스트

보안 사고가 매주 언론에 보도되고 있을 만큼 보안은 일상의 한 부분이다. 보안은 특정 솔루션이 아니라 프로세스 자체며 지속 가능해야 한다. 보안 테스트는 다음 질문에 대한 답을 찾아야 한다.

- API가 공격으로부터 보호되는가?
- API를 통해 민감한 데이터가 유출되지 않는가?
- 기술적으로는 정상적인 사용이지만 공격자가 의도된 데이터를 통해 비즈니스를 훼손할 수 있는가?

일반적인 테스트 자동화 범주에는 속하지 않지만 보안 테스트는 설계 과정에서의 검토 프로세스, 코드 작성 과정에서의 정적 또는 동적 분석, 실행 중인 시스템에 대한 모니터링과 같은 활성화된 프로세스다.

설계와 개발 과정에서 보안 테스트를 통해 잠재적인 문제를 식별하고 민감 데이터에 대한 유출 방지를 위한 정책을 정의하고 관련된 도구를 사용한다. 또한 접근 제어와 권한 관리에 대한 정책을 수립하고 API 작업에 반영해야 한다.

API 관리 계층을 구성해 실행 중인 작업을 모니터링하고 통제할 수도 있다. API가 권한 관리에 대한 구현을 내재화하고 있는 것이 아니라 API 관리 계층의 설정을 통해 정책을 반영할 수 있게 한다. 로그 분석을 통해서는 악의적인 공격을 탐지해 차단할 수 있게 한다. API 보호에 대한 자세한 내용은 15장에서 다룬다.

운영 모니터링

API는 애플리케이션이 시스템과 연동할 수 있도록 인터페이스를 제공한다. API 는 서비스에 직접적으로 활용되기 때문에 팀 내부나 외부 파트너 또는 고객이 든 서비스의 가용 상태를 유지하는 것이 중요하다. 어떤 경우에는 회사가 API의 성능 및 가용 시간과 관련해서 고객 또는 파트너와 서비스 수준 계약^{SLA,} Service-Level Agreements을 명시하기도 한다. SLA를 위반하게 되면 고객과의 신뢰 관계 에도 문제가 생기는 것은 물론이고 계약 내용에 따라 재정적인 불이익을 감수 해야 한다.

운영 모니터링은 다음 질문에 대해 답해야 한다.

- API가 정상적으로 동작하며 사용 가능한가?
- API가 SLA를 준수하고 있는가?
- 성능 목표를 달성하고자 더 많은 인프라 지원을 투입해야 할 필요가 있 는가?

모니터링 및 분석 솔루션은 API 운영 모니터링에 필요한 요소다. 분석을 통해 실제 작업의 수행 결과가 테스트에서 검증한 것과 일치하는지 확인한다. 분석 을 통한 측정은 단순한 집계와 같이 간단한 것부터 광범위한 영역에 걸쳐 데이 터를 수집하고 서드파티 라이브러리를 사용해 시각화하는 복잡한 것까지 있을 수 있다.

API 계약 테스트

기능 테스트라고도 하는 API 계약 테스트는 각 API 작업이 예상대로 동작하고 소비자와 약속된 API 계약을 준수하는지 확인한다.

계약 테스트는 다음 질문에 답해야 한다.

- 각 작업이 사양에 맞게 성공적으로 동작하는가?

- 입력 매개변수를 정상적으로 처리하고 있는가? 잘못된 입력값에 대한 처리는 어떻게 하는가?
- 작업 요청에 대해 예상된 결괏값을 수신했는가?
- 응답의 표현 형식은 올바른가? 응답 데이터들은 적절한 데이터 타입을 사용했는가?
- 에러는 올바르게 처리되는가? 에러 발생에 대해 고객에게 적절한 정보가 제공되는가?

ADDR 프로세스에서 API 사양은 구현이 진행되기 전 단계인 설계 과정에서 정의된다. 이 사양 파일을 계약 테스트 프로세스의 일부로 사용할 수 있다. REST API에 대한 일반적인 사양 형식에는 대표적으로 OpenAPI(Swagger), API Blueprint, RAML^{RESTful API Modeling Language}이 있다. GraphQL과 같은 경우에는 테스트에 도움이 되는 스키마에 대한 정보가 있다. gRPC에서는 인터페이스 정의 언어^{IDL, Interface Definition Language}를 이용할 수 있다. 13장에서 이런 내용을 자세히 다룬다.

API 계약 테스트는 먼저 각 API 작업의 정확성을 보장해야 한다. API가 제공하거나 동작하는 정보가 API 사양을 충족하지 않으면 동시에 다량의 클라이언트 요청을 처리하기 어렵다. 버그 식별 및 수정, 데이터의 정합성, API 사양을 충실히 구현했는지에 대한 평가 등이 모두 테스트의 범주에 속한다.

또한 중요한 것은 신뢰성이다. API는 요청에 대해 일관성 있고 정확한 응답을 제공해야 한다. 예를 들어 멱등성의 특성으로 설계된 API 작업은 반복 호출에 대해서는 항상 동일한 결과로 동작해야 한다. 페이지 매김을 지원하는 API 작업은 사용자에게 다음 동작을 예측할 수 있는 방식으로 결과를 제공해야 한다.

마지막으로 API 계약 테스트를 통해 예외 상황에 대한 처리를 확인해야 한다. 예를 들면 유효하지 않은 데이터를 입력하거나 특정 입력값을 누락했을 때 에러 처리에 대한 응답이 주어지는지 확인한다. 허용 가능한 범위가 아닌 값을 입력하거나 숫자를 입력하는 부분에 문자를 입력해볼 수도 있다. 날짜 형식을 잘못 작성하거나 유효하지 않은 날짜 값을 입력해본다.

사용자 인터페이스 테스트와 API 테스트

어떤 사람들은 API 전용 테스트가 불필요하다고 이야기한다. UI(사용자 인터페이스) 테스트에서 API가 호출되기 때문에 API 테스트를 포함할 수 있다고 보는 것이다. 이는 사실이 아니다. UI는 API를 실행하는 한 방법으로, API를 테스트한다. 예를 들면 사용자의 입력값에 대한 유효성 검사를 UI에서 점검하는 경우 UI 테스트에서는 유효한 입력값에 대한 API 테스트만 할 수 있다. API가 UI를 통하지 않고 호출되는 경우에 발생할 수 있는 다양한 입력값에 대한 테스트는 진행하지 않는다.

UI 테스트 방식만으로 충분하다고 말할 수 있지만 OWASP(Open Web Application Security Project)의 권장 사항이 아니다. 사용자의 입력을 완전히 신뢰해서는 안 된다. 사용자는 항상 예상된 방식으로만 데이터를 입력하지 않는다. 제출된 데이터의 양식과 HTTP 헤더의 정보들을 참조해 반드시 입력 데이터에 대한 검사를 수행해야 한다.

API 테스트의 목표 중 하나는 API가 특정 UI가 아닌 외부에서 여러 유형의 입력값과 함께 요청되는 사례들을 점검하는 것이다. UI 테스트만으로 API에 대한 테스트를 충분히 수행했다고 믿어서는 안 된다.

API 테스트의 또 다른 목표는 테스트를 통과하지 않은 API가 출시되는 것을 막는 것이다. 이를 위해서는 테스트가 지속적인 통합과 배포의 일부 과정으로 통합돼야 한다.

▌ 효율적인 테스트를 위한 도구 선택

일부 회사에는 자동화된 테스트 및 수동 테스트를 전문으로 하는 품질 보증^{QA,} Quality Assurance 조직이 있을 수 있다. QA 팀은 직접 코드를 작성해서 테스트를 수행하는 그룹과 그렇지 않고 도구를 활용해서 자동화된 테스트를 수행하는 그룹으로 나눠볼 수 있다. 어떤 회사에는 QA 전담 조직이 없을 수 있고, 그 역할을 개발자에게 의지하는 경우도 있다. API 테스트 도구를 선택할 때 이런 조직의 상황을 고려해야 한다.

테스트 프로세스를 빠르게 구축하고자 API 사양 형식을 사용해 테스트 케이스를 생성해주는 다양한 오픈소스 및 상용 테스트 도구가 있다. 직접 작성해야 할 테스트 코드의 양을 줄여주거나 없애고자 UI를 이용해 테스트 케이스를 생성하는 방식을 지원하는 도구들도 있고, 스크립트를 작성하거나 제공되는 라이브러리를 통해 직접 테스트 코드를 작성하는 방식도 있다. 팀의 역량과 상황에 맞는 기술과 도구를 선택해야 한다.

파트너 업체에서 제공하는 API 서비스형 모니터링^{Monitoring-as-a-Service} 솔루션은 성능 및 애플리케이션 프로파일링에 대한 다양한 기능을 일부 무료로 제공하기도 한다. 또한 자체 서버 인프라 리소스나 클라우드 컴퓨팅 환경에서 직접 설치할 수 있는 오픈소스 기반 모니터링 도구를 선택할 수도 있다. 시스템의 전반적인 모니터링을 위한 솔루션이 아니라 사용자가 직접 작은 규모로 모니터링 시스템을 구축해 성능 및 부하 테스트를 수행하기도 한다.

어떤 경우에는 자동화된 API 테스트 시스템 구축을 위해 별도의 전용 환경의 구축이 필요할 때도 있다. 이를 위해 추가로 필요한 인프라 리소스들은 추가적인 비용 발생을 유발한다. 테스트 시스템 구축에 발생하는 비용에 대해서도 충분한 검토가 필요하다.

마지막으로 전략적인 API 테스트 도구의 선택을 통해 테스트 주도 개발^{TDD,} ^{Test-Driven Development}을 수용할 수 있는 방법을 고려하면 좋다. QA 전담 팀은 개발자가 API를 구현할 때 자동으로 테스트를 수행할 수 있는 시스템을 구축해 제공한다. API 테스트 케이스를 직접 코딩해야 하는 개발자는 테스트 시스템이 지원하는 통합 방법을 이용해서 평소와 같이 TDD를 적용해 구현 업무를 수행한다. 이렇게 하면 진행 상황이 공유되고 구현된 API가 정상적으로 동작하는지, 예외 상황이나 에러 상황에 대한 처리가 되고 있는지 등을 효과적으로 확인할 수 있다.

▌API 테스트의 과제

API 테스트 전략을 수립할 때 어려운 문제 중 하나는 테스트용 데이터 세트를 확보하는 것이다. 단위 테스트 단계에서는 복잡한 데이터 세트가 필요하지 않을 수 있지만 통합 테스트와 같은 복잡한 테스트 케이스나 부하 테스트와 같이 많은 양의 데이터가 필요한 경우도 있다. API 테스트를 위해 필요한 데이터를 준비하는 것은 종종 이처럼 엄청난 노력이 필요한 경우가 발생한다.

일반적으로 데이터 세트를 생성하는 데는 기존 데이터의 스냅숏을 이용하는 방식과 클린룸 데이터 세트 생성이라는 2가지 방식이 있다. 스냅숏은 실제 운영 환경의 데이터에 대한 스냅숏을 만들고 민감한 데이터들을 정리해서 테스트에 사용할 수 있는 데이터를 준비하는 방법이다. 실제로 운영 환경에서 수행됐던 이력을 기반으로 만들어진 데이터이기 때문에 유효한 데이터만 다시 선별해야 하는 수고를 덜 수 있다. 스냅숏 데이터를 사용하면 입력 데이터와 결과 데이터의 상태가 명확하기 때문에 테스트에 사용하기 좋다. 동작하고 있는 운영 환경이 있고 데이터가 어느 정도 축적돼 있을 때 유용한 방법이다.

클린룸 데이터 세트는 생성이 좀 더 어렵고 상당한 시간이 소요되지만 일단 만들고 나면 다양한 테스트 케이스에 활용할 수 있다. 클린룸 데이터는 처음부터 테스트 목적으로 설정된 데이터들이 포함된다. Mockaroo[1]와 같은 도구를 이용하면 일부 데이터를 조합해 생성할 수도 있고, 단순한 랜덤 데이터 세트가 아닌 비즈니스 환경의 요소들이 반영된 실제 데이터를 생성할 수도 있다. 그러나 단일 형태의 데이터 세트가 아닌 전체 시나리오를 테스트하고자 여러 단계에 걸쳐 중첩된 데이터 구조를 구성하려면 상당 부분 데이터 요소들을 수작업으로 입력해야 하는 경우가 발생하기도 한다.

JSON의 서점을 예로 생각해보면 무작위 방식으로는 생성할 수 없는 책, 장바구니, 주문 및 고객에 대한 데이터 세트가 필요하다. 서점 비즈니스 도메인을 잘 알고 있는 전문가가 스프레드시트와 같은 형식을 사용해 데이터 요소들을 수동으로 작성해야 하는 경우가 많다. 그런 다음 스크립트를 개발해 적절한 데이터 저장소에 위치시키고 각 데이터 요소들이 공유 ID, 외래 키와 링크 테이블 등의 관계를 적절히 연결시킨다. 이러한 작업들이 있은 후에야 API 테스트에 데이터 세트를 사용해 고객 검색, 주문 확인 등 새로운 쇼핑 시나리오를 완성하고 각 API가 정상적으로 동작하는지 확인할 수 있다.

---

1. https://mockaroo.com/

어떤 API 테스트는 샌드박스 환경에 격리돼 있거나 외부에 테스트 환경을 제공하지 않는 파트너의 서비스에 의존적일 수도 있다. 이런 경우에는 모의 API 구현을 통해 외부 의존성을 대체해 테스트에 실제 운영 환경을 포함시키려는 시도를 방지한다. 이미 출시돼 사용하고 있는 운영 환경의 API를 호출해 테스트를 수행하는 대신 모의 API를 사용하는 것이다. 이런 방법을 적용하려면 테스트를 통해 검증하고자 하는 케이스에 맞는 데이터를 준비하고 적합한지 확인하는 작업이 추가적으로 필요할 수 있다.

▌API 테스트는 선택이 아닌 필수

많은 경우에 개발자들은 시간이 부족하다는 이유로 충분한 API 테스트를 수행하지 않는다. 문서화 작업과 마찬가지로 테스트를 개발 프로세스에서 그저 있으면 더 좋은 선택 사항으로 취급하는 것이다. 하지만 테스트와 문서화 작업은 API 구현과 배포 과정에서의 필수 단계로 봐야 한다. 그렇지 않으면 각종 버그로 인해 API가 여러 취약점에 노출될 수 있다. 최악의 경우 이러한 취약점을 이용한 공격으로 인해 회사는 치명적인 타격을 입을 수도 있다.

▌요약

견고한 API 테스트 전략은 API 출시 과정의 중요한 단계며 언제 직면할지 모르는 공격들에 대한 강력한 방어 수단이다. 적절한 API 테스트 전략은 정확성과 안정성을 향상시키고 최종적인 비즈니스 목표를 달성하는 데 도움이 된다. 보안 및 성능과 같은 속성을 관리하려면 개발 단계에서의 검증뿐 아니라 실행 환경에서의 테스트도 반드시 수행해야 한다. 테스트를 생성, 실행하고 정상 동작을 확인해야만 API는 완성된다.

13장

API 설계 문서화

문서는 API의 세 번째 사용자 인터페이스며, 가장 중요하다.

- D. 키이스 케이시 주니어

문서화는 개발자 경험에서 매우 중요한 요소다. 대부분 API 개발 팀은 스스로 생산한 각 작업에 대한 참조 문서가 충분하다고 가정한다. 그러나 이는 API 문서화 노력의 시작에 불과하다.

API 문서화 전략 수립은 API 설계의 일부다. 개발자 포털은 API 성공에 기여하는 다양한 페르소나를 지원한다. 13장에서는 API 문서화의 필수 사항을 간략히 설명하고, API 개발자 포털을 구축하고 개선하는 방법에 대한 현장의 통찰력을 제공한다.

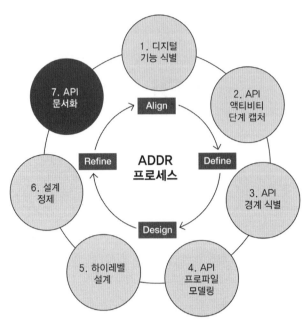

그림 13.1 정제의 마지막 단계는 API 설계에 학습한 내용을 다시 통합해 정확한 문서를 만드는 것이다.

▌ API 문서화의 중요성

API 문서는 API를 통합할 개발자에게 가장 중요한 사용자 인터페이스로, API 설계와 제공을 담당하는 API 제공자와 API를 애플리케이션 및 자동화 스크립트에 통합할 많은 개발자 간의 기본 통신 매체다.

API가 오픈소스 프로덕트의 일부가 아닌 한 API 소비자는 소스코드에 접근할 수 없다. 소스코드에 접근이 가능하더라도 API를 이해하고자 코드를 읽는 것은 개발자의 속도를 늦추기 때문에 용납할 수 없다. 기껏해야 좌절감을 유발한다. 최악의 경우 개발자가 경쟁업체로 이동하거나 필요한 기능을 스스로 구축한다.

또한 API 문서를 구성하는 것이 중요하다. API 공급자가 시작 가이드 및 참조 문서를 위한 명확한 영역을 만들면 개발자는 필요할 때 필요한 것을 정확히 찾을 수 있다. 가장 잘 작성된 API 문서라도 개발자 포털에 제대로 구성되지 않으면 문제가 발생한다.

API 설명 형식

전통적으로 기술 문서는 PDF, 마이크로소프트 워드 문서 또는 일반 HTML로 캡처 및 공유됐다. 이런 형식은 문서가 없는 것보다 낫지만 문서의 유용성은 사람이 소비하는 것으로 제한된다.

API 설명 형식은 기계가 읽을 수 있는 형식으로, API의 세부 정보를 제공한다. 도구는 설명을 사람이 읽을 수 있는 문서로 변환하고, 클라이언트 라이브러리를 생성하고, 이미 확립된 공통 패턴 및 관행으로 서버 측 코드의 골격을 생성할 수 있다.

일부 API 설명 형식은 공급업체별 확장 추가를 지원한다. 이는 배포 프로세스 및 API 관리 계층 구성을 자동화하는 데 사용할 권한 부여, 라우팅 및 구성 규칙을 추가로 정의하는 데 사용할 수 있다.

GraphQL과 gRPC 같은 API 스타일은 고유한 형식을 제공한다. HTTP 위에 직접 구축되는 REST 기반 또는 RPC 기반 API의 경우 별도의 설명 형식이 필요하다. 이 절에서는 팀이 API 설명과 문서화 작업에 사용할 형식을 선택하는 데 도움이 되는 인기 형식에 대한 개요를 제공한다.

문서 예제는 깃허브에서 사용할 수 있는 API 워크숍 examples[1] 리포지터리에서 사용할 수 있다.

---

1. https://bit.ly/align−define−design−examples

OpenAPI 사양

이전에 Swagger로 알려졌던 OAS는 현재 API에 대한 세부 정보를 설명하는 데 가장 널리 사용되는 형식 중 하나다. OAI^{OpenAPI Initiative}의 관리하에 리눅스 재단에서 관리한다. Swagger 브랜드는 SmartBear가 소유하고 있으며 SmartBear는 Swagger 이름으로 다양한 오픈소스 API 프로젝트를 계속 유지하고 지원한다.

OAS는 SwaggerUI 프로젝트에 내장된 체험판 기능으로 인해 인기를 얻었다. 이 프로젝트는 개발자를 위한 HTML 기반 API 참조 문서를 생성하도록 설계됐다. 체험판 기능을 사용하면 개발자와 비개발자가 생성된 문서 안에서 라이브 서버에 대해 API를 탐색할 수 있다. JSON 및 YAML 기반 형식을 지원한다.

OAS는 현재 일부 조직 및 오픈소스 프로젝트에서 OAS v2가 있지만 현재는 버전 3에 있다. 도구 생태계는 방대하고 계속해서 성장하기 때문에 신규나 기존 API를 만드는 팀에게 인기 있는 선택이다. OAS v3의 예는 7장에서 생성한 Shopping Cart API 설계를 기반으로 리스트 13.1에서 보여준다.

리스트 13.1 OpenAPI 사양 버전 3의 예

```
openapi: 3.0.0
info:
  title: Bookstore Shopping Example
  description: The Bookstore Example REST-based API supports the shopping
experience of an online bookstore. The API includes the following capabilities
and operations...
  contact: { }
  version: '1.0'
paths:
  /books:
    get:
      tags:
      - Books
      summary: Returns a paginated list of books
      description: Provides a paginated list of books based on the search
```

```
criteria provided...
        operationId: ListBooks
        parameters:
        - name: q
          in: query
          description: A query string to use for filtering books by title and
description. If not provided, all available books will be listed...
          schema:
            type: string
        responses:
          200:
            description: Success
            content:
              application/json:
                schema:
                  $ref: '#/components/schemas/ListBooksResponse'
          401:
            description: Request failed. Received when a request invalid API
credentials...
          403:
            description: Request failed. Received when a request valid API
credentials towards an API operation or resource you access to.
components:
  schemas:
    ListBooksResponse:
      title: ListBooksResponse
      type: object
      properties:
        books:
          type: array
          items:
            $ref: '#/components/schemas/BookSummary'
          description: "A list of book summaries as a result of a list or filter
request..."
    BookSummary:
      title: BookSummary
```

```
          type: object
          properties:
            bookId:
              type: string
              description: An internal identifier, separate from the ISBN, that
identifies the book within the inventory
            isbn:
              type: string
              description: The ISBN of the book
            title:
              type: string
              description: "The book title, e.g., A Practical Approach to API
Design"
            authors:
              type: array
              items:
                $ref: '#/components/schemas/BookAuthor' description: ''
              description: "Summarizes a book that is stocked by the book store..."
        BookAuthor:
          title: BookAuthor
          type: object
          properties:
            authorId:
              type: string
              description: An internal identifier that references the author
            fullName:
              type: string
              description: "The full name of the author, e.g., D. Keith Casey"
          description: "Represents a single author for a book. Since a book may
have more than one author, ..."
```

API Blueprint

API Blueprint는 현재 오라클^{Oracle}의 일부인 Apiary라는 API 도구 공급업체에서 시작됐다. 이는 마크다운^{Markdown}을 사용해 문서를 쉽게 생성할 수 있다는 아이디어와 코드 생성 및 기타 도구 요구 사항을 지원하고자 기계가 읽을 수 있는 구조를 결합한다.

API Blueprint는 마크다운을 기반으로 동작하기 때문에 IDE를 포함해 마크다운 형식을 사용하는 파일을 렌더링 및 편집할 수 있는 모든 도구가 이 형식으로 작업할 수 있다. 도구 생태계는 OAS만큼 광대하지 않지만 Apiary의 사전 인수 노력으로 인해 상당한 커뮤니티의 지원을 받았다. 리스트 13.2에서 볼 수 있듯이 작업하기 쉽기 때문에 마크다운 기반 문서를 기계가 읽을 수 있는 API 설명 형식과 결합하려는 사람들에게 인기 있는 선택이다.

리스트 13.2 API Blueprint의 예

```
FORMAT: 1A
HOST: https://www.example.com

# Bookstore Shopping API Example
The Bookstore Example REST-based API supports the shopping experience of an
online bookstore. The API includes the following capabilities and opera-
tions...

# Group Books

## Books [/books{?q,offset,limit}]

### ListBooks [GET]
Provides a paginated list of books based on the search criteria provided...

+ Parameters
  + q (string, optional)
    A query string to use for filtering books by title and description. If not
provided, all available books will be listed...
  + offset (number, optional) -
    An offset from which the list of books are retrieved, where an offset of 0
means the first page of results...
    + Default: 0
  + limit (number, optional) -
      Number of records to be included in API call, defaulting to 25 records at
```

a time if not provided...

        + Default: 25

+ Response 200 (application/json)

        Success

    + Attributes (ListBooksResponse)

+ Response 401

        Request failed. Received when a request is made with invalid API
credentials...

+ Response 403

        Request failed. Received when a request is made with valid API
credentials towards an API operation or resource you do not have access to.

Data Structures

ListBooksResponse (object)
A list of book summaries as a result of a list or filter request...

Properties

+ 'books' (array[BookSummary], optional)

BookSummary (object)
Summarizes a book that is stocked by the book store...

Properties

+ 'bookId' (string, optional) - An internal identifier, separate from the ISBN,
that identifies the book within the inventory
+ 'isbn' (string, optional) - The ISBN of the book
+ 'title' (string, optional) - The book title, e.g., A Practical Approach to API
Design
+ 'authors' (array[BookAuthor], optional)

BookAuthor (object)
Represents a single author for a book. Since a book may have more than one author,
...

Properties
+ 'authorId' (string, optional) - An internal identifier that references the
author

```
+ 'fullName' (string, optional) - The full name of the author, e.g., D. Keith
Casey
```

RAML

RAML은 RESTful API Modeling Language의 약자로, 전체 API 설계 라이프사이클을 염두에 두고 설계됐다. MuleSoft 내에서 시작됐지만 다른 많은 업계 리더의 기여자들도 포함돼 있다. RAML의 설계는 문서 및 코드 생성 도구와 함께 설계 도구를 지원하기 위한 것이었다. RAML은 YAML 형식을 기반으로 한다.

RAML은 MuleSoft의 도움으로 시작됐지만 사양과 도구의 대부분은 공급업체 중립적이다. RAML은 REST API에 공통적인 리소스, 메서드, 매개변수, 응답, 미디어 유형, 기타 HTTP 구성을 설명하는 데 중점을 둔다. 그러나 대부분 HTTP API 형식을 설명하는 데 사용할 수 있다. 리스트 13.3은 장바구니 API에 RAML을 사용한다.

리스트 13.3 RAML v1.0의 예

```
#%RAML 1.0
title: Bookstore Shopping API Example
version: 1.0
baseUri: https://www.example.com
baseUriParameters:
  defaultHost:
    required: false
    default: www.example.com
    example:
      value: www.example.com
    displayName: defaultHost
    type: string
protocols:
- HTTPS
```

```
documentation:
- title: Bookstore Shopping API Example
   content: The Bookstore Example REST-based API supports the shopping expe-
rience of an online bookstore. The API includes the following capabilities and
operations...
types:
  ListBooksResponse:
     displayName: ListBooksResponse
     description: A list of book summaries as a result of a list or filter
request...
     type: object
     properties:
       books:
          required: false
          displayName: books
          type: array
          items:
             type: BookSummary
  BookSummary:
     displayName: BookSummary
     description: Summarizes a book that is stocked by the book store...
     type: object
     properties:
       bookId:
          required: false
          displayName: bookId
          description: An internal identifier, separate from the ISBN, that
identifies the book within the inventory
          type: string
       isbn:
          required: false
          displayName: isbn
          description: The ISBN of the book
          type: string
       title:
          required: false
```

```
              displayName: title
              description: The book title, e.g., A Practical Approach to API Design
              type: string
          authors:
              required: false
              displayName: authors
              type: array
          items:
              type: BookAuthor
  BookAuthor:
      displayName: BookAuthor
      description: Represents a single author for a book. Since a book may have
more than one author, ...
      type: object
      properties:
          authorId:
              required: false
              displayName: authorId
              description: An internal identifier that references the author
              type: string
          fullName:
              required: false
              displayName: fullName
              description: The full name of the author, e.g., D. Keith Casey
              type: string
/books:
  get:
      displayName: ListBooks
      description: Provides a paginated list of books based on the search criteria
provided...
      queryParameters:
          q:
              required: false
              displayName: q
              description: A query string to use for filtering books by title and
description. If not provided, all available books will be listed...
```

```
                type: string
            offset:
                required: false
                default: 0
                example:
                    value: 0
                displayName: offset
                description: A offset from which the list of books are retrieved, where
an offset of 0 means the first page of results...
                type: integer
                minimum: 0
                format: int32
        limit:
            required: false
            default: 25
            example:
                value: 25
            displayName: limit
            description: Number of records to be included in API call, defaulting to
25 records at a time if not provided...
            type: integer
            minimum: 1
            maximum: 100
            format: int32
    headers:
        Authorization:
            required: true
            displayName: Authorization
            description: An OAuth 2.0 access token that authorizes your app to call
this operation...
            type: string
    responses:
        200:
            description: Success
            headers:
                Content-Type:
```

```
            default: application/json
            displayName: Content-Type
            type: string
        body:
            application/json:
            displayName: response
            description: Success
            type: ListBooksResponse
    401:
        description: Request failed. Received when a request is made with invalid
API credentials...
        body: {}
    403:
        description: Request failed. Received when a request is made with valid
API credentials towards an API operation or resource you do not have access to.
        body: {}
```

JSON 스키마

JSON 스키마 사양은 JSON 기반 구조에 대한 구조 및 유효성 검사 규칙을 캡처하고자 기계가 읽을 수 있는 형식을 제공한다. 스키마 사양은 핵심 기본 규칙과 유효성 검사 규칙으로 구분돼 유효성 검사가 필요한 JSON 스키마를 정의하기 위한 포괄적인 솔루션이다. JSON 스키마는 XML 스키마에 해당하는 JSON으로 생각할 수 있다.

특정 API 스타일과 독립적이지만 JSON 스키마는 REST 기반 API 및 기타 API 스타일에 대한 리소스 표현을 설명하는 데 사용할 수 있다. 또한 기업 전체의 도메인 객체에 대한 스키마 형식을 정의하기 위한 단일 형식으로 사용되기도 한다.

OAS의 스키마 정의 부분은 매우 유연하지만 JSON 스키마가 제공하는 강력한 스키마 정의 지원이 부족하다. OAS v3.1에 대한 최근의 노력은 JSON 스키마와 OAS라는 두 형식을 모두 사용할 수 있게 하는 데 도움이 됐다. JSON 스키마는

OAS 설명 형식 내에서 수용되는 것을 감안할 때 계속해서 도구 지원을 받을 것으로 예상된다. JSON 스키마는 리스트 13.4에서 보여준다.

리스트 13.4 JSON 스키마의 예

```json
{
  "$id": "https://example.com/BookSummary.schema.json",
  "$schema": "http://json-schema.org/draft-07/schema#",
  "description": "Summarizes a book that is stocked by the book store...",
  "type": "object",
  "properties": {
    "bookId": {
      "type": "string"
    },
    "isbn": {
      "type": "string"
    },
    "title": {
      "type": "string"
    },
    "authors": {
      "type": "array",
      "items": {
        "$ref": "#/definitions/BookAuthor"
      }
    }
  },
  "definitions": {
    "BookAuthor": {
      "type": "object",
      "properties": {
        "authorId": {
          "type": "string"
        },
        "fullName": {
          "type": "string"
```

```
          }
        }
      }
    }
  }
}
```

ALPS를 이용한 API 프로파일

ALPS^Application-Level Profile Semantics^는 사용 가능한 API 스타일 및 프로토콜과 관계없이 애플리케이션 수준 및 도메인 의미를 정의하기 위한 설명 형식이다. API와 상호 작용하는 방법에 대한 세부 사항보다는 API에서 교환되는 디지털 기능 및 메시지의 프로파일을 정의하는 데 도움이 된다. ALPS는 API 모델링 중에 생성된 API 프로파일을 캡처하는 데 유용한 기계가 판독 가능한 형식이다(6장 참고).

ALPS는 API 및 서비스 검색, API 카탈로그 및 API 프로파일이 REST 기반, gRPC 또는 GraphQL을 포함한 하나 이상의 API 스타일을 사용해 구현될 수 있는 도구 메타데이터를 강화하도록 설계됐다. 사양은 XML, JSON, YAML 형식에 대한 지원을 제공한다.

ALPS는 데이터(메시지)와 전환(작업)이라는 2가지 기본 요소의 조합을 지원한다. 이 두 요소를 결합하면 API 프로파일에 대한 동작 및 메시지 의미를 캡처한다. JSON 기반 사양 지원이 계획돼 있지만 ALPS의 기본 형식은 XML이다.

리스트 13.5는 사용 가능한 여러 API 스타일 구현에 대한 작업 및 메시지를 설명하는 데 사용할 수 있는 예제 API 프로파일을 제공한다.

리스트 13.5 ALPS Draft 02 형식을 사용하는 XML의 API 프로파일

```
<alps version="1.0">
  <doc format="text">A contact list.</doc>
  <link rel="help" href="http://example.org/help/contacts.html" />
  <!-- a hypermedia control for returning BookSummaries -->
```

```
  <descriptor id="collection" type="safe" rt="BookSummary">
    <doc>
       Provides a paginated list of books based on the search criteria provided.
    </doc>
    <descriptor id="q" type="semantic">
       <doc>A query string to use for filtering books by title and
description.</doc>
    </descriptor>
  </descriptor>

  <!-- BookSummary: one or more of these may be returned -->
  <descriptor id="BookSummary" type="semantic">
    <descriptor id="bookId" type="semantic">
       <doc>An internal identifier, separate from the ISBN, that identifies
the book within the inventory</doc>
    </descriptor>
    <descriptor id="isbn" type="semantic">
      <doc>The ISBN of the book</doc>
    </descriptor>
    <descriptor id="title" type="semantic">
       <doc>The book title, e.g., A Practical Approach to API Design</doc>
    </descriptor>
    <descriptor id="authors" type="semantic" rel="collection">
       <doc>Summarizes a book that is stocked by the book store</doc>
       <descriptor id="authorId" type="semantic">
         <doc>An internal identifier that references the author</doc>
       </descriptor>
       <descriptor id="fullName" type="semantic">
         <doc>The full name of the author, e.g., D. Keith Casey</doc>
       </descriptor>
    </descriptor>
  </descriptor>
</alps>
```

APIs.json을 이용한 API 검색 개선

개발자가 다양한 도구를 사용해 API를 사용하는 데 도움이 되도록 여러 API 설명 형식이 필요할 수 있다. APIs.json은 기계가 읽을 수 있는 인덱스 파일을 통해 API 검색을 지원하는 설명 형식이다. 검색 엔진 인덱서를 웹 사이트의 중요한 영역으로 안내하는데, 일반 웹 사이트의 사이트 맵과 비슷하다.

단일 APIs.json 파일은 여러 API를 참조할 수 있으므로 이 형식은 여러 개별 API 설명 파일을 단일 프로덕트 또는 플랫폼으로 분리하는 데 유용하다. 다른 기계 판독 가능 형식과 결합될 때 API는 공개 또는 비공개 API 카탈로그 내에서 검색, 인덱싱 및 제공될 수 있다.

이름에서 알 수 있듯이 기본 형식은 JSON이지만 리스트 13.6에 표시된 YAML 기반 형식도 사용할 수 있다.

리스트 13.6 API의 인덱싱된 보기 및 다양한 기계 판독 가능 설명 파일을 제공하는 APIs.json의 예

```
name: Bookstore Example
type: Index
description: The Bookstore API supports the shopping experience of an online
bookstore, along with ...
tags:
    - Application Programming Interface
    - API
created: '2020-12-10'
url: http://example.com/apis.json specificationVersion: '0.14'
apis:
 - name: Bookstore Shopping API
   description: The Bookstore Example REST-based API supports the shopping
experience of an online bookstore
   humanURL: http://example.com
   baseURL: http://api.example.com
   tags:
       - API
       - Application Programming Interface
```

```
  properties:
    - type: Documentation
      url: https://example.com/documentation
    - type: OpenAPI
      url: http://example.com/openapi.json
    - type: JSONSchema
      url: http://example.com/json-schema.json

  contact:
    - FN: APIs.json
      email: info@apisjson.org
      X-twitter: apisjson

specifications:
  - name: OpenAPI
    description: OpenAPI is used as the contract for all of our APIs.
    url: https://openapis.org
  - name: JSON Schema
    description: JSON Schema is used to define all of the underlying objects
used.
    url: https://json-schema.org/

common:
  - type: Signup
    url: https://example.com/signup
  - type: Authentication
    url: http://example.com/authentication
  - type: Login
    url: https://example.com/login
  - type: Blog
    url: http://example.com/blog
  - type: Pricing
    url: http://example.com/pricing
```

▌코드 예제로 문서 확장

코드 예제는 개발자가 문서를 실제로 적용하는 데 필요한 중요한 지침을 제공한다. 이는 개발자가 참조 문서와 API 통합의 실제 작업을 연결하는 데 도움이된다.

코드 예제는 특정 작업이 어떻게 작동하는지 보여주는 몇 개의 줄부터 완전한 워크플로를 보여주는 더 복잡한 예제에 이르기까지 다양한 형태로 제공된다.

시작하기 코드 예제 먼저 작성

개발자는 처음에 API에 대해 기본적으로 이해하고 API가 문제 해결에 도움이 되는 방법을 알아야 한다. 이 단계에서 개발자는 단지 무언가가 작동하는 것을 보고 싶어 한다는 것을 기억하는 것이 중요하다.

TTFHW^{Time To First Hello World}는 API 복잡성을 결정하는 핵심 지표다. 개발자가 첫번째 '승리'에 도달하는 데 시간이 오래 걸릴수록 API로 어려움을 겪고 API를 포기하거나 자체 솔루션을 구축할 가능성이 커진다.

개발자가 빠르게 시작할 수 있도록 명시적 코딩이 필요 없는 간결한 예제를 제공하라. Stripe의 다음 예를 보자.

```
require "stripe"
Stripe.api_key = "your_api_token" Stripe::Token.create(
  :card => {
    :number => "4242424242424242",
    :exp_month => 6,
    :exp_year => 2024,
    :cvc => "314"
})
```

이 예제에서 작성할 코드가 없음에 주목한다. 개발자는 샌드박스 환경에서 신용카드 토큰을 얻으려면 API 키만 입력하면 된다.

개발자가 첫 번째 'Hello world'에 도달하는 시간을 줄이는 것은 매우 중요하다. 따라서 이 단계에서는 개발자에게 많은 코드 작성을 요구하는 것은 피해야 한다. API를 처음 써보는 시점에 참고하는 예제 코드는 절대 개발자에게 많은 코드 작업을 강요해서는 안 된다. 대신 쉽게 시작할 수 있어야 하고 결과 검증 역시 쉽게 볼 수 있어야 한다.

워크플로 예제로 문서 확장

개발자가 몇 가지 코드 예제를 사용해 API를 사용해볼 시간을 갖고 나면 다음 단계는 일반적인 사용 사례와 워크플로를 시연하기 시작하는 것이다.

워크플로 예제는 특정 결과를 달성하는 데 중점을 둔다. 이런 예제는 프로덕션 준비 코딩 규칙에 대한 완전한 이해를 제공해야 한다. 인라인 주석을 사용하면 각 단계가 필요한 이유를 설명하는 데 도움이 된다. 하드코딩된 값을 사용해 이해도를 높인다. 코드를 읽기 쉽게 만드는 변수와 메서드 이름을 선택한다.

다음은 Stripe의 루비 기반 도우미 라이브러리를 사용해 신용카드를 청구하는 예다.

```ruby
# Remember to change this to your API key
Stripe.api_key = "my_api_key"

# Token is created using Stripe.js or Checkout!

# Get the payment token submitted by the form:
token = params[:stripeToken]

# Create a Customer:
customer = Stripe::Customer.create(
  :email => "paying.user@example.com",
  :source => token,
)

# Charge the Customer instead of the card:
charge = Stripe::Charge.create(
```

```
    :amount => 1000,
    :currency => "usd",
    :customer => customer.id,
)

# YOUR CODE: Save the customer ID and other info
# in a database for later.

# YOUR CODE (LATER): When it's time to charge the
# customer again, retrieve the customer ID.

charge = Stripe::Charge.create(
    :amount => 1500, # $15.00 this time
    :currency => "usd",
    :customer => customer_id, # Previously stored, then retrieved
)
```

워크플로 코드 예제는 빠른 TTFHW를 달성하는 데 사용되는 것보다 더 복잡하다. 이런 예제는 개념을 설명하기에 충분히 짧아야 하지만 이해하는 데 상당한 시간이 필요할 정도로 길지 않아야 한다. 쉽게 이해되고 고객 요구에 매핑될 가능성이 있는 시나리오를 시연하는 것이 가장 좋은 경우가 많다.

에러 사례 및 운영 환경 준비가 된 예제

일부 개발자는 운영 환경을 위한 코드 생성을 준비하는 데 다른 개발자보다 더 익숙할 수 있지만 예제 지원은 API 통합의 마지막 기간 동안 개발을 순조롭게 할 수 있다. 에러 사례 및 운영 환경 준비가 된 예제는 개발자가 API를 운영 환경에 통합하는 방법을 이해하는 데 도움이 된다.

예제는 개발자가 문제를 적절하게 해결하고 API 중단이 발생할 때 재시도 루프를 통합하는 데 도움이 된다. 최종 사용자가 제공한 불량 데이터를 포착하고 복구하는 방법을 보여주는 예를 추가하는 것도 중요하다. 마지막으로 계정에 대한 현재 요율 한도를 얻는 방법과 요율 한도가 초과된 시점을 감지하는 방법을 보여준다.

▌참조 문서에서 개발자 포털로

API 문서는 API와 사용 방법을 설명하는 모든 작업에 대한 포괄적인 용어다. 이 용어는 문서의 종류가 한 가지뿐인 것처럼 사용되지만 API 문서는 참조 문서 그 이상을 포함한다. 여긴 API 소비자가 성공하는 데 필요한 모든 요소를 통합하는 개발자 포털이 포함된다. 또한 개발자 외에 API 채택 프로세스에 참여하는 추가 페르소나도 다룬다.

개발자 포털을 통한 API 채택 증가

개발자는 API 개발자 포털의 대상 페르소나인 경우가 많지만 다른 페르소나도 개발자 포털의 혜택을 받는다.

- 새로운 API의 발견, 검토, 승인 과정에 참여하는 임원
- 내부 또는 타사 API를 활용해 새로운 솔루션 제공 속도를 높이는 방법을 찾는 비즈니스 및 프로덕트 관리자
- 엔터프라이즈 포트폴리오의 기존 API를 활용할 수 있는 새로운 솔루션을 정의하는 솔루션 설계자 및 기술 리더

개발자 포털은 API를 찾는 데 필요한 다양한 스타일의 커뮤니케이션, API 사용의 이점에 대한 이해, API 통합 방법에 대한 개발자 지원을 함께 제공한다. 또한 조직 전체의 전도를 위해 조직의 API 포트폴리오 내에 존재하는 많은 익명 API 위에 인터페이스를 제공한다.

사례 연구

엔터프라이즈 개발자 포털 성공

대기업 IT 그룹을 위한 API 프로그램 이니셔티브는 소수의 핵심 인력으로 시작됐다. 1년간의 투자 끝에 이 팀은 비즈니스에 다양한 고가치 기능을 제공하는 여러 API를 제작했다. 그러나 팀은 참조 문서만 생성했으며 개발자 포털은 생성하지 않았다. 그 결과 API 사용을 시작하는 방법에 대한 정보를 쉽게 얻을 수 없었다. 팀은 도움을 받아 참조 문서를 완전한 개발자 포털로 확장했다.

수정된 개발자 포털은 API의 구조 및 기능 소개, 통합을 위한 샌드박스 환경에서의 온보딩, 간단한 인증 프로그램을 통한 프로덕션 액세스를 통해 개발자를 안내한다.

영향력 있는 경영진은 개발자 포털을 사용해 조직 전체에 API 프로그램을 전파하므로 API 채택에 대한 수요가 증가한다. 개발자 포털은 이제 중앙 커뮤니케이션 도구이자 기술 팀과 비기술 팀 모두에게 프로그램을 홍보하는 방법으로 사용된다.

훌륭한 개발자 포털의 요소

훌륭한 개발자 포털은 API 채택과 관련된 다양한 페르소나의 요구 사항을 해결하는 다음 요소로 구성된다.

- **기능 검색:** API에 대한 개요는 잠재 고객을 검증하기 위한 이점, 기능 및 가격과 같은 문제를 다룬다.
- **사례 연구:** 사례 연구는 API를 사용해 구축된 애플리케이션을 강조한다. 독자가 특정 수직 비즈니스 도메인 또는 특정 유형의 앱에서 API가 사용되는 방식을 이해하는 데 도움이 된다.
- **시작하기 가이드:** 빠른 시작 가이드라고도 하는 이 가이드는 API가 해결하는 일반적인 사용 사례를 개발자에게 소개하고 각 사례에 대해 시작하기 위한 단계별 가이드를 제공한다.
- **인증 및 권한 부여:** 이 요소는 원하는 대로 API를 사용하는 데 필요한 적절한 권한 부여 범위를 가진 API 토큰을 얻는 방법을 설명한다.
- **API 참조 문서:** URL 경로 구조, 입력 및 출력 데이터 구조, 에러 데이터 구조를 포함한 각 작업에 대한 세부 정보는 참조 문서에 제공된다.
- **릴리스 정보 및 변경 로그:** 새로운 작업 및 기존 작업의 개선 사항을 포함해 각 릴리스의 변경 사항이 기록 형식으로 요약된다.

이런 필수 요소 외에도 개발자 포털은 다음 경험을 알리고 제공하려 한다.

- **손쉬운 온보딩:** 시작하기 어려운 API는 거의 채택되지 않는다. 자체 등록

에서 가이드 투어 및 API 토큰 생성에 이르기까지 손쉬운 온보딩은 개발자가 새로운 API를 채택하는 데 따른 어려움을 극복하는 데 도움이 된다. 개발자 포털과 API 토큰 프로비저닝을 담당하는 API 게이트웨이 간의 통합은 효과적인 온보딩에 중요하다.

- **운영 통찰력:** API를 사용할 수 있는가? 아니면 일시적으로 다운인가? API의 가용성을 반영하는 간단한 상태 페이지는 애플리케이션에서 증가된 에러를 보고 있는 개발자와 운영 직원에게 알리는 데 도움이 된다.
- **실시간 지원:** 채팅 솔루션을 포함해 개발자 포털에 내장되거나 Slack, WebEx 또는 마이크로소프트 Teams와 같은 커뮤니케이션 플랫폼을 통해 통합 문제를 해결할 수 있는 사람들에게 직접 액세스할 수 있다. 실시간 지원을 담당하는 팀을 개발자 관계Developer Relations 또는 줄여서 DevRel이라고 한다. 개발자 지원과 함께 개발자 포털을 담당할 수 있다.

효과적인 API 문서화

명확한 문서를 작성하려면 API 채택을 고려하는 사람들이 일반적으로 묻는 질문에 답하는 것이 중요하다. 이러한 질문에 대한 답변은 API를 통합하는 개발자와의 인터뷰를 통해 얻을 수 있다.

가능하면 그들과 대화를 나누는 것이 중요하다. API 소비자와의 토론에 참여하면 중요한 '아하!' 순간이 있을 텐데 API 제공자가 문서를 개선해야 하는 순간이다.

API 소비자와 논의할 수 없는 경우 문서를 검토할 다른 개발자를 찾으라. 신화적인 시나리오를 정의한 다음 프로토타입을 생성하고자 API를 호출하는 일부 코드를 작성해 문서 감사를 수행한다. 그 과정에서 제공되는 API 문서에 대한 개선 영역을 식별하고자 질문한다.

질문1: API가 내 문제를 어떻게 해결하는가?

API 문서에 API가 해결하는 것과 해결하지 못하는 것을 설명하고 API가 과거에 해결한 예제 사용 사례를 제공하는 소개가 있는지 확인한다. 이 정보는 API가 자신의 필요에 적합한지 여부를 결정하려고 할 수 있는 독자를 위한 콘텍스트를 설정한다.

질문2: 각 API 작업은 어떤 문제를 지원하는가?

각 작업이 수행하는 작업과 적용 가능한 시기를 명확히 하는 문서를 추가한다. '모든 계정 가져오기'는 API 작업에 대한 유용한 설명이 아니다. 암시적이든 명시적이든 어떤 종류의 필터가 지원되는지에 대한 추가 세부 정보를 추가한다.

API 작업을 언제 사용할 수 있는지 또는 특정 결과를 달성하고자 다른 작업과 결합할 수 있는지 설명하는 몇 가지 예시 시나리오를 제공한다. ADDR 프로세스 중에 생성된 작업 스토리 및 API 프로파일은 이 세부 정보에 대한 좋은 소스다.

질문3: API 사용을 시작하려면 어떻게 해야 하는가?

API가 셀프 서비스 온보딩을 제공하는 경우 더 빨리 시작할 수 있는 이점으로 설명서에서 이 기능을 호출한다. 파트너십 프로그램을 진행하는 데 시간이 필요한 사람들을 위해 문서에 프로그램의 세부 사항도 포함한다. 이 정보는 개발자가 첫 번째 hello world 통합을 시작하기 전에 적절한 리드 타임을 고려하게 한다.

API 문서의 다양한 위치에 온보딩 프로세스에 대한 링크를 제공하는 것이 중요하다. 모든 개발자가 개발자 포털의 홈페이지에서 시작하는 것은 아니다. 공개적으로 액세스 가능한 참조 문서는 검색 엔진에 의해 색인화돼 개발자 포털에 대한 유기적 진입점을 생성한다. 참조 API 문서 상단 근처에 온보딩 프로세스에 대한 링크를 포함해야 한다.

마지막으로 모든 개발자가 API 사용 방법을 알아낼 수 있다고 가정하지 않는다.

모든 개발자는 경력의 다른 단계에 있다. 일부는 웹 API를 사용하는 다른 사용자와 동일하거나 더 많거나 더 적은 경험을 가질 수 있다. 시간을 내어 시작하는 방법을 단계별로 설명한다.

API 문서에서 테크니컬 라이터의 역할

전통적으로 테크니컬 라이터들은 소프트웨어 매뉴얼을 PDF나 HTML 형식으로 제공하는 데 집중했다. 이 매뉴얼은 스크린샷과 소프트웨어 사용에 대한 단계별 안내로 구성돼 있다. 종종 간과되는 기능을 포함해 사용자 인터페이스에 대한 광범위한 지식이 필요했다. 이 역할은 최종 사용자가 지원 비용을 절감하면서 소프트웨어를 효과적이고 효율적으로 사용할 수 있게 하는 데 매우 중요했다. 드물게 테크니컬 라이터가 C/C++, 자바 또는 파이썬과 같은 하나 이상의 프로그래밍 언어에 대한 깊은 지식이 있어야 했다.

지난 10년 동안 테크니컬 라이터의 역할은 변화를 겪었다. 일부 조직에서는 테크니컬 라이터가 최소한의 문서나 문서가 필요하지 않은 사용자 인터페이스를 설계하는 UX^{User eXperience} 전문가로 대체됐다. 다른 조직에서는 테크니컬 라이터를 마케팅 및 프로덕트 역할로 교체해 앱 사본을 개선해서 전환을 장려하거나 사용 메트릭을 증가시켰다.

API의 성장과 함께 테크니컬 라이터에 대한 수요가 다시 증가하고 있다. 자바, 파이썬, GoLang, 루비, 자바스크립트, 오브젝티브C, 스위프트^{Swift}, 커맨드라인 자동화 등을 사용해 API 통합을 시연하고자 다양한 프로그래밍 언어와 함께 HTTP를 통해 직접 API를 사용하는 방법을 이해해야 한다. 대상 고객은 최종 사용자, 숙련된 개발자, 대학을 갓 졸업한 개발자에 걸쳐 있다. 연간 몇 개의 대규모 릴리스에 초점을 맞춘 문서화 노력이 아니라 배포 자동화 및 클라우드 인프라로 인해 릴리스가 매주 또는 매일 발생할 수 있다.

테크니컬 라이터가 모든 프로덕트에 제공하는 가치는 엄청나다. API의 경우 그들의 재능은 매우 중요하다. API의 설계 및 문서에 대한 객관적 관점을 제공해 대상 고객에게 가치를 제공하게 한다. 각 API 작업의 목적과 용도에 대한 질문은 API 설계를 조기에 완료하는 데 도움이 된다.

대부분의 테크니컬 라이터가 직면한 과제는 조직에서 제공하는 모든 API의 릴리스 이전, 도중, 이후에 방대한 양의 작업을 처리할 수 있는 충분한 팀을 구성하는 것이다. 소규모 API에 대한 단일 테크니컬 라이터는 문서를 업데이트된 상태로 유지할 수 있다. 조직이 크고 여러 API, 아마도 API 프로덕트를 제공하는 경우 가장 재능 있는 테크니컬 라이터의 능력을 넘어서도록 문제가 커질 것이다.

따라서 조직에 테크니컬 라이터 팀이 있어야 한다. 이 팀은 새로운 API에 대해 몇 명의 테크니컬 라이터를 전담할 수 있어야 하며 다른 일부는 기존 API에 대한 문서를 유지 관리하는 데 집중할 수 있어야 한다. 초기에 모든 API 설계 결정에서 고려돼야 하며 처음부터 끝까지 모든 API 설계 프로세스의 일부여야 한다. API 문서화 도구 및 프로세스에 관한 모든 결정은 개발자가 특정 도구를 강요하는 것이 아니라 테크니컬 라이터가 내려야 한다. 그들은 빠르고 간편한 문서 작업을 위해 마지막 순간에 API 구현을 던진 고립된 팀이 아니라 일급 팀 구성원으로 간주해야 한다.

마지막으로 API 문서는 개발자를 위한 사용자 인터페이스라는 것을 기억해야 한다. 테크니컬 라이터는 API의 성공 여부를 결정할 수 있다. 일부 API가 파트너, 고객, 타사 서비스 통합자를 대상으로 하는 엔터프라이즈 API 플랫폼의 경우에도 마찬가지다.

▌실행 가능한 최소 포털

실행 가능한 최소 포털[MVP, Minimum Viable Portal]은 개발자 포털 제공에 대한 단계적 접근 방식을 수립하기 위한 것으로 린 프로세스[lean processes]에서 실행 가능한 최소 프로덕트라는 아이디어를 기반으로 한다. 실행 가능한 최소 포털은 3단계로 우선순위 지정 기능을 제공한다. 첫 번째 단계는 최소한의 개발자 포털 요구 사항이다. 팀이 API를 완성함에 따라 개발자 포털은 최소 문서에서 강력한 개발자 포털로 전환해 향상될 수 있다.

단계 1: 실행 가능한 최소 포털

표 13.1의 체크리스트는 초기 API 개발자 포털에서 제공해야 하는 가장 중요한 5가지 모듈을 나열한다. 표에는 답변해야 할 질문과 프로세스 안내를 돕고자 각 섹션에 포함할 정보가 포함돼 있다.

표 13.1 실행 가능한 최소 포털 체크리스트

영역	답변할 질문	포함할 정보
개요	어떤 유형의 API가 있는가?	API 유형(RESTful, SOAP, gRPC, GraphQL 등)
	사용자는 API로 무엇을 할 수 있는가?	간단한 사용 사례 및 예(2~3개의 문장)
	사용자가 알아야 할 액세스 세부 정보 또는 제한 사항이 있는가?	기본 URL, 속도 제한
인증	API에 인증 토큰이나 키가 필요한 경우 사용자는 어떻게 얻는가?	인증 방법
	토큰/키는 만료되는가?	만료 간격(있는 경우)
	토큰/키가 만료되면 사용자는 어떻게 해야 하는가?	만료된 토큰/키 새로 고침
	사용자가 API에 인증을 어떻게 전달하는가?	인증 헤더 예제
워크플로	사용자가 API로 할 수 있는 가장 유용한 2~3가지 작업에 대한 최적의/가정된 워크플로는 무엇인가?	워크플로에 언급된 각 작업에 대한 참조 링크
코드 예제	'hello world' 및 일반적인 사용 사례의 코드는 어떻게 생겼는가?	사용자가 복사해 붙여 넣을 수 있는 완전한 코드 예제 및 코드 조각

(이어짐)

영역	답변할 질문	포함할 정보
참조	사용자가 각 작업을 사용하고자 알아야 할 사항은 무엇인가?	각 작업에 대해: HTTP 메서드(GET, PUT, POST, DELETE)
		완전한 요청 URL
		매개변수(경로 및 쿼리): 이름, 유형, 설명 및 매개변수가 필수인지 여부
		요청 예(헤더 및 본문 포함)
		유형, 설명 및 요소가 필수인지 여부를 포함한 예제 요청의 각 요소 목록
		예시 응답
		유형 및 설명을 포함한 예시 응답의 각 요소 목록
		코드, 메시지 및 의미를 포함한 오류 및 상태 코드 목록

이 목록의 모든 항목이 모든 섹션에 대해 선택 해제되면 API 개발자 포털은 API 설계의 초기 단계에 관련된 초기 소비자의 요구와 API를 발견할 수 있는 미래 소비자의 요구를 지원하기에 좋은 상태가 된다. 사용 가능한 전문 지식과 API 작업 수에 따라 이 단계를 완료하는 데 1 ~ 3주가 소요될 수 있다. 필요한 경우 API가 처리하는 가장 일반적인 사용 사례에 초점을 맞춘 다음 향후 단계에서 추가 문서를 통합한다.

단계 2: 개선

포털을 개선하는 데 시간을 할애하는 가장 좋은 위치는 API의 특성에 따라 다르다. API가 변경됐거나, 새로운 작업이 있거나, 이전에 문서화된 것과 다르게 작동하는 경우 우선순위는 변경 사항을 통합하도록 문서를 업데이트하는 것이다. 그러나 모든 것이 최신 상태라면 표 13.2의 몇 가지 아이디어를 시간이 허락할 때 고려한다.

표 13.2 개발자 포털 개선

개선 종류	권장 개선 사항
빠름 (1~2일)	API 개선 사항 및 수정 사항을 나열하는 변경 로그 추가 용어 표준화: 문서 전체에서 항상 동일한 용어를 사용해 동일한 것을 의미하는지 확인 사용 사례와 예를 조정해 비즈니스 지향적인지 확인 API에 대한 채팅 기반 지원 또는 공개 토론 포럼 추가 API에 대한 사용자의 프로젝트 및 블로그 게시물로 연결되는 페이지를 추가(예, Sunlight Foundation에는 도움이 필요한 프로젝트와 사용할 준비가 된 프로젝트가 나열됨) 공유 프로덕트 로드맵 생성
빠르지 않음 (3일 이상)	개발자 중심이 아닌 사용자 중심으로 모든 콘텐츠 수정 사용자가 검색할 가능성이 높은 용어를 포함하도록 텍스트 업데이트 누락되거나 불완전하거나 혼동되는 정보에 대한 참조를 검토 섹션 및 콘텐츠의 논리적 순서를 개선하고자 재구성 비기술적이거나 덜 기술적인 사용자 및 의사결정자를 위한 비즈니스 중심 콘텐츠 추가 새로운 게시 도구 구현 코드 예제를 완전한 자습서로 확장 개발자가 빠르게 시작할 수 있도록 깃허브를 통해 사용할 수 있는 참조 앱 만들기

단계 3: 성장에 집중

팀 요구 사항과 관련된 처음 단계 2의 항목이 완료되면 포털을 고객 지원에서 채택 성장으로 전환하고자 몇 가지 추가 개선 사항을 고려한다.

- **사례 연구 추가:** 사례 연구는 클라이언트가 문제를 해결하거나 비즈니스를 확장하거나 어떤 식으로든 성공하고자 API를 사용한 방법을 설명해 API의 가치를 보여준다. 그들은 API가 이미 다른 사람들에게 어떻게 도움이 됐고 그들에게도 도움이 될 수 있는지 독자가 이해하는 데 도움이 되는 실제 콘텍스트를 제공함으로써 API 문서에 깊이와 의미를 더한다. 사례 연구는 API 사용에 대한 새로운 아이디어에 영감을 줄 수도 있다. '사례 연구'가 다소 건조하거나 학문적으로 들리면 '성공 사례' 또는 '클

라이언트 사례'와 같은 것을 대신 시도하는 것도 괜찮다.

- **시작하기 가이드 추가:** API 작동 방식을 이해하는 독자는 인증 세부 정보만으로 API를 사용할 수 있지만 익숙하지 못한 사용자는 어떨까? 시작하기 가이드는 사용자가 API를 사용할 수 있다는 자신감을 심어주고 나머지 문서를 더 깊이 파고들도록 영감을 줘야 한다.

- **분석 통합:** 분석은 포털 관리자가 트래픽 패턴에 대한 실제 데이터를 기반으로 포털을 청중의 요구에 맞게 조정하고 독자가 콘텐츠를 좀 더 원활하게 이동할 수 있도록 도와준다.

- **단일 페이지 형식으로 이동:** 포털의 일부를 단일 페이지로 재구성하는 것을 고려한다. 이 형식의 이점은 사용자가 모든 섹션 머리글로 연결되는 메뉴를 사용하거나 Ctrl/Cmd + F를 사용해 페이지에서 텍스트를 검색해 문서를 탐색할 수 있다는 것이다.

- **문서 번역:** API가 주목을 받으면 문서 번역이 도움이 될 것인지 고려한다. 전문 번역은 비용이 많이 들고 시간이 걸리므로 이 여정을 시작하기 전에 명확하고 설득력 있는 비즈니스 사례가 필요하다. 드물지만 일부 팀에서는 사용자의 대부분이 다른 국가에 있어 번역된 문서가 이점이 있음을 발견한다.

마지막으로 성공적인 API를 보유한 다른 회사가 문서로 무엇을 하고 있는지 지속적으로 확인한다. 그런 다음 이러한 새로운 아이디어를 개발자 포털에 통합해 고객, 파트너, 내부 개발자에게 혜택을 주기 위한 계획을 작성한다.

▌ 개발자 포털을 위한 도구와 프레임워크

개발자 포털을 구축할 때의 과제 중 하나는 개발자 포털을 생성하는 데 도움이 되는 도구 또는 일련의 도구를 선택하는 것이다. 조직에서 개발자 포털을 생성하는 데 사용한 도구는 다음과 같다.

- **정적 사이트 생성기:** 깃허브 페이지를 구동하는 데 사용되는 Jekyll 및

Hugo와 같은 도구는 개발자 포털을 만들고 관리하는 데 널리 사용된다. 페이지는 마크다운 또는 이와 유사한 표기법을 사용해 작성되고 코드 저장소에 저장된다. 배포는 일반적으로 변경 사항이 기본 분기에 병합되면 최신 버전의 설명서가 게시되게 자동화된다.

- **SwaggerUI:** Swagger API 설명 형식에 대한 모든 것을 시작한 도구로, 이제 도구에서 OAS로 분리된다. 이 오픈소스 코드베이스는 모든 OAS v2 또는 v3 사양과 이전 Swagger 사양 파일을 HTML 형식의 API 참조 문서로 렌더링한다.

- **MVP 템플릿:** Jekyll을 기반으로 하는 API 개발자 MVP를 시작하기 위한 깃허브 프로젝트를 만들고자 다른 사람들과 협력했다. 정적 사이트 생성기를 콘텐츠에 대한 일부 자리 표시자와 결합하고 SwagerUI 또는 유사한 참조 문서를 단일 위치에 통합하는 데 도움이 된다. https://github.com/launchany/mvp-template에서 리포지터리를 분기하고 필요에 따라 사용자 지정해 빠르게 시작한다.

어떤 도구를 선택하든 포털의 일부로 OAS 파일과 같이 기계가 읽을 수 있는 설명을 제공해야 한다. 이를 통해 개발자는 통합 프로세스의 속도를 높이고자 사용자 지정 코드 생성기와 같은 자체 도구를 적용할 수 있다.

마지막으로 개발자 포털의 생성 및 관리를 지원할 수 있는 오픈소스 및 상용 도구를 조사해야 한다. 15장에 자세히 설명할 일부 API 관리[APIM, API Management] 계층은 포털 관리 지원도 제공한다.

▌요약

API 문서화 전략 수립은 성공적인 API 프로덕트, 공식화된 API 프로그램 또는 엔터프라이즈 API 플랫폼 제공의 일부다. 개발자 포털은 다양한 페르소나를 지원해야 한다. 문서가 전체 API 설계 및 제공 라이프사이클의 일부인지 확인하는 것이 중요하다. 그렇지 않으면 대상 페르소나의 요구 사항을 충족하지 못하는 부실한 문서를 초래하는 막판 작업이 된다.

전체 제공 일정의 일부로 문서 및 API 포털 업데이트를 포함시킨다. API는 릴리스와 함께 설명서가 업데이트될 때만 완료된 것으로 간주돼야 한다. 문서화에 대한 이러한 접근 방식은 개발자 및 기타 의사결정권자의 신속한 채택을 장려하는 좀 더 완전한 API를 생성한다.

14장
변화를 위한 설계

API 설계는 정말 의식적으로 조심해야 한다. API는 영원하기 때문이다. 일단 API를 공개하면 버전을 지정할 수 있지만 더 이상 고객이 사용할 수 없게 빼앗을 수 없다. API를 보수적이고 최소의 기능만을 제공하게 설계하면 그 위에 더 많은 기능을 제공할 수 있는 도구를 만들 수 있거나 협력업체들이 만들어 제공할 수 있게 된다.

- 버너 보겔스[Werner Vogels]

변경 관리는 쉽지 않지만 API를 발전시키는 데 있어 피할 수 없는 부분이다. 단일 코드베이스 내에서 작업하는 개발자에게 변경은 어려울 수 있지만 관리할 수 있다. 리팩토링 도구와 자동화된 테스트 범위를 활용해 변경의 영향을 평가한다.

변경에 웹 기반 API가 포함되면 변경이 훨씬 더 어려워진다. 일부 팀은 모든 API 소비자와 직접적인 관계를 맺고 모든 당사자와 협력해 점진적으로 변경 사항을 도입할 수 있다. 그러나 일반적으로 그렇지 않고 대신 대부분의 API 소비자는 API를 소유한 팀과 개인적인 관계가 없다. 고객 이탈을 방지하고자 API 설계 변경을 관리하는 데 각별한 주의가 필요하다. 14장에서는 변경의 영향을 결정하기 위한 몇 가지 고려 사항과 API 소비자에 대한 영향을 최소화하는 API 설계에 변경을 도입하기 위한 전략을 제시한다.

기존 API 변경의 영향

ADDR 프로세스는 초기 단계의 스타트업이든 수백 개의 기존 API가 있는 조직이든 모든 조직에서 작동한다. 이 프로세스는 고객, 파트너, 인력이 필요로 하는 결과와 활동을 나타낸다. 이 접근 방식은 팀이 첫 번째 API를 설계하든 50번째 API를 설계하든 상관없이 매번 유용하다.

이 책 전반에 걸쳐 사용된 가상의 온라인 서점 예제에서는 프로세스 전체에서 식별된 API가 이미 존재하지 않아 미개발 프로젝트가 발생했다고 가정한다. 현실은 조직이 이미 다양한 목적으로 생산 중인 API를 갖고 있으며 제안된 API 설계는 브라운필드 개발이 필요한 현실에 맞아야 한다는 것이다.

이러한 브라운필드 계획은 ADDR 프로세스의 결과를 기존 API 설계와 조정해 최상의 방안을 결정해야 한다. 14장에서는 API가 이미 있는 경우 변경 사항을 처리하기 위한 몇 가지 고려 사항을 자세히 설명한다.

API 설계 격차 분석 수행

팀은 프로세스 중에 식별된 이상적인 API 설계와 현재 설계된 방식에 대한 격차 평가를 수행해야 한다. 그런 다음 팀은 일관성을 위해 API 설계의 동일한 스타일 및 설계 결정을 따를지, 이전 설계 결정과 함께 새 설계를 혼합할지 또는 다른 대안을 고려할지 결정해야 한다.

이 설계 격차 분석을 수행할 때 고려해야 할 요소는 다음과 같다.

- 설계 과정에서 리소스 및 리소스 속성에 대한 다양한 용어 도입
- 데이터 중심에서 리소스 중심 API 설계 스타일로의 전환
- 현재 존재하는 것과 비교해 API 프로덕트에 대한 비전과 방향의 변화

이런 요소를 출발점으로 기존 API와 ADDR 프로세스의 결과로 생성된 이상적인 API 설계 간의 차이점을 항목화한다. 새로운 API 설계가 API 소비자에게 제공하는 가치와 API 설계 변경에 미치는 영향의 크기를 지정하는데, 티셔츠의

크기 조정(예, 소형, 중형, 대형, 초대형)을 사용하면 측정이 가치와 영향의 크기를 결정하는 효과적인 방법이 된다. 그런 다음 API 소비자에게 가장 적합한 것이 무엇인지 결정한다.

API 소비자에게 가장 적합한 것이 무엇인지 결정

특히 주요 변경 사항이 필요할 때 API 설계 결정을 내리는 것은 조직에 직접적인 영향을 미치는 것 이상을 포함한다. 또한 API 소비자에게 가장 적합한 항목도 포함해야 한다.

API 변경이 현재 및 미래의 API 소비자에게 미치는 영향을 확인하려면 다음 질문을 고려한다.

- **API 소비자는 누구인가?** 내부 소비자는 더 쉬운 변경 조정을 제공할 수 있는 반면 파트너는 통합을 변경하는 데 저항할 수 있다. 고객 및 고객을 대신하는 제3자는 사용 가능한 개발 리소스가 제한적이거나 전혀 없기 때문에 변경하지 못할 수 있다.
- **API 소비자와 어떤 관계를 맺었는가?** 팀이 개인적으로 알고 있는 내부 또는 외부 당사자가 주요 변경 사항에 대해 더 쉽게 협상할 수 있다. 관계가 없는 API 소비자는 더 어려울 수 있다. 시장에서 큰 영향력을 행사하는 API 소비자가 불필요한 API 변경을 채택하는 데 몰두한다면 현재와 미래의 고객 전망에 부정적인 영향을 미칠 수 있다.
- **변화의 결과로 API 소비자에게 어떤 가치가 전달되고 있는가?** API 사용을 개선하는 API 변경 사항은 좋은 반응을 얻을 수 있다. 또한 변경은 비용을 들이더라도 소비자가 요청한 새로운 기능을 잠금 해제할 수 있다. 다른 공급업체의 경우 다른 공급업체로의 이동을 고려하고자 잠시 멈춰 고객 이탈을 초래할 수 있다.

조직이 API 소비자와 함께 변경 사항을 관리하는 방법은 조직의 관점에서 가치 있는 사람과 가치에 대해 많은 것을 알려준다. API 공급자가 지속적인 주요 변경을 대가로 API 설계의 우아함을 제공하는 것을 선호하는 경우 API 소비자는 곧 대안을 찾기 시작할 수 있다. 그러나 API 제공자가 완벽한 API 설계를 갖는 것보다 API 소비자를 중시한다면 시장의 선두 주자임을 알 수 있다.

변경 전략

기존 설계 스타일대로 진행하려면 API 설계에서 이상적이지 않은 절충안이 필요할 수 있다. 이런 타협에는 ADDR 프로세스 중에 얻은 통찰력을 반드시 반영하지 않는 잘못된 이름의 리소스로 계속 진행하는 것과 같은 사소한 성가심이 포함될 수 있다.

새 메시지 형식과 함께 하위 호환성을 위해 이전 메시지 형식을 지원하는 것과 같은 타협은 현실 세계에서 흔히 볼 수 있다. 이 경우 서버는 먼저 새 요청 메시지 형식을 확인하고 필요할 때 이전 메시지 형식으로 대체할 수 있다. 버전 관리 책임은 API 소비자가 아닌 서버에 있으므로 주요 변경 사항이 도입되지 않게 한다.

또 다른 예는 이전 스타일과 함께 새로운 설계 스타일을 추가하는 것이다. 새로운 작업은 새로운 설계 스타일을 사용하고 이전 작업은 한동안 그대로 유지된다. 점차적으로 기존 통합이 새 작업으로 한 번에 하나씩 마이그레이션되도록 권장하는 사용 중단 전략을 사용해 이전 작업이 새로운 작업으로 대체된다.

그러나 너무 낮은 수준의 기존 API 설계와 같은 일부 타협은 더 중요할 수 있다. 이 문제는 결과 기반에 중점을 둔 좀 더 거친 설계를 적용하는 새로 제안된 API 설계와 비교해 데이터베이스 테이블을 직접 노출하게 선택하는 API에 일반적이다. 로우레벨 API와 하이레벨 API를 혼합하면 개발자에게 너무 많은 인지 부조화가 발생할 수 있으므로 이상적이지 않다.

팀은 기존 API에 새 설계를 추가할지, 마치 새로운 프로덕트인 것처럼 새 API를 시작할지, 아니면 기존 API의 새 버전으로 새 설계를 제공할지 결정해야 한다. 각 옵션은 조직과 현재 및 미래의 API 소비자 모두에게 영향을 미친다.

API 소비자가 API를 효과적으로 사용하는 데 기존 API 설계가 방해되는 경우 더 많은 신규 접근 방식이 필요할 수 있다. 팀에서 새 API 프로덕트 또는 버전을 출시하기로 결정한 경우 향후 일정 기간 동안 두 API를 모두 유지 관리하고자 추가 리소스가 필요하다는 점을 기억한다. 다음 절에서는 API 버전 관리 전략 및 고려 사항을 설명한다.

신뢰를 바탕으로 한 변경 관리

가장 중요한 것은 ADDR 프로세스가 문제 영역에 대한 통합된 이해에서 비즈니스 및 API 팀이 함께 일하는 데 도움이 된다는 것이다. 통합된 이해는 API 설계의 설계 목표 상태와 현실에 대한 비전을 만들 수 있다. 이 장에 제공된 권장 사항을 사용해 프로세스를 진행한다. 이렇게 하면 기존 API의 개선 사항이나 새 API의 제공이 API 소비자의 요구를 충족하고 API 공급자와 소비자 간의 신뢰가 손실되지 않는다.

> **원칙 5: API가 영원할 것처럼 계획을 세운다.**
> 혁신적인 설계 접근 방식과 결합된 사려 깊은 API 설계는 API를 변화에 탄력적으로 만든다. API 설계에 대한 변경 사항을 관리하려면 각별한 주의가 필요하다. 이렇게 하면 최신 변경 사항을 계속 업데이트해야 하는 개발자가 좌절하는 일을 방지할 수 있다.

▌ API 버전 전략

API는 API 공급자와 해당 소비자 간에 설정된 계약이다. 이상적으로는 이 계약을 변경할 필요가 없다. 그러나 이상은 현실과 다를 수 있다. 계약 변경이 필요한 경우가 있으며, 이런 일이 발생하면 팀은 API 소비자가 코드를 수정하도록 강제하는 주요 변경 사항을 도입하지 않아야 한다. 일부 API 소비자의 경우 API 변경 사항에 맞게 코드를 업데이트하는 것이 전혀 옵션이 아닐 수 있다. 따라서 무엇이 주요 변경 사항을 구성할 수 있는지 이해한 다음 기존 API 소비자를 손상시키지 않으면서 시간이 지남에 따라 API의 발전을 장려하는 API 버전 관리 정책을 수립하는 것이 중요하다.

일반적인 주요 변경 사항

주요 변경 사항은 본질적으로 추가되는 경향이 있지만 항상 그런 것은 아니다. 이러한 종류의 변경에는 다음이 포함될 수 있다.

- **새 API 작업 추가:** 기존 클라이언트 코드는 작업을 사용하지 않으므로 기존 통합에 해를 끼치지 않는다.
- **요청 메시지에 선택적 필드 추가:** 이 경우 기존 클라이언트 코드에서 새 필드를 추가하지 않아도 된다.
- **기본값으로 요청 메시지에 필수 필드 추가:** 추가하기 전에 작성된 클라이언트 코드의 경우 요청에서 누락될 것이기 때문에 서버는 기본값을 적용한다.
- **응답 메시지에 필드 추가:** 기존 클라이언트 코드는 대상 객체에서 새로 추가된 필드를 찾을 수 없는 경우 에러를 발생시키는 매핑 라이브러리를 사용하도록 선택하지 않는 한 새 필드를 안전하게 무시해야 한다. 이는 API 사용에 대한 안티패턴이지만 경우에 따라 발생할 수 있으므로 주의해야 한다.
- **열거 필드**^{Enumeration Field} **유형에 값 추가:** 클라이언트에서 역직렬화되는 새 열거형 값에는 알려진 표시 문자열이 연결돼 있지 않을 수 있다. 주요 변경 사항이 되려면 새 열거형 값을 받을 때 이전 클라이언트가 올바르게 실행돼야 한다. 모든 클라이언트가 이러한 방식으로 설계되는 것은 아니므로 주의하는 것이 좋다.

호환되지 않는 변경 사항

기존 통합 코드와 호환되지 않는 변경 사항에는 다음이 포함되지만 이에 국한되지는 않는다.

- 기존 클라이언트 코드는 이름이 변경된 값에 맞게 코드를 변경해야 하므로 필드 또는 리소스 경로 이름 변경
- 요청 또는 응답에서 필드 이름 변경 또는 제거
- 기존 API 클라이언트 코드에서 사용하는 API 작업 제거
- 필드를 단일 값에서 일대다 관계로 변경(예, 계정당 하나의 이메일 주소에서 계정의 이메일 주소 목록으로 이동)
- API 작업에서 반환된 HTTP 메서드 또는 응답 코드 변경

API가 프로덕트로 출시되고 하나 이상의 통합이 이뤄지면 설계 결정은 영구적으로 API의 일부임을 기억한다. 이것이 ADDR 프로세스가 중요한 이유다. API가 프로덕트에 들어가기 전에 팀이 설계 결정을 검증하는 데 도움이 된다. 그러나 적절한 API 버전 관리 전략은 이러한 문제 중 일부를 완화하는 동시에 API 설계가 시간이 지남에 따라 발전하게 하는 데 도움이 될 수 있다.

API 버전과 개정판

API 버전 관리에 대한 많은 토론이나 기사가 있었다. 모든 논의에서 가장 중요한 측면은 API 설계를 안전하게 발전시키는 것과 결과적으로 코드 수정을 강제하는 주요 변경 사항을 구분하는 것이다. API 버전 관리 도구 상자의 가장 큰 도구 중 하나는 API 버전과 개정판의 도입이다.

API 버전은 그룹화된 API 작업 집합을 나타낸다. 각 버전 내에서 API에 대한 모든 수정 사항은 이전 버전과 호환돼야 한다. 그러나 버전 간에 호환성이 보장되지는 않는다. API의 각 버전은 동작과 기능이 다른 별도의 프로덕트로 취급되는 경우가 많다. API 소비자는 특정 버전을 선택하고 해당 버전에 대한 코드를 작성한다. 준비가 됐을 때만 새 버전으로 마이그레이션한다. 새 버전이 출시된 후 오랜 시간이 걸리거나 아예 없을 수도 있다. 버전은 숫자 또는 문자열일 수 있다(예, v1 또는 2017-01-14). 시맨틱 버전 관리Semantic versioning에 익숙한 사용자에게는 주 버전과 동일하다. 그림 14.1은 API 소비자가 API 요청을 할 때 선택하는

서로 다른 프로덕트로 제공되는 2가지 API 버전을 보여준다.

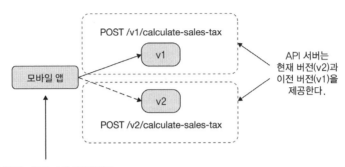

그림 14.1 API 버전은 API 소비자가 선택하며 API 서버는 코드를 v2로 마이그레이션할 때까지 새 애플리케이션에 대한 현재 버전(v2)과 기존 애플리케이션에 대한 이전 버전(v1)을 모두 제공한다.

API 개정은 특정 API 버전의 API 소비자에게 부정적인 영향을 미치지 않아야 하는 내부 개선 사항을 식별한다. 소비자는 특정 버전에만 가입해야 하므로 개정판은 API 소비자에게 투명해야 한다. 공급자는 API 소비자의 인지 여부에 관계없이 특정 API 버전의 새 개정판을 출시하도록 선택한다. 내부적으로 팀은 v1.2를 릴리스할 수 있지만 API 소비자는 API의 v1을 사용하고 있다는 것만 알고 있다(그림 14.2 참고). API 소비자는 개선 사항이 유용한지 확인하고자 각 개정에 대한 변경 로그를 검토할 수 있지만 그렇지 않으면 공급자가 새 API 개정을 릴리스할 때 아무 조치도 취하지 않는다. 이는 시맨틱 버전 관리를 사용할 때 마이너 버전 번호를 높이는 것과 같다.

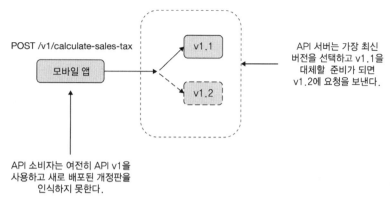

POST /v1/calculate-sales-tax

모바일 앱

v1.1

v1.2

API 서버는 가장 최신
버전을 선택하고 v1.1을
대체할 준비가 되면
v1.2에 요청을 보낸다.

API 소비자는 여전히 API v1을
사용하고 새로 배포된 개정판을
인식하지 못한다.

그림 14.2 API 개정판은 API 소비자에게 노출되지 않으므로 API 공급자는 애플리케이션이
명시적으로 인지하지 않고도 최신 개정판으로 업그레이드할 수 있다.

API 버전 관리 방법

API 버전 관리에는 헤더 기반, URI 기반, 호스트 이름 기반 버전의 3가지 널리
사용되는 방법이 있다.

헤더 기반 버전 관리는 HTTP 요청에서 **Accept** 헤더의 일부로 원하는 버전을
배치한다(예, Accept: application/vnd.github.v3+json). URI가 버전 간에 동일하게 유지되고
미디어 유형이 원하는 리소스 표현 버전을 정의하기 때문에 많은 사람이 선호
하는 버전 관리 형식이라고 생각한다.

URI 기반 버전 관리는 버전을 URI의 일부로, 접두사 또는 접미사로 포함한다.
예를 들어 **/v1/customers**가 포함된다. 이 버전 관리 방법은 요청 헤더 사용자
지정을 지원하지 않을 수 있는 다양한 도구에서 작동하므로 가장 일반적으로
사용하는 경향이 있다. 단점은 리소스 URI가 새 버전마다 변경된다는 것이다.
일부에서는 변경되지 않는 리소스 URI를 통해 발전 가능성을 지원하려는 의도
에 반한다고 생각한다.

호스트 이름 기반 버전 관리에는 URI가 아닌 호스트 이름의 일부로 버전이 포함
된다(예, https://v2.api.myapp.com/customers). 이 접근 방식은 기술 제한으로 인해 URI
또는 **Accept** 요청 헤더를 기반으로 하는 API의 적절한 백엔드 버전으로 라우팅

할 수 없는 경우에 사용된다.

어떤 옵션을 선택하든 API 버전에는 버전 번호만 포함돼야 한다. 보조 숫자는 사용하지 않아야 한다. 그렇지 않으면 코드를 변경해야 하므로 일반적으로 주요 변경 사항이 아닌 변경 사항이 주요 변경 사항이 된다. 예를 들어 버전 간의 유일한 차이점이 새 작업의 추가뿐인 경우에도 /v1.1/customers에서 /v1.2/customers로 이동하려면 코드를 변경해야 한다.

API 버전 관리의 비즈니스 고려 사항

새 버전이 출시될 때마다 고객은 선택 여부를 결정해야 한다. 결정은 비용과 보상을 기준으로 한다. 마이그레이션을 위한 노력이 마이그레이션에 드는 비용만큼 가치가 있는가?

새 API 버전으로 이동하는 것은 강제 요인이다. API 설계가 완벽하지 않다고 해서 팀이 설계를 정확히 맞추고자 주요 변경 사항이 포함된 새 버전을 출시해야 하는 것은 아니다. 원하는 주요 변경 사항을 수용하고자 새 버전이 출시될 때마다 조직은 고객 이탈을 초래할 위험이 있다. 고객이 경쟁업체로 이전하는 비용과 마이그레이션 비용을 비교해야 하기 때문이다.

또한 새 버전을 도입하려면 불확실한 기간 동안 현재 API 버전을 유지해야 하는 경우가 많다. 일부 조직에서는 일정 기간 동안 고객이 업그레이드하게 할 수 있지만 항상 그런 것은 아니다. 따라서 API의 모든 이전 버전은 가까운 미래에 지원돼야 한다.

모든 새로운 API 버전은 유지 관리를 위해 추가 인프라, 지원 및 개발 비용이 필요한 완전히 새로운 프로덕트와 같다. 작년에 들어온 성가신 설계 결정을 수정하고자 새 API 버전을 출시하고 싶은 유혹이 생길 때 이를 명심해야 한다.

API 지원 중단

하룻밤 사이에 중단된 API를 대체하고자 분투하는 것만큼 팀의 한 주를 망치는 일은 없을 것이다. 기존 API 소비자에게 이런 종류의 영향을 방지하려면 팀에서 사용 중단 정책을 정의하고 이를 API 소비자에게 전달해야 한다.

API 작업 또는 프로덕트의 사용을 중단하면 API 공급자가 API 소비자와 신뢰 수준을 유지할 수 있다. 그러나 이를 위해서는 API를 더 이상 사용하지 않고 궁극적으로 중단하기 위한 명확한 정책과 계획이 필요하다. 적절하게 실행되면 API 소비자는 더 이상 사용되지 않는 API에 대해 조기에 자주 알림을 받고 API 가 사용 중지되기 전에 대체 솔루션으로 이동할 수 있다.

사용 중단 정책 수립

조직은 API 프로그램 표준 및 관행의 일부로 사용 중단 정책 및 프로세스를 명확하게 문서화해야 하고, 이 정책에는 다음이 포함돼야 한다.

- 지원 중단이 허용되는 경우에 대한 세부 정보
- 지원 중단 프로세스를 수립하는 단계
- API 또는 운영 중단 전 사용 중단 기간의 최소 기간
- 더 이상 사용되지 않는 운영 또는 프로덕트와 유사한 솔루션을 제공하는 다른 공급업체가 포함된 경우에도 소비자를 위한 마이그레이션 경로를 설정해야 하는 요구 사항
- API 서비스 약관에서 조직의 사용 중단 정책에 대한 명확한 정의

사용 중단 정책을 수립한 조직은 API 소비자의 신뢰를 유지하면서 API 운영 또는 프로덕트를 사용 중단할 수 있는 더 나은 환경을 갖추게 된다.

지원 중단 발표

지원 중단을 알리는 것은 API 소비자 신뢰를 유지하는 데 중요한 요소다. 의사소통 방법은 다양하지만 다음을 포함해야 한다.

- 더 이상 사용되지 않는 작업 또는 프로덕트를 설명하는 잘 작성된 이메일
- 웹 기반 대시보드 상단의 알림 배너
- 모든 관련 API 문서에 포함된 경고
- 결정에 대해 논의하고 자주 묻는 질문을 다루는 블로그 게시물 또는 지원 중단 전용 랜딩 페이지
- 블로그 게시물 링크가 포함된 빈번한 소셜 미디어 알림

발표 전략에는 이런 커뮤니케이션 방법의 대부분 또는 전부가 포함돼야 한다. 직원의 이직으로 최신 이메일 주소가 아닐 수 있기 때문에 다양한 방법을 함께 사용하면 가장 효과적인 커뮤니케이션이 가능하다.

OpenAPI 설명을 사용하는 API의 경우 deprecated: true 표시를 사용해 생성된 HTML 문서에서 사용 중단 경고를 알린다. GraphQL 및 gRPC 기반 API에는 스키마 및 IDL^Interface Define Language 형식에 대한 유사한 조항이 있다.

Sunset Header RFC[1]를 사용해 언제 폐기될 것인지 프로그래밍 방식으로 통신한다. API 문서의 일부로 Sunset Header 사용에 대한 단계별 가이드를 포함하는 것을 고려한다. 이는 API 소비자가 더 이상 사용되지 않는 API 작업에 대한 자동 알림을 받는 데 도움이 된다.

마지막으로 API 도우미 라이브러리가 제공되는 경우 Sunset Header의 존재에 대한 경고를 로그 파일이나 콘솔에 포함한다. 라이브러리를 사용하는 백엔드 코드는 로그 파일을 로그 집계기로 리디렉션해 모니터링 대시보드에서 내부 경고를 발생시킬 수 있다.

---

1. E. Wilde, "The Sunset HTTP Header", 2016년 2월 3일, https://tools.ietf.org/html/draft-wilde- sunset-header-01

API 안정성 계약 수립

이 장의 시작 부분에 있는 인용문에서 알 수 있듯이 API 설계는 누군가 사용하기 전까지 완성되지 않는다. 그렇다면 사용 후까지 설계가 완료되지 않은 경우 팀에서 어떻게 영원히 지속되는 API를 설계할 수 있을까? 이를 위해서는 초기 피드백을 청취하고 지속적으로 추가 통찰력을 찾고 개발자와 API 안정성 계약을 통해 기대치를 설정하는 등 진화적인 API 설계를 장려하는 몇 가지 분야가 필요하다.

ADDR 프로세스는 API 설계가 대상 고객의 요구 사항을 충족하는지 확인하고자 이해관계자가 초기부터 자주 참여하도록 설계됐다. API 설계자는 수신한 피드백에 따라 API 설계를 기꺼이 듣고 배우고 조정할 수 있어야 한다. 이에 미치지 못하는 것은 현재와 미래의 API 소비자의 요구를 충족시키는 것이 아니라 현재 API 소유자의 요구에 부응할 것이다.

팀은 초기 설계 프로세스 동안 피드백을 경청해야 할 뿐만 아니라 초기 릴리스 후에도 계속 경청해야 한다. API가 원래 의도를 넘어서 어떻게 사용되고 있는지 더 잘 이해하려고 노력해야 한다. 고객 및 개발자를 인터뷰해서 API 설계 및 문서 개선이 어떻게 도움이 되는지 확인한다. 커뮤니케이션은 API 설계 프로세스 초기의 일회성 논의에서 끝나지 않고 지속적으로 이어져야 한다.

API 안정성 계약은 API 공급자와 API 소비자 간의 변경 기대치를 설정하는 방법이다. 계약은 API 작업 또는 전체 API 기반 프로덕트의 지원 수준과 수명을 정의하며 다음은 조직에 권장되는 시작점이다.

- **실험적:** 실험 및 피드백을 위한 초기 릴리스다. 지원될 것이라는 보장은 없으며 설계가 변경되거나 향후 릴리스에서 완전히 제거될 수 있다.
- **프리 릴리스:** 설계는 피드백을 위해 프리 릴리스됐고 향후 지원될 예정이다. 그러나 설계가 고정돼 있지 않으므로 주요 변경 사항이 발생할 수 있다.
- **지원됨:** API가 프로덕트 상태이며 지원된다. 어떤 설계 변경도 기존 소

비자를 손상시키지 않아야 한다.

- **더 이상 사용되지 않음:** API 프로덕트 또는 API 작업은 계속 지원되지만 곧 사용 중지된다.
- **은퇴:** 더 이상 사용할 수 없거나 지원되지 않는다.

API 안정성 계약을 적용하면 API 제공자는 장기적으로 지원하기 전에 설계 피드백을 위해 초기에 새로운 API 작업 또는 실험적 API를 자유롭게 도입할 수 있다.

▌요약

API 설계 변경은 피할 수 없다. 내부 또는 외부에 관계없이 소비자는 API에 의존해 안정성을 유지하며 이와 동시에 API는 지속적으로 개선된다. API 설계 변경 사항을 도입하면 소유 팀과 조직이 API 소비자의 신뢰를 유지할 수 있는 기회가 제공된다. 적절한 API 버전 관리 전략을 적용하고 API가 더 이상 필요하지 않을 때 API를 사용 중단하기 위한 적절한 조치를 취하고, API 안정성 계약을 설정함으로써 팀은 API 소비자에 대한 부정적인 영향을 피하면서 변경 사항을 관리할 수 있다.

15장
API 보안

API 보안은 여러 관점을 통합적으로 고려해야 한다. 그렇지 않으면 여러 위협에 여전
히 노출된다.

- D. 키이스 케이시 주니어

API 설계는 HTTP 메서드의 종류와 URL 경로 그리고 리소스의 구조와 미디어
형식을 결정하는 것에서 끝나는 것이 아니다. 악의적인 공격으로부터 API를
보호하는 보안은 설계에서 필수 사항이다. API 보안이 허술한 상태로 방치하면
회사와 고객에게 치명적인 피해가 발생할 수 있다. 보안 전략은 설계와 구현,
API 게이트웨이 솔루션 선정, 인증과 접근 제어에 이르기까지 모든 요소를 종합
적으로 검토해야 한다.

15장에서는 기본적인 원칙을 설명하고 API 보안 관점에서의 안티패턴과 참고
할 만한 사례를 살펴본다. 보안 관련 주제를 더 깊이 연구하는 데 참고할 만한
자료들도 함께 제공한다.

▎API 보안의 위험성

어떤 API는 보안에 대한 고려가 없거나 비밀번호나 API 키와 같은 기초적인
보안 장치만으로 제공되고 있다. 공격자는 보안이 취약한 API를 찾아내 데이터

를 탈취하고 내부 시스템에 대한 권한을 획득해서 악용한다.

최근 API 보안 공격들은 이러한 주요 보안 취약점을 직접 공격하거나 API 동작 방식을 분석하고 악의적으로 이용한다.

- 보안이 취약한 API를 이용해 사용자 정보를 관리하는 데이터베이스의 접근 권한을 획득해서 텔레그램^{Telegram} 사용자 1,500만 계정의 정보가 유출됐다. 시스템에서는 이러한 API 활동을 악의적인 공격으로 탐지하지 못했다.
- 비밀번호 재설정(찾기)을 위한 API를 악용해 정상적인 사용자 이메일이 아닌 도용한 이메일로 비밀번호를 변경할 수 있는 토큰을 받아 계정을 탈취해서 민감한 개인정보 및 의료 데이터를 유출했다.
- 다른 곳에서 유출한 사용자 개인정보를 조합해 미국 국세청의 사용자 인증을 통과하고 세금 보고서를 다운로드했다.
- 리버스 엔지니어링을 통해 사내 모바일 앱에서 공개되지 않은 API를 분석해서 사용자 인증과 접근 제어를 무력화하고 사용자 데이터에 무작위로 접근할 수 있게 했다. 이러한 취약점은 Snapchat과 같은 공식적인 문서로 공개되지 않은 API가 안전하다고 간주하는 많은 회사에서 일반적인 보안 위험이다.
- 새로 출시된 Tinder API가 사용자의 위치 정보인 위도와 경도를 유출했다. API 출시 전에 철저한 보안 검토를 수행했다면 사용자의 위치 정보는 API가 아닌 모바일 앱에서 물리적인 위치 데이터가 드러나지 않도록 관리하게 해야 한다는 사실을 발견하고 조치할 수 있었을 것이다.

이런 최근 사례들은 비공개 비즈니스 정보를 유출해 공개하는 단순한 동기부터 극도로 민감한 데이터를 유출하고 불법적으로 활용해 경제적 이익을 노리는 경우까지 다양하다. 특정인의 물리적인 위치를 공개해 실제로 위험에 처하게 하는 경우도 있다.

불행히도 API 공급자에게 완벽한 보안을 강제할 수 있는 방법은 없다. 문서

등을 통해 공식적으로 공개하지 않으면 문제가 되지 않을 것이라고 생각하는 경우가 많은데, 잘못된 생각이다. 이러한 잘못된 믿음은 너무 순진한 것이며 충분히 피할 수 있는 다양한 위험 요소에 그대로 노출되는 결과를 초래한다.

█ API 보안의 필수 방법

API가 공개된 것인지 아닌지에 관계없이 API를 보호하는 것은 중요하다. 전반적인 API 보안 전략에는 필수적으로 고려해야 할 다양한 방식의 보안 방법이 있다.

- **인증**^{authn}: 요청자를 식별하고 유효한 정보인지 확인한다. 웹 애플리케이션에서는 사용자의 아이디와 비밀번호를 사용하는 것이 가장 일반적인 방법이지만 비밀번호가 자주 변경될 수 있기 때문에 API에서는 권장되는 방법이 아니다. OpenID Connect 또는 유사한 솔루션을 사용하면 API 요청에 대해 작업이 처리되기 전에 요청자가 누구며 작업 요청이 허가된 사용자인지 확인할 수 있다.
- **권한 관리**^{authz}: 요청자에게 부여된 권한을 확인해서 허용되지 않은 API 작업의 실행을 방지한다. API 키 또는 토큰, OAuth 2는 일반적으로 많이 사용되는 권한 관리 기술이다.
- **클레임**^{claims}: 더 세분화된 수준의 권한 관리 방법으로, 개별 리소스 단위의 접근 권한을 관리할 수 있다.
- **요청 횟수 제한**^{throttling}: 비정상적인 트래픽 급증으로 인한 성능 저하가 전체 API 사용자에게 부정적인 영향을 미치지 않도록 API 요청에 대한 임곗값을 설정한다. 의도적인 공격자나 개발자의 구현 실수로 인해 발생할 수 있는 서비스 거부$^{DoS, Denial-of-Service}$ 공격에 대응할 수 있다. 일반적으로 소스 IP 주소, API 토큰 등 요청자의 여러 데이터를 조합해 공격 여부를 탐지하고 임곗값을 일정 시간 동안 요청 횟수를 제한하는 방식으로 설정한다.

- **할당량:** 특정 시간 범위 내에서 허용 범위를 넘어 API를 호출하는 애플리케이션 또는 장치를 제한한다. 할당량은 월별로 정책을 수립하거나 서비스 구독 상품을 기준으로 정해지기도 한다. 또는 파트너 관계에서의 계약 체결을 통해 설정할 수도 있다.
- **세션 탈취^{hijack} 방지:** 적절한 CORS^{Cross-Origin Resource Sharing}를 적용해 클라이언트에서 특정 상황에서의 API 요청을 허용하거나 거부한다. 또한 인증 세션을 가로채는 데 자주 사용되는 교차 사이트 요청 위조^{cross-site request forgery}를 방지해야 한다.
- **암호화:** 데이터 전송, 저장 시에 암호화를 적용해 정보 유출을 예방한다. 암호화 방식을 적용할 때에는 암호화 키에 대한 관리 방안을 함께 고려해야 한다. 공격자가 키를 탈취하는 경우 데이터를 복호화할 수 있기 때문에 보안이 무력화된다.
- **상호 TLS:** 상호^{Mutual} TLS 또는 mTLS는 클라이언트의 식별이 보장돼야 할 때 사용한다. mTLS는 주로 외부 서비스와의 연동이나 웹훅^{Webhook} 방식을 이용한 HTTP 콜백을 구현할 때 공격자가 식별자를 위조하려는 시도를 방지할 수 있다.
- **프로토콜 필터링과 보호:** API 요청에서 악의적인 목적으로 사용될 수 있는 것들을 탐지하고 필터링한다. HTTP 메서드 및 URL 경로의 유효성을 검사하고 통신 구간 암호화를 위해 HTTPS 프로토콜을 사용하게 하며 알려진 공격자를 탐지하고 차단한다.
- **메시지 유효성 검사:** 사용자가 입력해 제출한 데이터의 유효성과 보호된 필드 데이터를 수정하려는 요청을 방지하고자 메시지를 검사한다. XML 파서^{parser}의 취약점 공격을 예방하고 SQL 주입, 자바스크립트 주입 등 승인되지 않은 데이터에 접근하는 공격을 방지한다.
- **데이터 스크래핑 및 봇넷^{botnet} 보호:** API, 온라인 사기, 스팸, 서비스 거부 공격 등에 활용하기 위한 의도로 수행되는 데이터 스크래핑을 감지한다. 이러한 공격은 전문적이고 치밀한 경향이 있어 전문적인 탐지와 복구 방법이 필요한 경우가 많다.

- **보안 리뷰 및 스캔:** 운영자에 의해 수동으로 수행하거나 자동화된 방법을 통해 지속적으로 수행한다. 소스코드에 대한 정적 분석 및 네트워크 트래픽 패턴에 대한 실시간 분석 그리고 보안 요구 사항이 자동화된 테스트를 구축한다.

지금까지 나열된 방법들을 단일 솔루션을 통해 한 번에 구축하거나 관리할 수는 없다. 전반적인 API 보안 전략을 수립하는 데 있어 반드시 고려해야 하는 대표적인 사례와 방법들을 이해해야 한다.

API 보안의 구성 요소

API 보안을 강화하고자 사용할 수 있는 대표적인 몇 가지 구성 요소가 있다. 이러한 요소들의 조합을 통해 API 보안 전략을 실현하고자 기반을 마련한다.

API 게이트웨이

API 게이트웨이^{Gateway}는 패턴이면서 동시에 미들웨어의 의미로 사용한다. API 게이트웨이 패턴을 적용하면 클라이언트가 API 서버와 통신할 때 네트워크 구간이 추가된다.

미들웨어로서 API 게이트웨이는 네트워크를 통해 외부와 연결되는 관문 역할을 한다. 단순히 요청과 응답을 통과시키기도 하고 프로토콜의 변환 등 전체 작업 프로세스의 일부 역할을 수행하기도 한다. API의 내부 및 외부 통신에 대한 중앙 게이트키퍼가 되는 것이다.

API 게이트웨이는 독립적인 미들웨어 프로덕트 형태일 수도 있고 더 많은 기능을 제공하는 미들웨어 프로덕트의 API 관리 계층 구성 요소일 수도 있다. API 게이트웨이를 직접 구현해서 사용할 수도 있지만 역방향 프록시 및 다양한 기능을 제공하는 플러그인을 활용해 구성할 수도 있다. 일반적으로 API 게이트웨이에서는 프로덕트로 API를 관리하기 위한 많은 기능을 제공하지 않는다. API

에 대한 관리 기능들은 별도의 관리 계층으로 구현하는 경우가 많다.

API 관리

APIM이라고도 하는 API 관리 계층은 API 게이트웨이를 포괄하면서도 API 라이프사이클 전반에 걸친 솔루션이다. API에 대한 출시, 모니터링, 보안, 분석, 모니터링, 과금 등의 기능을 제공한다. 또한 커뮤니티의 참여를 지원하는 기능들이 포함되기도 한다.

구독 레벨 지원Subscription-level support에는 각 구독 타입에 따라 지원되거나 제외해야 할 API 작업을 정의할 수도 있다. 또한 등록된 애플리케이션이 구독하고 있는 타입에서 지원하는 속도 제한 및 할당량을 관리한다.

APIM은 일반적으로 API 게이트웨이에서는 지원하지 않는 보안 기능들을 확장해서 제공한다. 이 기능들은 웹 애플리케이션 방화벽WAF, Web Application Firewalls의 역할과 일부 중복될 수도 있다.

서비스 메시

서비스 메시Service Meshes는 네트워크 안정성, 모니터링 용이성, 보안, 라우팅, 에러 처리의 요구 사항을 각각의 프로세스에서 별도의 분리된 인프라로 전환시킨다. 하나의 프로세스에서 실행될 때는 선택한 프로그래밍 언어와 프레임워크에 종속되기 때문에 독립적으로 실행하거나 이식할 수 없었다. 새롭게 분리된 인프라는 독립적으로 이식이 가능하다. 서비스 메시는 마이크로서비스가 많이 사용되면서 인기를 얻었다. 하지만 마이크로서비스 아키텍처에서만 적용 가능한 것은 아니며 모든 아키텍처 또는 아키텍처 스타일에 조합할 수 있다.

서비스 메시는 프로세스 내에서 직접 처리되던 커뮤니케이션을 일련의 프록시proxy를 처리하게 한다. 프록시들은 커뮤니케이션과 에러 처리의 역할을 수행한다. 프록시는 실행 중인 각 프로세스와 함께 배포돼 중앙 집중화된 하나의 포인트 실패가 전체 시스템의 실패로 확산되는 현상을 방지한다. 프록시의 배포는 보통 가상 머신에 프로세스와 함께 설치되거나 컨테이너 실행 환경에서 사이드카 패턴[1]으로 이뤄진다. 중앙 집중식 컨트롤 플레인control plane은 프록시를 설정하고 정상적으로 동작하고 있는지 그리고 네트워크의 상태를 모니터링한다. 그러나 컨트롤러는 직접 데이터 통신에 관여하지 않는다.

서비스 메시의 구성 요소는 그림 15.1과 같이 나타낼 수 있다.

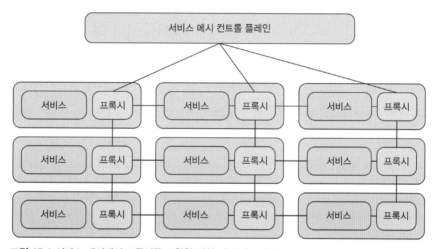

그림 15.1 서비스 메시에서 프록시를 포함한 단위 서비스는 각각 중앙화된 컨트롤 플레인에 연결된다.

서비스 메시를 API 게이트웨이 또는 APIM과 단순 비교하고 동일한 수준의 선택지 중 하나로 생각하는 것은 사실과 다르다. 서비스 메시는 OSI 레이어 계층 4(TCP/IP) 및 계층 7(HTTP)을 관리하는데, 때로는 API 게이트웨이나 APIM과 함께 동작한다. APIM이나 API 게이트웨이에서 제공하는 API 프로덕트 및 라이프사이클 관리와 함께 서비스 메시의 특징인 탄력적인 배포와 네트워크 통신 기반의 모니터링이 용이한 장점을 모두 활용하는 것이다.

서비스 메시는 추가적인 네트워크 구간이 생기기 때문에 성능에 부정적인 영향을 초래할 수 있다. 그러나 서비스 메시의 장점은 이러한 부정적인 영향들을 상쇄한다. 서비스 메시를 적용하지 않았을 때 네트워크 차원의 관리 요소들을

---

1. 컨테이너 실행 환경에서 상위 애플리케이션과 연결해 특정한 기능을 지원하게 하며 라이프사이클을 일치시켜 함께 실행되고 중단되도록 관리하는 배포 방법이다. - 옮긴이

직접 관리해야 하는 부담을 고려했을 때 결과적으로 얻는 장점이 더 크다고 할 수 있다.

마지막으로 상대적으로 규모가 작은 회사나 프로젝트에서는 복잡성으로 인해 서비스 메시를 도입하는 것이 불필요할 수도 있다. 그러나 하나 이상의 클라우드 환경에서 다수의 서비스를 관리하는 회사나 프로젝트에서는 대개 서비스 메시의 장점이 더 부각된다.

웹 애플리케이션 방화벽

웹 애플리케이션 방화벽^{WAF, Web Application Firewalls}은 일반적인 스크립트 주입 공격을 비롯한 네트워크 환경에서의 여러 위협으로부터 API를 보호한다. API 게이트웨이와는 달리 OSI 레이어 계층 3 및 계층 4의 네트워크에서 관리하기 때문에 HTTP 프로토콜에만 집중하는 API 게이트웨이보다 더 상세한 수준의 패킷 검사가 가능하다. 요청 트래픽이 API 서버에 도착하기 전 단계에서 일반적으로 알려진 패턴의 공격을 탐지하고 차단할 수 있다.

WAF는 불특정 IP 주소에서 발생하는 공격인 DDoS 공격에 대한 추가적인 안정 장치가 될 수 있다.

WAF는 자체 기능도 중요하지만 APIM, 콘텐츠 전송 네트워크^{CDN, Content Delivery Networks}와 같이 명시적으로 WAF가 구성될 필요가 없는 다른 계층에서도 통합해 구성할 수 있다.

콘텐츠 전송 네트워크

CDN은 캐시 가능한 콘텐츠를 사용자와 인접한 분산된 서버에 배포해 API 서버 대신 콘텐츠를 전송하게 해서 API 서버의 부하를 줄인다. API 서버가 요청 작업을 처리한 결과 데이터를 미리 캐시하고 있기 때문에 요청건별로 처리를 기다릴 필요가 없고 전반적인 응답 성능이 향상된다.

일부 CDN 공급사는 정적 콘텐츠 캐싱과 함께 동적 콘텐츠에 대한 역방향 프록시 기능을 제공해서 WAF의 여러 기능을 제공하기도 한다. 웹 API를 이용하는 애플리케이션 관점에서 불필요한 트래픽 발생을 줄일 수 있다. 또한 CDN에서 DDoS 공격이 인프라에 도달하기 전에 차단하는 추가적인 보호 계층으로 동작하기도 한다.

지능형 API 보안

지금까지 설명한 여러 보안 요소가 API 보호를 위해 다중으로 구축돼 있더라도 봇넷 공격이라고도 하는 자동화되고 다양한 형태로 진화하는 공격에서 완전히 자유로울 수는 없다. 공격의 패턴이 다양화되고 있기 때문에 언제든 이미 구축된 탐지와 차단 시스템을 피해 공격을 시도한다. 이와 같은 공격들은 특정 공격에 대해 보호하기 위한 개별적인 보안 장치 각각에서 탐지하기 어렵다. 일반적인 보안 솔루션들이 단위 요청에 대해 검사하고 공격을 식별하기 때문에 인터넷에 분산된 수많은 트래픽을 통해 공격하는 방식에 대응하기란 특히 어렵다.

데이터 스크래핑은 한 번에 데이터 카탈로그를 표시하는 기능의 API를 공격 대상으로 노린다. API 할당량, 속도 제한을 API 게이트웨이나 APIM 또는 WAF에서 보호하도록 구축한다고 할지라도 정해진 탐지 정책을 피해 데이터 스크래핑에 노출될 위험은 항상 있다.

따라서 불특정 IP 주소에서 발생하는 API 트래픽을 분석하기 위한 고도화된 탐지 기술의 중요성이 중요해지고 있다. 앞에서 설명한 여러 보안 방식을 제공하는 요소들이 발전해서 확장된 기능을 지원하거나 전용 솔루션이나 프로젝트를 이용해 구축한다. 기존의 WAF에서 일반적으로 지원하는 단위 요청에서 IP 주소를 이용해 보호 정책을 적용하는 것을 넘어 여러 IP 주소 정보를 이용해서 포괄적으로 트래픽을 분석할 수 있다.

API 게이트웨이 토폴로지

API를 구축해 제공하는 회사나 프로젝트에는 하나 이상의 API 게이트웨이 또는 APIM이 포함된 특정 APIM 토폴로지가 필요하다. 토폴로지는 API 플랫폼이나 프로덕트의 관리가 용이하고, 시장과 주어진 요구 사항 그리고 비즈니스 목표에 부합하는 기능 및 비기능 요구 사항에 유연하게 대응할 수 있어야 한다.

이번 절에서는 현장에서 몇 가지 고려해야 할 일반적인 토폴로지를 간략하게 살펴본다. 물론 모든 회사나 프로젝트에 적용할 수 있는 시나리오는 아닐 것이다. 설명하고 있는 시나리오와 큰 차이가 있다고 판단되면 비즈니스와 운영 측면에서 계획된 시나리오를 위해 다른 방법이 필요한 것은 아닌지 검토해야 한다.

API 관리 호스팅 방법

API 게이트웨이 또는 APIM 계층을 호스팅하는 방법은 대표적으로 호스팅 서비스를 이용하는 방법, 직접 구축한 서버에 구축하는 방법 그리고 두 방식을 하이브리드 방식으로 적용하는 방식이 있다. 각각은 장단점이 있다.

호스팅 서비스는 APIM 공급업체에서 서비스형 소프트웨어^{SaaS, Software-as-a-Service} 방식으로 제공한다. 일부 업체는 트래픽이 많지 않은 API에 대해 일정 수준의 제한을 두고 호스팅 서비스를 제공하기도 한다. 다른 경우에는 다양한 방식의 구독 옵션들과 서비스 수준 계약^{SLA, Service-Level Agreement}을 기반으로 사용자에게 필요한 대용량의 트래픽 처리를 지원한다. APIM 호스팅은 소규모 회사나 이제 막 API 프로젝트를 시작하는 회사에 적절한 방식이다. 하지만 트래픽 증가에 따라 비용이 계속 증가할 수 있기 때문에 API 프로젝트가 성숙하면서 자체 구축 방향으로 이동하는 경우도 많다. 그림 15.2는 호스팅 API 서비스를 이용한 토폴로지를 보여준다.

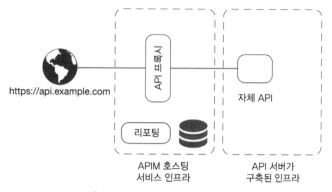

그림 15.2 APIM 호스팅 서비스 이용 방식

자체 구축 APIM은 데이터 센터나 클라우드 컴퓨팅 서비스의 인프라에 설치된
다. 구축된 APIM 시스템의 안정성과 가용성 보장을 위해 인프라와 시스템의
운영 담당자는 더 많은 노력을 기울여야 하겠지만 세부 사항들을 직접 설정해
최적화할 가능성이 열려있다. 또한 목적에 따라 시스템 보안 및 감사와 관련이
있는 게이트웨이를 격리하거나 특정 파트너 또는 사용자에 대한 게이트웨이를
분리해 상호 영향이 발생하지 않게 할 수 있다. API 게이트웨이가 공용 네트워
크에 노출되는 인터넷을 이용하지 않고 사설 네트워크 또는 전용 네트워크 안
에서만 관리되게 구성하기도 한다. 그림 15.3은 자체 구축 APIM을 보여준다.

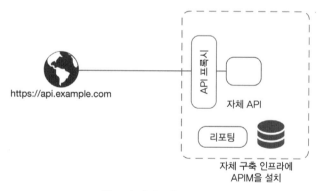

그림 15.3 자체 구축 APIM 방식

세 번째 유형은 하이브리드 구축 방식이다. APIM 공급업체에서 제공하는 대시
보드 및 모니터링 서비스를 이용하면서 API 게이트웨이 자체는 구체적으로 구

축된 인프라에 배포하는 것이다. 실제로는 많이 선택하지 않는 방식이다. 회사나 프로젝트의 구성원이 APIM 시스템의 구성 요소들에 대한 지식이 충분하지 않은 경우 관리 업무를 APIM 공급업체가 대신하기 때문에 그만큼 업무 부담을 줄일 수 있다는 장점이 있다. 그림 15.4는 하이브리드 APIM 모델을 나타낸다.

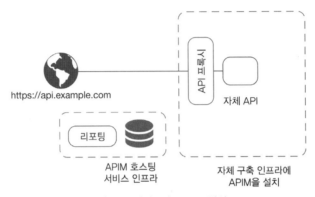

https://api.example.com

API 퍼블릭

자체 API

리포팅

APIM 호스팅
서비스 인프라

자체 구축 인프라에
APIM을 설치

그림 15.4 하이브리드 APIM 방식

일부 클라우드 컴퓨팅 서비스 제공업체는 자체 API 게이트웨이 또는 APIM을 제공하기도 한다. APIM을 자체 구축할 때 고려해야 할 것이 많기 때문에 빠르게 도입할 수 있는 장점이 있다. 하지만 멀티클라우드 전략을 채택하고 있는 회사에서는 특정 클라우드 서비스에서 제공하는 서비스보다는 호환성 있는 파트너 사의 제품이나 솔루션을 선택하기도 한다. 어떤 경우든 API 프로덕트의 현재 상황에 가장 적합한 선택을 하고 상황 변화에 따라 현재의 선택이 최선인지 지속적으로 재평가해야 한다.

리테일 업종의 멀티클라우드 APIM 사례

멀티클라우드 전략은 새로운 것이 아니다. 리테일 업계에서 솔루션을 공급해봤다면 경쟁사의 클라우드를 사용했을 때 어려움을 겪어본 경험이 있을 수 있다. 예를 들어 Walmart는 AWS를 사용하지 않는 SaaS 제품들을 선호한다. 경쟁사의 클라우드에 데이터를 저장하는 데 대한 우려라고 추측해볼 수도 있다. 그러나 진짜 이유는 Walmart의 비즈니스에서 발생하는 서비스 운영 지출이 경쟁사의 수익으로 돌아가는 것을 원치 않기 때문이다. 따라서 AWS를 기본 클라우드 사업자로 사용하는 기업은 리테일 업계에서는 애저 같은 다른 클라우드 사업자를 사용해야 할 수도 있다.

이러한 시장의 비즈니스 환경은 API 관리 시스템 배포를 위한 조직의 선택에 큰 영향을 미치는 요소다. 이는 각 클라우드 환경마다 각기 다른 기술이나 사양을 지원하고자 API 게이트웨이를 여러 개 관리해야 하는 상황을 피하고 호환성을 제공하면서 특정 클라우드 컴퓨팅 서비스 업체에 종속되지 않도록 고려해야 한다.

또한 API 관리 전략에 있어 특정 클라우드 컴퓨팅 서비스 업체의 운영 중단으로 인해 발생할 수 있는 비즈니스 손실 상황에 대해서도 멀티클라우드를 통해 대비할 수 있다.

API 네트워크 트래픽 고려 사항

API 보안 전략의 일부로 네트워크 통신 구간을 고려해야 한다. 외부에서 데이터센터로 유입되는 트래픽은 내부 네트워크망 안에서 이동하는 트래픽과 다르게 취급해야 한다. 여기서 발생하는 차이는 API 트래픽의 관리 방식에 영향을 미친다.

API 네트워크 트래픽 보호와 관련된 더 나은 결정을 위해서는 네트워크 토폴로지 개념을 검토하는 것이 중요하다. 충분한 이해가 없는 경우 네트워크 전문 엔지니어에게 도움을 구해 자체 IDC와 클라우드 기반 인프라의 특성에 맞게 효율적이면서도 보안이 고려된 네트워크 토폴로지에 대해 논의해야 한다.

North-South 트래픽은 데이터 센터의 외부와 연결되는 통신 흐름을 설명한다. North 방향의 트래픽 흐름은 데이터 센터 외부로 향하는 트래픽을 의미하고, South 방향의 트래픽은 데이터 센터로 유입되는 데이터를 의미한다. East-West 트래픽은 데이터 센터 내부의 데이터 흐름을 나타낸다.

요청/응답 API 스타일의 경우 데이터 센터 외부 애플리케이션의 모든 API 요청은 South 방향으로 간주하고 반대로 API 응답은 North 방향으로 간주한다. API 와 데이터베이스 사이의 트래픽이나 내부 서비스와 서비스 사이에 발생하는 통신은 East-West 트래픽이다.

ZTA^Zero Trust Architecture가 도입되면서 North-South 트래픽과 East-West 트래픽을 구분하는 것이 점점 그 의미가 줄어들고 있다. ZTA에서는 모든 공개 트래픽이나 회사 내부 트래픽 및 가상 사설망^{VPN, Virtual Private Network}이 별도의 초기 보안 조치 없이 보인다. 대신 모든 장치와 서비스는 요청건 단위의 접근 관리를 통해 신뢰할 수 있는 통신인지 여부를 판단한다. 즉, 요청자 식별과 접근 제어를 인증과 권한 부여 서비스와 잘 통합해서 모든 API와 서비스 그리고 애플리케이션을 포괄하는 잘 설계된 보안 정책을 정립하는 것에 중점을 둔다. ZTA에 대한 자세한 내용은 NIST의 특별 간행물[2]을 참고하면 좋다.

토폴로지 1: API 게이트웨이를 API 서버로 직접 연결

독립 실행 방식 API 프로덕트의 가장 일반적인 토폴로지는 API 게이트웨이를 통해 백엔드로 트래픽을 직접 라우팅하는 것이다. 백엔드 서버들은 로드 밸런서^{load balancer}와 함께 다중화 상태로 구성된 경우가 많다. 이러한 시나리오에서는 서비스 메시가 필요하지 않다. 그림 15.5는 이러한 전통적인 방식을 보여준다.

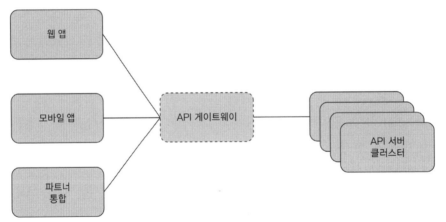

그림 15.5 API 토폴로지 1, API 게이트웨이가 모놀리스 형태의 애플리케이션 서버에 트래픽을 라우팅하고 있다.

---

2. 스콧 로즈(Scott Rose), 올리버 버처트(Oliver Borchert), 스튜 미첼(Stu Mitchell), 숀 코넬리(Sean Connelly), 〈Zero Trust Architecture NIST(National Institute of Standards and Technology) 특별 간행물 800-207〉, 2020년도 8월. https://nvlpubs.nist.gov/nistpubs/SpecialPublications/NIST.SP.800-207.pdf

토폴로지 2: 서비스에 대한 API 게이트웨이 라우팅

또 다른 옵션은 여러 백엔드 서비스의 API를 통합 관리하는 것이다. API 게이트웨이는 요청 경로 정보로, 어느 서비스에서 처리할 것인지 판단할 수 있다. 서비스는 로드 밸런서와 함께 구성되거나 서비스 메시의 일부일 수 있다. 이러한 구조에서는 서비스 메시의 각 요소들을 연결하는 데 API 게이트웨이를 활용할 수 있다. 그림 15.6은 API 게이트웨이가 유입되는 요청들을 여러 백엔드 서비스에 라우팅하는 것을 보여준다.

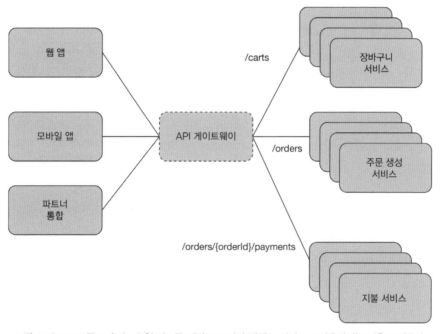

그림 15.6 API 토폴로지 2는 요청 경로를 기반으로 여러 백엔드 서비스로 라우팅되는 것을 보여준다.

토폴로지 3: 여러 API 게이트웨이 인스턴스

보안 감사에 대한 강력한 규제가 있거나 다양한 사용자와 파트너 및 웹 또는 모바일 애플리케이션을 운영하는 회사나 프로젝트에서는 여러 개의 API 게이트웨이가 필요할 수도 있다. 각각의 API 게이트웨이는 토폴로지 1처럼 모놀리스 백엔드 서버에 라우팅할 수도 있고 토폴로지 2처럼 여러 백엔드 서비스나 서비스 메시에 라우팅할 수도 있다. 또한 API 게이트웨이를 특정 목적 전용으로 사용하거나 여러 사용자나 서비스가 공용으로 사용하게 할 수도 있다. API 게이트웨이는 매우 중요한 요소 중 하나이기 때문에 일부 문제가 생겼을 때 다른 시나리오에 부정적인 영향을 전파하거나 트래픽이 집중되는 시나리오에서도 가용성을 유지할 수 있도록 고려해야 한다. 이 토폴로지는 그림 15.7에서 보여준다.

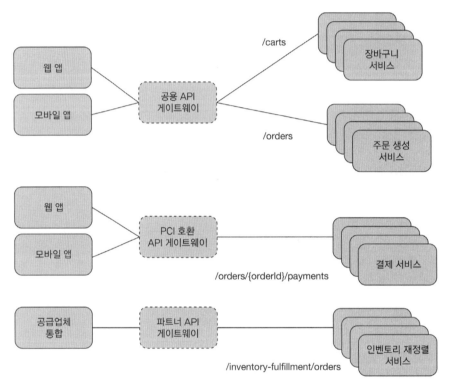

그림 15.7 API 토폴로지 3은 PCI 규정 준수 및 감사를 위해 결제 처리와 관련된 요청들을 전용 API 게이트웨이로 격리하는 것과 다양한 클라이언트 요청을 지원하는 API 게이트웨이를 보여준다.

▎ 아이디 및 액세스 관리

지금까지 API 클라이언트 및 서버 그리고 API 게이트웨이와 악의적인 공격을 방지하는 기능의 미들웨어들을 살펴봤다. API 프로덕트나 플랫폼을 보호하는

376

데 중요한 요소가 하나 더 있는데, 아이디 및 액세스 관리^{IAM, Identity and Access Management}다. 호환성이 있는 IAM의 업계 표준 기술을 사용해 다른 서비스 공급업체와 인증 및 권한 관리 체계를 통합하기도 한다. 여기에는 사용자에게 할당된 액세스 제어를 나타낼 때 비밀번호 대신 API 토큰을 사용하는 방법도 포함된다. IAM은 다른 모든 API 보안의 구성 요소를 연결하고 통합할 수 있게 하는 접착제와 같은 역할을 한다.

비밀번호와 API 키

일부 API는 클라이언트가 웹 또는 모바일 애플리케이션에 로그인하고자 사용하는 사용자 이름과 비밀번호를 인증 방식으로 사용한다. 이는 시작할 때에는 쉬운 방법이지만 다음과 같은 이유로 권장하지 않는다.

- 비밀번호는 견고한 보안을 구현하기에 적합하지 않다. 쉽게 변경될 수 있기 때문에 비밀번호가 변경됐을 때 전체 작업 흐름에서 새로 업데이트된 비밀번호가 동기화되지 않으면 API 작업 처리에 문제가 생길 수 있다.
- 일부 또는 전체 데이터에 대한 접근 권한을 제3자에게 위임하려면 비밀번호를 공유해야 한다.
- 단순 사용자 이름 및 비밀번호 방식만으로는 보안 강화를 위한 다중 인증^{multifactor}을 지원하기 어렵다.

이러한 문제를 피하려면 일반적으로 API 키 또는 API 토큰을 사용하는 것이 좋다. 두 개념은 종종 같은 의미로 사용되지만 실제로는 다르다.

API 키는 비밀번호를 단순하게 대체한 것으로, 만료 기간이 없다. 사용자 프로파일 페이지나 웹 애플리케이션 설정 페이지에서 주로 사용한다. API 키는 길이가 긴 영문자와 숫자의 조합^(예, I5vza8ua896maxhm)으로 사용되곤 한다. 만료 기간이 없기 때문에 악의적인 의도를 갖고 키의 값을 얻은 사람은 누구든지 API를 호출해 데이터와 백엔드 서비스에 접근할 수 있다. API 제공자가 API 키를 재설정하는 기능을 제공하지 않는다면 사용자 프로파일이나 설정 페이지에서 API 키를 명시적으로 변경하는 절차가 필요하다.

API 토큰

API 토큰은 API 키의 강력한 대안이다. 클라이언트와 API의 통신에서 권한 관리가 포함된 세션을 관리한다. 형태는 API 키와 같은 영문자와 숫자의 조합 문자열일 수도 있지만 실제로 동일한 것은 아니다. API 토큰은 사용자를 대신해서 API에 대한 부분적 또는 전체 접근 권한이 부여된 사용자 본인이나 권한을 위임받은 제3자일 수 있다. 토큰에는 만료 시간이 있다.

API 토큰의 만료 시간은 다양한 맥락에 따라 몇 초에서 며칠까지 필요에 맞게 설정한다. 토큰이 만료 시간을 초과해서 만료됐거나 유효하지 않은 경우 클라이언트가 새 API 토큰을 요청할 수 있도록 갱신 토큰도 제공된다.

API 토큰은 하나 이상의 권한 정책이 연결돼 있을 수 있다. 이러한 제어 방법을 범위 접근 제어scope-based access control라고 한다. 특정 API의 리소스에 대한 읽기 전용 권한 범위가 부여된 토큰, 특정 API의 모든 리소스에 대한 읽기/쓰기에 대한 권한 범위가 할당된 토큰 및 타사 애플리케이션에 위임할 단일 권한만 부여된 범위를 갖는 토큰 등 특정 사용자에게 권한을 부여하는 것이 아니라 상황에 따라 여러 토큰을 생성한다. 그림 15.8은 이러한 토큰들을 보여준다.

API는 URL의 매개변수, POST의 매개변수, HTTP 헤더의 값 등 API 토큰을 서버에 전달하고자 다양한 방법을 사용한다. 그중 API 토큰을 URL 매개변수 값으로 전달하는 방식은 토큰 값이 웹 서버 및 역방향 프록시 서버의 로그에 남고 자바스크립트 코드도 쉽게 토큰 값에 접근할 수 있는 등 쉽게 노출되기 때문에 사용하지 않는 것이 좋다. POST 매개변수로 전달하는 방법이 대개 안전하지만 토큰의 전달 방법은 API에 따라 다르다.

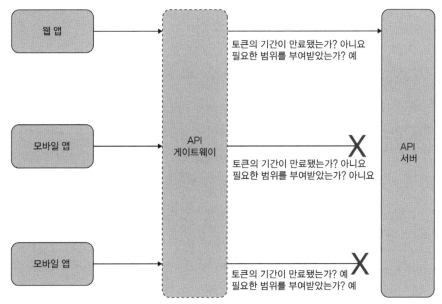

그림 15.8 그림에 표시된 3개의 API 토큰 중 기간이 만료되지 않고 유효한 권한 범위를 부여받은 경우에만 API 게이트웨이를 지나 API 서버에 전달된다.

가장 좋은 방법은 표준화된 HTTP Authorization 헤더를 사용하는 것이다. HTTP 헤더에 대한 접근 제어는 CORS 응답 헤더를 이용할 수 있고 헤더의 값들은 중간 단계의 서버에서 로그에 남을 가능성이 적다.

참조를 전달하는 API 토큰과 값을 전달하는 API 토큰

참조를 전달^{Pass-by-reference}하는 API 토큰에는 콘텐츠나 상태 정보가 직접 포함되지 않고 요청을 처리하는 서버에서 역으로 참조할 수 있는 고유 식별자만 전달된다. 예를 들어 다음과 같다.

```
GET https://api.example.com/projects
HTTP/1.1 Accept: application/json
Authorization: Bearer a717d415b4f1
```

전달받은 토큰을 참조해 API를 호출한 요청자를 식별하고 접근 권한에 대한 세부 정보를 확인하는 것은 API 서버의 역할이다.

값을 전달Pass-by-value하는 API 토큰에는 이름/값 형태의 데이터가 포함된다. 이런 방식은 API 서버에서 토큰을 참조하고자 필요한 처리 과정이 줄어든다.

값을 직접 전달하는 방식의 API 토큰을 적용하면 대개 API 클라이언트도 토큰이 유효한 시간 동안 동일한 이름/값 데이터에 접근할 수 있다. 이러한 취약점을 보완하고자 미리 약속된 플래그 데이터를 숨겨놓거나 민감한 데이터를 직접 포함하는 대신 opaque 아이디 등의 최소 세부 정보만 포함하게 해야 한다.

값을 전달하는 방식으로 가장 많이 사용하는 기술은 JWTJSON Web Tokens이다. JWT는 헤더, 페이로드, 서명의 3가지 요소로 구성된다. 각 요소는 Base64로 인코딩되고 점으로 구분해dot-separated 클라이언트와 API 서버 사이의 인증 토큰으로 사용할 수 있는 opaque 토큰을 구성한다. JWT는 서버로 전송되기 전의 과정에서 클라이언트 측면에 변조되지 않았는지 확인하고자 서명을 사용한다. 비공개 키 서명은 변조를 방지하고 클라이언트를 식별할 수 있다. JWT.io 웹 사이트[3]는 JWT에 대해 상세한 정보를 찾아볼 수 있는 좋은 자료들을 제공하고 있다.

JWT는 시스템 내부 통신(East-West traffic)에서 인증 정보를 전달하는 데 더 많이 사용되는 경향이 있고, 참조를 전달하는 API 토큰은 외부 통신(North-South traffic)에서 주로 사용한다.

OAuth 2.0과 OpenID Connect

사용자 인증, API 토큰 생성, 외부 애플리케이션에 대한 위임 접근 권한을 지원하는 작업은 데이터 소유자, API 서버, 권한 부여 서버 및 외부 시스템 사이의 복잡한 작업 흐름이 필요하다. OAuth 2.0은 업계 표준으로, 개별 API 서버가 각자의 방식으로 인증 작업을 구현해서 호환성을 저해하는 것을 방지하기 위한 목적으로 설계됐다. OAuth 2.0은 웹 애플리케이션, 데스크톱 애플리케이션, 모바일 단말기 등 다양한 환경에서 사용할 수 있다. 또한 권한 부여의 타입, 통합

---

3. https://jwt.io

또는 외부 서버와 연동하는 권한 부여 작업, 다양한 토큰 형식, 권한 범위와 기타 확장 기능들을 지원한다.

이 복잡한 작업 흐름은 구글, 트위터, 페이스북의 계정으로 로그인을 지원하는 웹 사이트에서 쉽게 찾아볼 수 있다. 웹 사이트 자체에서는 인증 작업을 처리하는 서버를 직접 구축하거나 관리하지 않고 로그인 화면을 제공해서 인증 작업을 지원한다. 사용자가 선택한 인증 제공업체(예, 구글)의 로그인 페이지로 전환시키는 작업 흐름을 구현한다. 로그인에 성공하면 사용자는 기존의 웹 사이트로 돌아오고 인증 작업이 완료된다. 실제로는 웹 사이트와 인증 제공업체 사이에 사용자 인증을 위한 세부 정보들이 교환된다. OAuth 2.0의 핵심 구성 요소는 그림 15.9에서 보여준다.

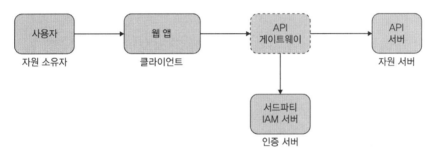

그림 15.9 OAuth 2.0의 핵심 구성 요소와 작업 흐름

OAuth 2.0 프레임워크는 복잡하지만 충분한 시간과 노력을 할애하면 이해할 수 있다. 다른 API 보안에 관련된 주제와 마찬가지로 이 주제만 다룬 전문 자료들을 살펴봐야 한다. 현재 가장 유용한 웹 사이트 중 하나인 아론 파레츠키Aaron Parecki의 훌륭한 OAuth 커뮤니티 웹 사이트[4]에서 관련된 정보들을 찾아볼 수 있다.

앞에서 언급했듯이 OAuth 2.0은 권한 부여 작업 흐름에 중점을 둔다. OpenID Connect는 인증과 관련된 세부 정보를 얻기 위한 방법을 표준화한 것으로, OAuth 2.0 프로토콜의 상위 계층이다. 이를 통해 웹 또는 모바일 클라이언트는 최종 사용자를 인증하고 REST와 같은 API를 사용해 기본 프로파일 정보에 접근

---

4. https://oauth.net/2

할 수 있게 된다. 이러한 프로토콜이 없으면 인증 서버와 API 작업 서버 사이에 인증 방식을 통합하기 위한 방법을 직접 설계하고 구현해야 한다. 최신 OpenID Connect 호환 서버의 목록과 사양에 대한 세부 정보는 OpenID Connect 웹 사이트[5]에서 확인할 수 있다.

내부의 여러 시스템과 외부 공급업체를 통해 구축된 시스템 전체를 관장하는 통합 인증 관리가 필요한 기업 환경에서는 애플리케이션에 대한 싱글사인온[SSO, Single Sign-On]을 많이 사용한다. SAML[Security Assertion Markup Language]은 API를 기업 환경 내의 기존 SSO 솔루션에 연동하는 데 사용할 수 있는 표준으로, 애플리케이션을 통해 여러 시스템의 API를 전환하면서 사용해야 하는 기업 환경 사용자의 사용성을 개선한다. 더 자세한 내용은 OASIS SAML 웹 사이트[6]에서 확인할 수 있다.

▌ API 게이트웨이를 직접 구축하기 전에 고려해야 할 사항

때로는 자체 API 게이트웨이를 구축하거나 개발 라이브러리를 사용해서 자체 인증 및 권한 부여 작업을 직접 지원해야 하는 상황이 있다. 예전에는 프로젝트 내에서 직접 구현하는 경우가 있었지만 더 이상 직접 구축할 필요성은 줄어들고 있다. 다음은 API 게이트웨이를 직접 구축하는 것이 권장되지 않는 이유를 살펴본다.

이유 1: API 보안은 움직이는 표적이다

처음부터 직접 구축한 API 게이트웨이를 공격으로부터 보호하는 것은 매우 어렵다. 수많은 취약점에 대해 자체 구축 방식으로 완벽히 대응하는 것은 상당한 리소스와 노력이 요구된다. 각 공격 요소들에 대한 대응 기능이 구축된 상황이라고 해도 공격은 끊임없이 진화할 것이기 때문에 보안은 항상 어렵다.

---

5. https://openid.net/connect

6. https://www.oasis-open.org/committees/tc_home.php?wg_abbrev=security

공격에 효과적으로 대응하려면 모든 관점에서 세부 사항을 점검해야 한다. 보안 분야에 대해 상당한 수준의 전문가가 없다면 자체 구축 API 게이트웨이의 시도는 예상보다 훨씬 많은 시간이 소요될 것이다. 또한 최신 취약점에 대응할 수 있는 상태로 유지하려면 지속적인 노력이 발생한다.

이유 2: 예상보다 오래 걸린다

API 게이트웨이의 자체 구축은 종종 낭만적인 착각으로 시작된다. "그렇게 오래 걸리지 않겠지."로 시작한 자기 합리화는 "우리 시스템에 필요한 작업만 최적화해서 구현할 테니까 더 빨리 끝낼 수 있어."와 같은 식으로 이어지며, 우려스러운 수사로 귀결된다. "얼마나 힘든 일이겠어?"

현실에서 출시 환경에 적합한 API 게이트웨이를 구축하고 유지 관리하는 것은 절대 쉬운 일이 아니다. API 게이트웨이와 APIM의 공급사가 프로덕트를 제공하고 수익을 실현할 수 있는 데에는 이유가 있는 법이다. 기본적인 기능 구현뿐 아니라 비표준 클라이언트 요청 및 프록시 서버의 차이 등을 통해 자체 구축 API 게이트웨이는 라이프사이클 동안 끊임없는 도전에 직면한다. OAuth 2.0, OpenID Connect, SAML과 같은 표준 사양을 지원하고자 사양을 이해하고 구현, 검증하는 데에도 상당한 시간과 노력이 필요하다.

API 게이트웨이를 직접 구축하는 데 할애한 시간과 노력이 회사나 팀 차원에서 효율적인 것인지 평가해야 한다. 현재 발견된 새로운 공격 형태에 대응하기 위한 패치를 적용하고 개선 사항을 반영하고자 필요한 비용을 포함해서 구축과 유지 보수에 필요한 총비용을 생각해야 한다. 시장에 출시된 프로덕트들은 이미 이러한 과정과 시행착오를 겪어낸 결과물이다.

이유 3: 빠르게 작동하도록 만들기에는 많은 시간이 필요하다

소프트웨어에는 3단계의 개발 과정이 있다. 작동하게 만들기, 제대로 작동하게 만들기, 빠르게 작동하게 만들기다. 많은 개발자는 첫 번째 단계인 기능을 동작시키는 것은 잘해낸다. 가능한 작동 방법을 찾고 어떤 결과가 어떻게 나타날지 확인하고자 코드를 이용해서 실험을 한다.

제대로 작동하기 만들기에서 프로덕트로 출시하기에 적합한 수준의 품질로 유지하려면 엄청난 노력이 필요하다. 예외 상황은 계속 발견되고 예측은 어렵다. 모든 것을 통제하려면 많은 시간이 필요하다. 현재 놓여있는 비즈니스 환경에서 이러한 시간과 노력을 투입하는 것이 합리적인지 평가해봐야 한다.

개발 라이브러리에 대해

API 게이트웨이의 기능을 이용하는 소스코드를 라이브러리 없이 바로 작성할 수 있다고 생각할지도 모르겠다. 또는 현재 개발 라이브러리가 제공되고 API 토큰 생성과 같은 기본적인 보안 기능을 제공하고 있을지도 모르겠다. 지금은 어쨌든 동작하고 있다면 앞으로도 지속 가능할까?

라이브러리를 사용하는 개발자들은 기대하는 기능을 코드로 작성하기 쉽게 제공하면서도 보안 측면에서 전문성이 고려돼 각종 공격에 대한 보호가 가능하고 버그 패치와 추후 언어/프레임워크에 대한 지원이 확대될 것이라고 기대한다. 상용 목적으로 특정 공급업체가 제공하는 라이브러리의 경우라도 이 모든 것을 충족하기는 쉽지 않다. API 게이트웨이를 자체 구축한다면 개발 라이브러리의 유지와 관련된 위험 요소들에 대한 검토도 필요할 것이다.

가능하다면 IAM 제공업체의 인증 및 권한 제어 솔루션을 활용하는 것이 좋다. 취약점이 노출됐거나 유지 보수가 이뤄지지 않은 코드를 노리는 악의적인 공격에 노출된 API를 이용해 인증 작업을 수행하는 위험에 노출되면 안 된다.

▌요약

API 설계를 할 때는 의도적인 공격으로부터 보호할 수 있는 방법을 고려해야 한다. 안전장치가 없는 API는 회사의 비즈니스와 고객에게 피해를 입힐 수 있는 공격자에게 문을 열어주는 것과 같다. API 보안 전략은 올바른 구성 요소의 구현 및 API 게이트웨이의 선정과 도입 그리고 아이디 및 액세스 관리를 통합해 전체 시스템을 통합적으로 보호할 수 있게 수립해야 한다.

API 보안은 별도의 서브프로젝트나 다른 팀에게 맡길 수 있는 일이 아니다. 전문 공급사를 통해 보안 구성 요소를 도입하는 등 상황에 맞는 적절한 방법을 통해 안전한 API를 출시해야 한다.

16장

API 설계 여정의 지속

거버넌스는 효과적으로 수행될 때 명확한 방향을 제시하고 장애물을 제거하며 조직의 다른 부분이 독립적으로 동작하게 한다.

- 매트 맥라티

둘 이상의 API 프로덕트를 생산하는 조직은 API 설계 프로세스를 확장하는 방법을 배워야 한다. 그렇지 않으면 조직에서 생성한 API 포트폴리오 전체에서 설계의 일관성이 떨어진다. 인증 및 권한 부여는 API마다 다르고 명명 규칙 및 에러 응답이 다르면 API 프로그램은 엉망이 될 것이다.

16장에서는 조직 내에서 API 설계 노력을 확장하는 데 필요한 요소를 살펴본다. 이런 요소에는 일관성을 위한 스타일 가이드 수립, 설계 검토 통합, 재사용 문화 장려가 포함된다. 이런 조치가 적용되면 팀은 API 포트폴리오 전체에서 일관성을 유지하면서 독립적으로 기능할 수 있다. 마지막으로 16장에서는 이 책에서 다룬 주제를 다시 살펴보고 API 설계 여정을 계속하는 방법에 대한 몇 가지 지침을 제공한다.

▍API 스타일 가이드 설정

많은 API 프로그램은 단일 API 또는 몇 개의 작은 API로 시작한다. 시간이 지남에 따라 회사 전체에 더 많은 API가 등장한다. 모든 API 소비자를 위한 일관성은 훌륭한 개발자 경험의 중요한 구성 요소다. 공통 설계 접근 방식은 통합을 좀 더 직관적으로 만들고 문제 해결 및 지원 비용을 줄일 수 있다.

훌륭한 스타일 가이드는 기본적인 설계 결정을 넘어 일반적인 에러 전략을 포함하고 API 전반에 걸쳐 일관되게 패턴을 적용하며 빠르게 시작하려는 팀을 위한 일반적인 아키텍처 스타일을 제안한다.

API 스타일 가이드에는 일반적으로 다음 주제가 포함된다.

- **소개:** 스타일 가이드의 범위, 질문, 설명 또는 개선 사항에 대해 연락할 사람
- **API 기초:** 기초에 익숙하지 않은 사람들을 교육하고 코칭하는 데 사용되며, 내부 또는 외부 교육 자료에 대한 링크로 구성
- **표준:** 명명 규칙, HTTP 메서드 및 응답 코드 선택 지침, 리소스 경로 구성, 리소스 라이프사이클 설계, 페이로드 및 콘텐츠 형식, 하이퍼미디어 사용 시기 및 방법
- **설계 패턴:** 페이지 매김, 에러 응답, 대량 처리, 싱글톤 리소스를 포함해 발생하는 일반적인 패턴
- **라이프사이클 관리:** 사용 중단 및 종료 절차와 함께 API를 운영 환경으로 이동하기 위한 권장 사항
- **도구 및 기술:** 이미 사용 가능한 라이선스가 있는 도구를 포함해 권장되는 도구 목록
- **운영 권장 사항:** 고가용성, 강력하고 탄력적인 API에 대한 권장 API 관리 도구, 설정, 프로세스, 마케팅 권장 사항 및 일반 사례
- **추가 참고 자료:** 내부 및 공개적으로 사용 가능한 논문, 기사 및 비디오를 포함해 독자가 흥미를 가질 수 있는 추가 리소스

API 스타일 가이드로 인해 개발 요건이 등록되는 경우를 많이 본다. 모든 가이드를 그 어떤 상황에서도 완전히 준수하라는 의미가 아니다. 스타일 가이드의 목표는 조직 내에 API를 설계하는 여러 팀이 좀 더 일관성 있는 API를 설계할 수 있도록 지침을 주는 것이다. 새로 고용된 개발자는 여러 팀에서 API를 설계했다는 사실을 모른 채 조직 전체에서 다양한 API로 작업할 수 있어야 한다.

스타일 가이드 준수를 장려하는 방법

권장 사항을 준수할 인센티브가 없는 스타일 가이드는 무시된다. 스타일 가이드 준수를 적용하는 3가지 일반적인 방법이 있다.

1. **인센티브:** 중앙 팀이 가이드를 감독하고 시행한다. 운영 환경 배포 전에 새로운 API에 대한 중앙 팀에서 검토를 수행한다. API 팀은 공유 서비스 및 지원(예, API 관리 계층, 운영 및 인프라 지원)에 대한 접근 권한을 얻고자 스타일 가이드를 준수하도록 강요받지 않고 이를 준수하도록 장려된다.

2. **연합**^{Federated}**:** 중앙 집중식 팀이 스타일 가이드를 감독하고 유지하지만 비즈니스 단위 또는 지역 내에 로컬로 포함된 코치가 특정 요구 사항을 해결할 수 있다. 이 방법은 특정 사업부의 요구 사항을 이해하지 않고 표준을 설계하는 위원회의 상아탑 문제를 방지한다.

3. **복제 및 개인화:** 단일 그룹이 스타일 가이드를 관리한다. 팀은 표준을 시작점으로 복제해 비즈니스 단위 일관성을 위해 로컬에서 약간의 수정을 한다. 사업부 내 또는 사업부 전반에 걸쳐 많은 독립 팀이 있는 조직의 경우 이것이 가장 효과적인 방법이다.

이런 방법은 조직의 요구 사항을 가장 잘 충족해 원하는 결과를 달성하고자 독립적으로 또는 조합해 사용할 수 있다.

스타일 가이드 어조 선택

일부 스타일 가이드는 비공식적이며 다른 스타일 가이드는 요구 사항 수준에 대한 RFC 2119[1] 사용을 포함해 매우 공식적이다. 스타일 가이드의 어조[Tone]와 형식을 결정하는 것은 다음 3가지 질문에 대한 답변에 따라 달라진다.

- 조직에서 표준을 시행할 것인가? 그렇다면 RFC 2119 권장 사항을 사용해 구현해야 하고 구현할 수 있어야 한다.
- 시행이 미래 날짜로 연기되는가? 그렇다면 RFC 2119 사용을 시작하되 시행될 때까지 문구를 소문자(예, must, should, may)로 유지한다. 이는 기대와 향후 시행 가능성을 보여주지만 초기 도입 기간 동안 공식성이 덜하다.
- 가이드가 사업부 간에 공유돼 조직이 가이드라인을 통제하거나 엄격하게 시행하는 능력을 제한하는가? 그렇다면 조직이 형식적인 어조를 사용하는 것보다 가능한 한 많은 가이드를 채택하도록 장려해 어조를 부드럽게 하고 설계 일관성에 중점을 둔다.

API 스타일 가이드를 시작하기 위한 팁

- 아노드 로렛[Arnaud Lauret]의 API Stylebook[2](API Handyman이라고도 함)을 검색한다. API Stylebook은 API 설계자가 API 설계 문제를 해결하고 API 설계 지침을 구축하는 데 도움이 되는 것을 목표로 한다. 통찰력을 얻으려면 공개적으로 사용 가능한 다른 스타일 가이드도 찾아본다.
- 작게 시작한다. API 스타일 가이드의 범위는 초기에 한 개인이나 소규모 팀이 수행하기에는 너무 클 수 있다. 간단하게 시작해 시간이 지남에 따라 확장한다.
- 스타일 가이드를 사회화한다. 스타일 가이드가 있다고 해서 조직의 사람들이 스타일 가이드를 알고 있다는 의미는 아니다. 팀과 함께 스타일

---

1. S. 브래드너, 〈요구 사항 수준을 나타내기 위해 RFC에서 사용하는 키워드〉, 1997년 3월, https://datatracker.ietf.org/doc/html/rfc2119

2. API 스타일북: API 디자이너를 위한 리소스 모음, 2021년 8월 24일 버전, http://apistylebook.com

가이드를 전파하는 데 시간을 할애한다. 공식 버전을 출시하기 전에 초기 출시 후보로부터 통찰력을 얻는다.

여러 API 스타일 지원

대부분의 조직에서 단일 API 스타일을 제안하거나 의무화할 수 있지만 항상 그런 것은 아니다. 새로운 API 스타일이 등장함에 따라 API 포트폴리오는 기업과 상호작용하는 새로운 방법의 요구에 직면하게 된다. 대부분의 조직이 SOAP 기반 웹 서비스 개발을 중단한 것은 불과 10년 전이라는 사실을 떠올려보자. API 프로그램은 새로운 API 스타일이 인기를 얻으면서 평가, 승인 및 지원되는 방식을 고려해야 한다.

API 프로그램은 웹훅, 웹소켓, SSE^Server-Sent Events, 데이터 스트리밍 및 내부 메시징과 같은 비동기 API를 API 포트폴리오의 일부로 고려해야 한다. 동기 API의 설계와 마찬가지로 비동기 API의 설계도 전체 API 포트폴리오의 일부로 통제하고 관리해야 한다.

API 스타일 가이드는 조직에 도입되는 이러한 API 스타일 각각을 다뤄야 한다. 서로 다른 API 스타일 간에 스타일 가이드의 요소를 공유하는 것은 가능하지만 처음에는 각 API 스타일에 대한 스타일 가이드를 작성하는 것이 좋다.

시간이 지남에 따라 명명 규칙 및 예약어와 같은 일반적인 권장 사항이 API 스타일 가이드 간에 공유될 수 있다. 그러나 대부분의 조직에서는 API 스타일 전반에 걸쳐 표준 및 일반적인 관행에 상당한 편차가 있다. 모든 API 스타일을 단일 권장 사항 세트로 통합하는 것보다 각 API 스타일에 대한 일반적인 방법을 따르는 것이 좋다.

마지막으로 각 API 스타일을 지원하는 데 비용이 든다는 점에 유의한다. 새로운 API 스타일에 대한 요구 사항을 이해하는 데 시간을 할애해야 한다. 그런 다음 또 다른 API 스타일 가이드를 구축하고 지원하는 데 필요한 비용보다 요구 사항이 더 많은지 확인한다.

▌API 설계 검토 수행

API 설계 검토는 건설적인 검토와 피드백을 통해 API 설계를 개선하고자 한다. 건전한 API 설계 검토 프로세스를 구현하면 통찰력, 패턴 및 학습한 교훈을 반복 가능한 프로세스로 캡처해 조직을 좀 더 일관된 설계와 더 나은 개발자 경험으로 안내하는 데 도움이 된다.

API 설계 검토는 조직에 다음과 같은 기회를 제공한다.

- 향후 API에 대한 지식을 공유한다.
- 코딩을 시작하기 전에 설계 피드백을 통합한다.
- API가 출시되면 API를 사용할 많은 개발자의 지지자가 된다.
- 일관되게 설계된 API를 통해 좀 더 일관된 개발자 경험을 제공한다.
- 코드 변경에 비용이 더 많이 들거나 시간이 제한되기 전에 누락되거나 잘못된 가정을 파악한다.

다음은 건전한 API 설계 검토를 수행하기 위한 몇 가지 팁과 통찰력이다.

설계 검토 주의 사항

설계 검토는 건설적이거나 파괴적인 2가지 방식으로 진행될 수 있다. 건설적인 설계 검토는 API 설계를 처음 접하는 사람들을 지도하고 전체 조직을 개선할 수 있는 기회를 제공한다. 파괴적인 설계 리뷰는 그 반대며 일반적으로 좌절과 불신의 씨앗을 뿌린다. 최악의 경우 나쁜 팀 구성원이 건강하고 유용한 프로세스를 침범해 설계 검토가 팀 손실의 원인이 된다.

따라서 API 설계 검토를 수행할 때 주의해야 한다. 먼저 질문을 하라. 너무 자주 편견과 가정이 설계 검토에 포함된다면 대신 질문하고 경청함으로써 먼저 이해하려고 노력한다. API 설계에 대한 모든 것을 안다고 주장하지 않는다. 모두가 새로운 것을 배울 때 혜택을 볼 수 있다. 의도적으로 형편없는 API를 설계했다고 비난하지 않는다. 아무도 그렇게 하려고 하지 않는다. 좋은 의도를 가정하고, 주의 깊게 듣고, 이해하려고 노력하고, 설계 개선을 위해 권장되는 몇 가지 다음 단계를 제공한다.

다음을 기억하라. 모든 사람은 초보 API 설계 검토자로 시작한다. 건설적인 방식으로 개선을 장려하는 적절한 검토자의 행동을 모델링하자.

문서 검토로 시작

API 설계 검토는 코드 리뷰가 아니다. API 설계 검토자는 API를 사용할 개발자의 지지자 역할을 한다. 따라서 API 문서화부터 시작하는 것이 중요하다.

API는 데이터 액세스, 고객 자동화, 시스템 간 통합, 마켓플레이스 생성 및 수동 작업 자동화를 비롯한 다양한 이유로 존재한다. API의 소개에는 API가 존재하는 이유와 더 복잡한 워크플로 또는 결과를 달성하고자 다른 API와 협력하는 방법이 명확해야 한다.

문서의 모든 영역에 대한 검토 체크리스트로 다음을 사용한다.

- **API 이름:** 이름은 풀어써야 하며 처음 봤을 때 API의 범위를 쉽게 결정할 수 있어야 한다.
- **API 설명:** 설명은 API 개요부터 시작해 API가 해결하는 사용 사례 목록을 포함해 포괄적이어야 한다.
- **API 작업:** 각 작업은 자세한 사용 지침이 포함된 설명과 함께 생성되는 작업, 활동 또는 결과에 대한 요약을 제공해야 한다. 사양 위반 시 에러를 유발할 수 있는 예상 형식을 포함해 모든 입력 및 출력값이 캡처되고 적절하게 설명됐는지 확인한다.
- **사용 예:** API 사용 예는 API 문서에서 가장 중요하지만 누락된 요소인 경우가 많다. 이런 예제는 특정 프로그래밍 언어로 작성될 필요는 없다

(다만 광범위한 청중에게 API를 제공할 때 도움이 됨). Postman 컬렉션으로 보완될 수 있는 간단한 HTTP 요청/응답 예제는 개발자 이해를 가속화하고 통합 노력을 완료하는 데 많은 도움이 될 것이다.

- **내부 참조를 피한다:** 훌륭한 문서는 독자가 내부 시스템이나 배후의 구현 선택에 대해 전혀 모른다고 가정한다. 그들은 단지 무언가를 완료하고 싶고 API가 목표를 달성하는 데 도움이 될 것인지 알고 싶어 한다.

표준 및 설계 일관성 확인

많은 중대형 조직의 공통 과제 중 하나는 API 설계 일관성이다. 조직 간 일관성을 적용하지 않고 팀에서 독립적으로 설계한 API를 쉽게 찾을 수 있다. 일반적으로 일관성 부족은 설계 검토 프로세스가 없는 조직과 관련이 있지만 검토 프로세스가 있는 경우에도 때때로 불일치가 나타날 수 있다.

API 설계 검토의 일부는 표준 및 설계 선택이 확립된 스타일 가이드 및 표준과 일치하는지 확인하는 것이어야 한다. 이 작업은 수동 검토와 구조화된 데이터를 위한 스타일 가이드인 Spectral과 같은 API 린터[linter] 사용을 조합해 수행할 수 있다.

마지막으로 공통 설계 패턴을 일관되게 적용할 수 있는 기회를 찾는다. 예로는 CRUD, 페이지 번호 매기기의 일관된 사용, 파일 업로드를 위한 멀티파트 MIME 등이 있다. 이런 일반적인 패턴은 스타일 가이드의 일부로 캡처될 수 있지만, 편차를 식별하고 팀과 논의하는 활동은 가능한 일관성을 제공하고 적절한 경우 예외를 만드는 데 도움이 된다.

자동화된 테스트 범위 검토

API 설계 검토는 설계에 중점을 두지만 테스트 범위를 검토하는 것도 중요하다. 테스트 범위 검토를 포함하면 API에 대한 테스트 전략이 설계의 일부로 고려됐음을 확인할 수 있다. 또한 API의 작업을 결합해 조정 단계에서 식별된 원하는 결과를 생성할 수 있는지 확인하는 데 도움이 된다.

검토가 프로세스 초기에 수행되는 경우 특정 코드 또는 테스트 적용 범위가 아직 준비돼 있지 않을 수 있다. 이 경우 누락되거나 잘못된 설계 가정을 표시하고자 테스트 계획을 검토한다. 좋은 출발점은 작업 스토리, 모델링 중에 생성된 API 프로파일 및 기타 아티팩트를 검토하는 것이다. 이 방법은 누락된 테스트 계획을 표시하는 데 도움이 되며 테스트 범위가 의도한 결과를 확인하는 승인 테스트와 함께 작동 기능을 확인하기에 충분하도록 보장한다.

미리 사용해보기 지원 추가

설계된 API를 사용해보는 것보다 더 나은 검토를 제공하는 것은 없다. API에 대한 코드가 이미 있는 경우 계속해서 API를 사용해본다. 이는 문서, API 설계 및 구현을 연습하는 데 도움이 된다.

팀이 설계 우선 접근 방식을 취했다면 아직 코드가 거의 또는 전혀 존재하지 않는다. 모의 도구Mocking tool는 이 문제를 해결하는 데 도움이 된다. 모의 도구는 격차를 메우고 잘못된 설계 결정이나 누락된 끝점을 전달 프로세스에서 더 빨리 포착할 수 있는 좋은 방법이다. 이러한 도구는 종종 API 설계의 모의 버전을 생성하고자 OpenAPI 사양, API Blueprint 및 기타 설명 형식의 정의를 수락한다. 모의 API가 완전히 형성되지는 않지만 완료되면 API가 어떻게 사용되는지에 대한 기본적인 설명을 제공하고 차선의 설계 결정을 조기에 포착한다.

▌재사용 문화 개발

API 소비자는 모든 프로그램의 필수 요소다. 그러나 많은 조직이 검색을 통해 API를 쉽게 채택할 필요성을 해결하지 않고 API를 생성하기 위한 전략, 목표 및 거버넌스에 중점을 둔다.

대부분의 조직에서 API 문서는 사후 고려 사항이다. 이는 API 검색 및 채택에 심각한 결과를 초래해 힘들게 개발한 API의 재사용을 감소시키기 때문에 불행한 일이다. 효과적인 API 검색을 구현하는 조직은 다음 규칙을 따른다. 가능한 경우 디지털 기능을 검색하고 필요할 때 구축한다.

API 문서는 대부분의 개발자가 API를 처음 접하는 것이므로 API가 제공하는 내용, 사용 방법, 통합을 시작할 준비가 됐을 때 수행할 작업을 이해하는 데 도움이 되는 훌륭한 문서를 제공하는 것이 중요하다. 이 주제는 13장에서 자세히 다뤘다.

API 플랫폼을 처음 접하는 개발자에게는 쉬운 여정이 없다. 실제로 개발 팀은 그림 16.1과 같이 API를 평가하고 통합할 때 여러 단계를 거친다.

소비	목표
온보딩	포털 및 API 접근 등록
발견	API 기능 식별
매핑	참조 문서를 사용해 플랫폼 API 기능에 솔루션 매핑
탐구	프로토타입 소비('시험 사용')
통합	코드를 통해 소비
인증	프로덕션 API 접근 승인 받기
사용량 모니터링	규정 준수를 위한 프로덕션 접근 모니터링 및 제한
플랫폼 개선	솔루션 요구 사항을 충족하고자 플랫폼 API 개선 사항 요청
플랫폼 업데이트	새로운 API 엔드포인트, 개선 사항, 사례 연구에 대한 업데이트 알림

그림 16.1 API 소비 라이프사이클, 개발 팀이 새 API를 찾을 때 경험하는 단계를 보여준다.

개발자가 API 사용을 빠르게 시작할 수 있도록 명확한 온보딩 프로세스를 정의한다. 발견에서 매핑 및 API에 대한 솔루션 통합까지의 경로에 대한 기대치를 설정한다. API를 사용해 개발자를 확보하는 데 그치지 말고 뉴스레터나 배포 목록을 통해 계속 연락한다. 일관된 개발자 커뮤니케이션을 통해 신규 및 향후 개선 사항, 성공 사례 및 일반적인 사용 사례를 발표한다. API 구축 및 지원을 담당하는 팀을 강조 표시해 개발자의 요구 사항을 충족하기 위한 노력을 보여준다.

여정은 이제 막 시작됐다

이 책의 초점은 결과 기반 접근법을 사용해 가치를 제공하는 데 도움이 되는 반복 가능한 협업 API 설계 프로세스를 생성하는 웹 API 설계 원칙이었다. 이 원칙은 다음과 같다.

- **원칙 1:** API를 분리해 설계해서는 안 된다. 훌륭한 API를 위해서는 협업 API 설계가 필수적이다(2장).
- **원칙 2:** API 설계는 결과 기반 초점에서 시작된다. 결과에 초점을 맞추면 API가 모든 사람에게 가치를 제공할 수 있다(3~6장).
- **원칙 3:** 필요에 맞는 API 설계 요소를 선택한다. 완벽한 API 스타일을 찾으려는 노력은 무의미하다. 대신 REST, GraphQL, gRPC 또는 이제 막 업계에 진입한 새로운 스타일이든 필요에 따라 적절한 API 요소를 이해하고 적용하려고 시도한다(7~12장).
- **원칙 4:** API 문서는 개발자에게 가장 중요한 사용자 인터페이스다. 따라서 API 문서화는 최우선 작업이며 막바지 작업으로 남겨둬서는 안 된다(13장).
- **원칙 5:** API는 영원하므로 그에 따라 계획한다. 사려 깊은 API 설계와 진화적인 설계 접근 방식이 결합돼 API는 변화에 탄력적으로 대처할 수 있다(14장).

이 원칙은 4단계 프로세스인 ADDR의 기초다. ADDR 프로세스는 이해관계자를 조정하고, 필요한 디지털 기능을 정의하고, API를 설계해 결과를 생성한 후 피드백을 기반으로 설계를 수정하는 데 중점을 둔다.

프로세스는 API를 분리해 설계해서는 안 된다는 점을 인식한다. 주제 전문가를 포함해 다양한 역할의 협업이 필요하다. API 설계에 관련된 사람들이 먼저 결과에 맞춰 정렬되면 API는 전달되는 가치에 집중할 수 있다. 그 과정에서 이해관계자는 API를 설계하기 전에 EventStorming 및 API 모델링과 같은 협업 기술을 사용해 이해를 좁혀 나간다. 그런 다음 API를 솔루션에 통합할 사람들과의 피드백을 통해 API가 설계되고 개선된다.

어떤 사람들은 여정이 끝났다고 생각할 수도 있지만 이는 시작에 불과하다. 이제 API 설계가 제공되고 관리된다. 실제 사용 사례를 충족할 수도 있고 또는 전혀 고려하지 않은 새로운 사용 사례에 직면할 수도 있다. API가 성장하고 성숙해지면 ADDR 프로세스가 다시 한 번 사용된다. 대규모 조직의 경우 이 API 설계 라이프사이클은 많은 새 API에 대해 반복되므로 여러 팀에서 사용할 수 있도록 ADDR 프로세스를 확장해야 한다. 여정은 이제 막 시작됐을 뿐이다.

HTTP 입문서

웹 API가 어떻게 작동하는지 더 잘 이해하려면 웹 언어인 HTTP에 대한 이해부터 시작하는 것이 중요하다. HTTP 프로토콜은 다양한 라이브러리와 프레임워크 뒤에 숨길 수 있지만 프로토콜을 이해하면 API 통합 문제 해결과 API 설계 개선을 위한 토대가 된다.

이 입문서는 HTTP 프로토콜, 웹 API와 상호작용하고자 HTTP를 사용하는 것과 관련된 요소, 더욱 효과적인 API 상호작용을 형성하는 데 도움되는 몇 가지 고급 기능을 소개한다.

▌HTTP 개요

HTTP 프로토콜은 클라이언트/서버 프로토콜이다. HTTP 클라이언트는 서버에 요청을 보낸다. 그런 다음 HTTP 서버는 제공된 정보로 요청을 처리할 수 있는지 확인한다. 그런 다음 서버는 요청된 정보 또는 에러에 대한 세부 정보가 포함된 응답 페이로드와 함께 성공 또는 실패를 나타내는 코드가 포함된 응답을 반환한다. 이 요청/응답 흐름은 그림 A.1을 참고한다.

그림 A.1 HTTP 프로토콜 개요

HTTP는 다음과 같은 여러 요소로 구성된다.

- 요청이 전송된 URL^{Uniform Resource Locator}
- 클라이언트가 리소스와 상호작용할 방법을 서버에 알려주는 HTTP 메서드
- 요청 헤더 및 본문
- 응답 헤더 및 본문
- 요청이 성공적으로 처리됐는지 또는 에러가 발생했는지 여부를 나타내는 응답 코드

URL

HTTP는 데이터 또는 서비스가 있는 고유 주소로 URL을 사용한다. 요청은 서버가 요청을 처리하고 클라이언트에 다시 응답을 보내는 URL로 전송된다. URL은 일반적으로 브라우저의 위치 표시줄에 표시된다.

예는 다음과 같다.

- https://www.google.com
- https://launchany.com/effective-api-programs/
- https://deckofcardsapi.com/api/deck/new/shuffle

URL은 다음 항목으로 구성된다.

- **프로토콜:** 연결에 사용되는 프로토콜(예, http(비보안) 또는 https(보안))
- **호스트 이름:** 접속할 서버(예, api.example.com)
- **포트 번호:** 요청을 보낼 서버의 프로세스를 식별하는 0에서 65535 사이의 숫자(예, https의 경우 443, http의 경우 80)
- **경로:** 요청되는 리소스의 경로(예, /projects). 기본 경로는 홈페이지를 나타내는 /다.
- **쿼리 문자열:** 서버에 전달할 데이터를 포함한다. 물음표(?)로 시작하고 앰퍼샌드(&)를 구분 기호로 사용해 이름=값 쌍을 포함한다(예, ?page=1&per_page=10).

그림 A.2는 URL의 요소를 나타낸다.

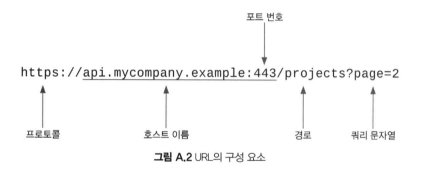

그림 A.2 URL의 구성 요소

▎HTTP 요청

HTTP 요청은 HTTP 메서드, 경로, 헤더, 메시지 본문과 같은 여러 부분으로 구성된다.

HTTP 메서드는 클라이언트가 요청하려는 상호작용의 종류를 서버에 알린다. 일반적인 HTTP 메서드는 데이터를 요청하는 GET과 데이터를 제출하는 POST다. 웹 기반 API에 일반적으로 사용되는 방법은 이 부록의 뒷부분에서 자세히 설명한다.

경로는 서버의 리소스를 참조하는 URL 부분이다. 리소스는 이미지와 같은 정적 파일이거나 동적 요청 처리를 수행하는 코드일 수 있다.

헤더는 클라이언트에 대한 정보와 요청에 대한 세부 정보를 서버에 알려준다. 헤더는 이름:값 형식의 헤더 필드로 구성되고 웹 기반 API와 함께 사용되는 일반적인 HTTP 요청 헤더는 다음과 같다.

- **Accept:** 클라이언트가 지원할 수 있는 콘텐츠 유형을 서버에 알린다. image/gif 및 image/jpeg를 예로 들 수 있다. 클라이언트가 모든 종류의 응답을 수락하려는 경우 */*가 사용된다. 이 헤더는 콘텐츠 협상과 함께 자주 사용되며 나중에 자세히 설명한다.
- **Content-Type:** 요청 메시지 본문의 내용 유형을 서버에 알린다. 메시지 본문(예. POST)이 필요한 HTTP 메서드를 사용해 데이터를 제출할 때 사용한다.
- **User-Agent:** 요청하는 HTTP 클라이언트의 종류를 나타내는 자유 형식 문자열을 제공한다. 이는 특정 브라우저 유형 및 버전을 나타내거나 특정 도우미 라이브러리 또는 커맨드라인 도구를 나타내도록 사용자 지정할 수 있다.
- **Accept-Encoding:** 클라이언트가 처리할 수 있는 압축 지원이 있는 경우 서버에 알린다. 이를 통해 서버는 응답의 바이트 크기를 줄이고자 gzip 또는 압축 형식을 사용해 응답을 압축할 수 있다.

메시지 본문은 데이터가 제출될 때 서버에 세부 정보를 제공하며 서버의 요구에 따라 사람이 읽을 수 있거나 바이너리일 수 있다. GET을 사용한 검색 요청의 경우 메시지 본문이 비어 있을 수 있다.

그림 A.3은 검색 양식이 포함된 홈페이지를 요청하고자 구글에 보낸 HTTP 요청의 예를 한 줄씩 보여준다.

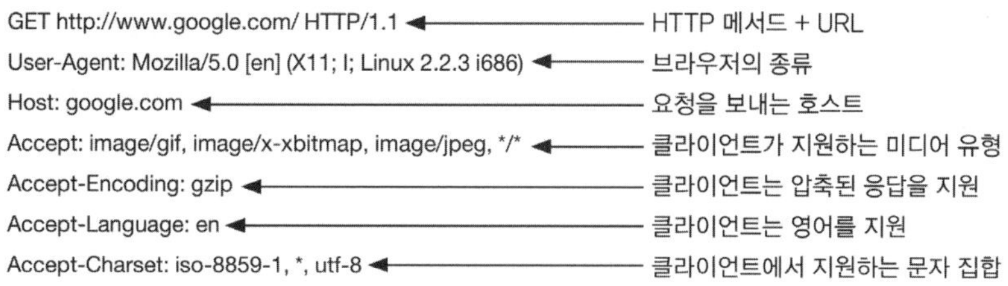

GET http://www.google.com/ HTTP/1.1 ◀——————— HTTP 메서드 + URL
User-Agent: Mozilla/5.0 [en] (X11; I; Linux 2.2.3 i686) ◀——— 브라우저의 종류
Host: google.com ◀——————————————————— 요청을 보내는 호스트
Accept: image/gif, image/x-xbitmap, image/jpeg, */* ◀——— 클라이언트가 지원하는 미디어 유형
Accept-Encoding: gzip ◀————————————————— 클라이언트는 압축된 응답을 지원
Accept-Language: en ◀——————————————————— 클라이언트는 영어를 지원
Accept-Charset: iso-8859-1, *, utf-8 ◀————————— 클라이언트에서 지원하는 문자 집합

그림 A.3 https://www.google.com에 대한 HTTP 요청의 자세한 동작

▌HTTP 응답

서버가 요청을 받으면 서버는 요청을 처리하고 응답을 보낸다. 응답은 응답 코드, 응답 헤더, 응답 본문의 3 부분으로 구성된다.

응답 코드는 요청이 수행될 수 있는지 여부를 나타내는 성공 또는 에러 코드에 해당하는 숫자다. 전송된 응답 코드는 HTTP 사양에 설명된 코드 중 하나여야 하며 나중에 자세히 설명한다. 응답당 하나의 응답 코드만 허용된다.

응답 헤더는 클라이언트에 요청 결과에 대한 세부 정보를 알려준다. 헤더는 이름:값 형식의 헤더 필드로 구성되며, 웹 기반 API와 함께 사용되는 일반적인 HTTP 응답 헤더는 다음과 같다.

- **Date:** 응답 날짜다.
- **Content-Location:** 응답의 정규화된 URL이며, 요청으로 인해 클라이언 트가 리소스에 대한 URL을 업데이트해야 하는 리디렉션이 발생한 경우 에 유용하다.
- **Content-Length:** 응답 메시지 본문의 길이다(바이트).
- **Content-Type:** 메시지 본문의 내용 유형을 클라이언트에 알린다.
- **Server:** 요청을 처리한 서버의 공급업체 및 버전에 대한 세부 정보를 제공하는 문자열(예, nginx/1.2.3)이다. 서버는 가능한 취약점이 있음을 나타 낼 수 있는 세부 정보 노출을 피하고자 세부 정보를 거의 또는 전혀 제공 하지 않을 수 있다.

응답 메시지 본문은 콘텐츠를 클라이언트에 다시 제공한다. **Content-Type** 응답 헤더에 표시된 대로 HTML 페이지, 이미지 또는 XML, JSON 또는 다른 형식의 데이터일 수 있다.

그림 A.4는 홈페이지에 대한 이전 요청을 기반으로 구글에서 다시 보낸 HTTP 응답을 보여준다.

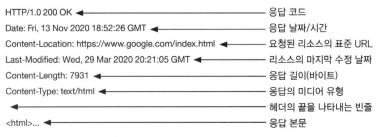

그림 A.4 https://www.google.com에 대한 HTTP 응답의 자세한 동작

그림 A.4의 응답에는 응답에 HTML만 포함되며 추가 이미지, 스타일시트, 자바 스크립트 등이 포함되지 않는다는 점에 유의하는 것이 중요하다. HTTP 클라이언트는 HTML을 구문 분석하고 이러한 추가 자산을 참조하는 태그를 식별하며 각 자산에 대한 후속 HTTP 요청을 보내는 역할을 한다. 20개의 이미지가 있는 웹 페이지의 경우 웹 페이지를 렌더링하는 데 필요한 모든 파일을 수집하고자 21개의 개별 HTTP 요청이 필요하다. HTML 페이지에 대한 하나의 요청과 각 이미지를 검색하는 데 필요한 20개의 요청이 필요하다.

▌일반적인 HTTP 메서드

HTTP 메서드는 클라이언트가 수행하려는 작업이나 상호작용의 종류를 서버에 알려준다. 일반적인 상호작용에는 리소스 검색, 새 리소스 만들기, 계산 수행, 리소스 삭제가 포함된다.

다음 HTTP 메서드는 웹 기반 API를 사용할 때 일반적으로 발생한다.

- **GET:** 서버에서 리소스를 검색한다. 응답은 서버 또는 중간 캐싱 서버에 의해 캐시될 수 있다.
- **HEAD:** 응답 헤더만 요청하고 실제 응답 본문은 요청하지 않는다.
- **POST:** 종종 저장을 위해 또는 캐시할 수 없는 계산 응답을 위해 서버에 데이터를 제출한다.
- **PUT:** 종종 캐시할 수 없는 기존 데이터 응답을 대체하고자 서버에 데이터를 제출한다.
- **PATCH:** 캐시할 수 없는 기존 데이터 응답의 부분 업데이트로 종종 데이터를 서버에 제출한다.
- **DELETE:** 캐시할 수 없는 서버 응답의 기존 리소스를 삭제한다.

HTTP 메서드에는 클라이언트가 고려해야 하는 중요한 의미 체계인 안전과 멱등성이 있다.

안전한 방법은 사용된 HTTP 방법이 데이터 변경과 같은 부작용을 생성하지 않음을 의미한다. 이는 리소스 검색을 위한 것이며 데이터를 변경하지 않기 때문에 GET 및 HEAD 메서드에 일반적이다. 안전한 HTTP 방법을 사용해 데이터 변경 작업을 구현하는 API는 특히 캐싱 서버와 같은 미들웨어 서버가 관련된 경우 예측할 수 없는 결과를 생성할 위험이 있다.

멱등 방법은 동일한 요청이 제출될 때 동일한 부작용이 생성되게 한다. 데이터가 변경되지 않기 때문에 이는 GET 및 HEAD 검색 방법에 해당된다. PUT은 리소스를 완전히 새로운 표현으로 대체하고 DELETE는 서버에서 리소스를 제거하므로 PUT 및 DELETE는 HTTP 사양에 의해 멱등성이 보장된다.

POST는 각 후속 요청에 대해 새 리소스를 생성하거나 동일한 결과를 생성하게 보장되지 않는 방식(예, 값 증가)으로 데이터를 변경할 수 있으므로 멱등성이 보장되지 않는다. 마찬가지로 PATCH는 전체 표현이 아닌 필드의 하위 집합만 변경되므로 멱등성이 아니다.

그림 A.5는 웹 기반 API에 사용되는 일반적인 HTTP 방법의 의미를 요약한 것이다.

메서드	안전성	멱등성
GET	예	예
POST	아니요	아니요
PUT	아니요	예
PATCH	아니요	아니요
DELETE	아니요	예
HEAD	예	예
OPTIONS	예	예

그림 A.5 클라이언트에게 에러 복구 방법을 안내하는 데 도움이 되는
안전 및 멱등성 특성을 포함해 API와 함께 사용되는 일반적인 HTTP 메서드다.

HTTP 응답 코드

HTTP 응답에는 API 소비자 요청의 성공 여부를 나타내는 응답 코드가 포함된
다. HTTP는 API 서버가 결과를 나타내고자 클라이언트에 다시 보낼 수 있는
일련의 응답 코드를 제공한다.

HTTP 응답 상태 코드는 다음 4가지 기본 응답 코드 계열에 속한다.

- **200 코드**: 요청이 성공적으로 처리됐음을 나타낸다.
- **300 코드**: 클라이언트가 요청을 완료하고자 리디렉션과 같은 추가 조치
  를 취해야 할 수도 있음을 나타낸다.
- **400 코드**: 클라이언트가 수정하고 다시 제출할 수 있는 요청의 실패를
  나타낸다.
- **500 코드**: 클라이언트의 에러가 아닌 서버의 에러를 나타낸다. 클라이언
  트는 적당한 시기에 다시 시도할 수 있다.

표 A.1은 REST 기반 API에서 사용하는 HTTP 사양의 공통 응답 코드 목록을
보여준다.

HTTP 응답 코드	설명
200 OK	요청이 성공했다.
201 Created	요청이 완료돼 새 리소스가 생성됐다.
202 Accepted	처리 요청이 수락됐지만 처리가 완료되지 않았다.
204 No Content	서버가 요청을 완료했지만 본문을 반환할 필요는 없으며 이는 삭제 작업에 일반적이다.
304 Not Modified	서버는 클라이언트가 제공한 If-Modified-After 또는 If-None-Match 요청 헤더에 의해 결정된 마지막 요청 이후 콘텐츠가 변경되지 않았다고 결정했다.
400 Bad Request	잘못된 구문으로 인해 서버에서 요청을 이해할 수 없다.
401 Unauthorized	요청에는 사용자 인증이 필요하다.
403 Forbidden	서버가 요청을 이해했지만 이행을 거부한다.
404 Not Found	서버에서 요청한 URL/URI와 일치하는 항목을 찾지 못했다.
412 Precondition Failed	클라이언트가 마지막으로 수정된 타임스탬프 또는 ETag를 기반으로 한 조건으로 요청을 제출했으며 조건이 실패했다. 클라이언트는 리소스를 다시 가져와 원하는 경우 변경을 다시 시도해야 한다.
415 Unsupported Media Type	서버가 Accept 헤더에 지정된 대로 지원되는 클라이언트 제공 미디어 유형으로 응답할 수 없다.
428 Precondition Required	서버는 요청을 처리하기 전에 전제 조건 헤더를 제공해야 하며 동시성 제어 헤더가 필요한 경우 종종 시행된다.
500 Internal Server Error	서버에서 요청을 수행하지 못하게 하는 예기치 않은 조건이 발생했다.

콘텐츠 협상

콘텐츠 협상을 통해 클라이언트는 서버 응답에 대해 하나 이상의 선호하는 미디어 유형을 요청할 수 있다. 콘텐츠 협상을 통해 단일 작업은 CSV, PDF, PNG,

JPG, SVG 등을 비롯한 다양한 리소스 표현을 지원할 수 있다.

클라이언트는 Accept 헤더를 사용해 선호하는 미디어 유형을 요청하면 된다. 다음 예는 JSON 기반 응답을 요청하는 API 클라이언트를 보여준다.

```
GET https://api.example.com/projects HTTP/1.1
Accept: application/json
```

다음 예와 같이 지원되는 미디어 유형이 2개 이상의 헤더에 포함될 수 있다.

```
GET https://api.example.com/projects HTTP/1.1
Accept: application/json,application/xml
```

별표는 미디어 유형을 선택할 때 와일드카드로 사용할 수 있다. text/*는 텍스트 미디어 유형의 모든 하위 유형이 허용됨을 나타낸다. */* 값을 지정하면 클라이언트가 응답에서 모든 미디어 유형을 수락함을 나타낸다. 이는 브라우저의 일반적인 시나리오로, 알 수 없는 미디어 유형이 발생하면 파일을 저장할지 아니면 선택한 애플리케이션을 실행할지 묻는 메시지가 사용자에게 표시된다. 그러나 API로 작업하는 클라이언트의 경우 알 수 없거나 지원되지 않는 콘텐츠 유형이 발생할 때 발생할 수 있는 런타임 에러를 방지하고자 명시적이어야 한다.

요청은 품질 요소Quality factor를 사용해 Accept 헤더 내에서 지원되는 특정 미디어 유형에 대한 기본 설정을 지정할 수 있다. 품질 요소는 선호하는 미디어 유형 순서를 지정하는 데 도움이 되는 0과 1 사이의 qvalue로 표현된다. API 서버는 헤더 값을 검토하고 서버가 지원하는 것과 클라이언트가 요청한 것과 일치하는 콘텐츠 유형을 사용해 응답을 반환한다. 서버가 허용된 콘텐츠 유형으로 응답할 수 없으면 415 Unsupported Media Type 응답 코드를 반환한다.

다음은 qvalue를 사용해 XML에 대한 기본 설정을 지정하는 예로, XML을 사용할 수 없는 경우 JSON도 지원된다.

```
GET https://api.example.com/projects HTTP/1.1
Accept: application/json;q=0.5,application/xml;q=1.0
```

qvalues를 사용하면 API 클라이언트 코드가 개선된 변환 기능을 위한 XML 및 폴백^{fallback}으로 JSON을 사용하는 것과 같이 특정 유형을 지원할 수 있다.

API 클라이언트는 둘 이상의 미디어 유형을 지정할 수 있으므로 어떤 파서가 적절한지 결정하고자 **Content-Type** 응답 헤더에 특별한 주의를 기울여야 한다. 다음은 이전 예의 요청을 기반으로 XML을 제공하는 응답이다.

```
HTTP/1.1 200 OK
Date: Tue, 16 June 2015 06:57:43 GMT
Content-Type: application/xml

<project>...</project>
```

콘텐츠 협상은 API의 미디어 유형 지원을 JSON 또는 XML과 같은 단일 유형 이상으로 확장한다. 이를 통해 API의 일부 또는 모든 작업이 API 클라이언트의 요구 사항을 가장 잘 충족하는 콘텐츠 유형으로 응답할 수 있다.

마찬가지로 언어 협상을 통해 API는 응답에서 여러 언어를 지원할 수 있다. 접근 방식은 **Accept-Language** 요청 헤더 및 **Content-Language** 응답 헤더를 사용하는 콘텐츠 협상과 유사하다.

▌캐시 제어

가장 빠른 네트워크 요청은 할 필요가 없는 요청이다. 캐시는 향후 데이터 재검색을 방지해 네트워크 통신을 최적화하기 위한 데이터의 로컬 저장소다. 이 용어에 익숙한 개발자는 Memcached와 같은 서버 측 캐싱 도구를 사용해 데이터를 메모리에 유지하고 데이터베이스에서 변경되지 않은 데이터를 가져와 애플리케이션 성능을 개선할 필요성을 줄였을 것이다.

HTTP 캐시 제어를 사용하면 API 클라이언트 또는 중간 캐시 서버에서 캐시 가능한 응답을 로컬로 저장할 수 있다. 이렇게 하면 캐시가 API 클라이언트에 더 가깝게 이동하고 백엔드 API 서버까지 네트워크를 통과할 필요가 줄어들거나 제거된다. 사용자는 더 나은 성능과 감소된 네트워크 종속성을 경험한다.

HTTP는 Cache-Control 응답 헤더를 통해 여러 캐싱 옵션을 제공한다. 이 헤더는 응답이 캐시 가능한지 여부와 캐시 가능한 경우 캐시해야 하는 기간을 선언한다.

다음은 프로젝트 목록을 반환하는 API 작업의 응답 예다.

```
HTTP/1.1 200 OK
Date: Tue, 22 December 2020 06:57:43 GMT
Content-Type: application/xml
Cache-Control: max-age=240

<project>...</project>
```

이 예에서 **max-age**는 클라이언트가 데이터를 오래된 것으로 간주하기 전에 데이터가 최대 240초(4분) 동안 캐시될 수 있음을 나타낸다.

API는 응답이 필요할 때마다 새 요청을 요구해 응답을 캐시할 수 없는 것으로 명시적으로 표시할 수도 있다.

```
HTTP/1.1 200 OK
Date: Tue, 22 December 2020 06:57:43 GMT
Content-Type: application/xml
Cache-Control: no-cache

<project>...</project>
```

API에 캐시 제어 헤더를 신중하게 사용하면 네트워크 트래픽이 줄어들고 웹 및 모바일 애플리케이션의 속도가 빨라진다. 또한 조건부 요청의 빌딩 블록이기도 하다.

▌조건부 요청

조건부 요청은 덜 알려져 있지만 HTTP에서 제공하는 강력한 기능이다. 조건부 요청을 사용하면 클라이언트가 변경된 경우에만 업데이트된 리소스 표현을 요청할 수 있다. 조건부 요청을 보내는 클라이언트는 콘텐츠가 변경되지 않은 경우 304 Not Modified 응답을 수신하거나 변경된 콘텐츠와 함께 200 OK 응답을 수신한다.

비교를 위해 클라이언트의 로컬 캐시 복사본에 대해 서버에 알리는 2가지 전제 조건 유형이 있다. 시간 기반 및 엔터티 태그 기반 전제 조건이다.

시간 기반 전제 조건에서는 클라이언트가 이후 요청을 위해 Last-Modified 응답 헤더를 저장해야 한다. If-Modified-Since 요청 헤더는 리소스가 변경됐는지 확인하고자 서버가 마지막으로 알려진 수정된 타임스탬프와 마지막으로 수정된 타임스탬프를 비교할 때 사용된다.

다음은 후속 요청에서 마지막 수정 날짜를 사용해 서버에서 리소스가 변경됐는지 확인하는 클라이언트/서버 상호작용의 예다.

```
GET /projects/12345 HTTP/1.1
Accept: application/json;q=0.5,application/xml;q=1.0

HTTP/1.1 200 OK
Date: Tue, 22 December 2020 06:57:43 GMT
Content-Type: application/xml
Cache-Control: max-age=240
Location: /projects/12345
Last-Modified: Tue, 22 December 2020 05:29:03 GMT
```

```
<project>...</project>

GET /projects/12345 HTTP/1.1
Accept: application/json;q=0.5,application/xml;q=1.0
If-Modified-Since: Tue, 22 December 2020 05:29:03 GMT

HTTP/1.1 304 Not Modified
Date: Tue, 22 December 2020 07:03:43 GMT

GET /projects/12345 HTTP/1.1
Accept: application/json;q=0.5,application/xml;q=1.0
If-Modified-Since: Tue, 22 December 2020 07:33:03 GMT

Date: Tue, 22 December 2020 07:33:04 GMT
Content-Type: application/xml
Cache-Control: max-age=240
Location: /projects/12345
Last-Modified: Tue, 22 December 2020 07:12:01 GMT

<project>...</project>
```

엔터티 태그 또는 ETag는 현재 리소스 상태를 나타내는 불투명한 값이다. 클라이언트는 HEAD 또는 GET 요청을 통해 변경 사항을 확인하고자 값을 사용해 GET, POST 또는 PUT 요청 후에 ETag를 저장할 수 있다.

ETag는 전체 응답의 해시 값이며 대안으로 서버는 의미론적으로는 동일하지만 정확한 바이트 대 바이트 동등성은 아닌 약한 ETag를 제공할 수 있다.

다음은 클라이언트/서버 상호작용이지만 마지막 수정 날짜가 아닌 ETag를 사용한다.

```
GET /projects/12345 HTTP/1.1
Accept: application/json;q=0.5,application/xml;q=1.0

HTTP/1.1 200 OK
Date: Tue, 22 December 2020 06:57:43 GMT
Content-Type: application/xml
```

```
Cache-Control: max-age=240
Location: /projects/12345
ETag: "17f0fff99ed5aae4edffdd6496d7131f"

<project>...</project>

GET /projects/12345 HTTP/1.1
Accept: application/json;q=0.5,application/xml;q=1.0
If-None-Match: "17f0fff99ed5aae4edffdd6496d7131f"

HTTP/1.1 304 Not Modified
Date: Tue, 22 December 2020 07:03:43 GMT

GET /projects/12345 HTTP/1.1
Accept: application/json;q=0.5,application/xml;q=1.0
If-None-Match: "17f0fff99ed5aae4edffdd6496d7131f"

HTTP/1.1 200 OK
Date: Tue, 22 December 2020 07:33:04 GMT
Content-Type: application/xml
Cache-Control: max-age=240
Location: /projects/12345
ETag: "b252d66ab3ec050b5fd2c3a6263ffaf51db10fcb"

<project>...</project>
```

조건부 요청은 캐시된 리소스의 유효성을 검사하고 다시 가져오는 데 필요한 노력을 줄여준다. ETag는 현재 내부 상태를 나타내는 불투명한 값인 반면 ETag 가 아닌 마지막으로 수정된 타임스탬프는 시간 기반 비교에 사용할 수 있다. 리소스를 수정할 때 동시성 제어에도 사용할 수 있다.

HTTP에서 동시성 제어

HTTP를 통한 동시성 제어는 여러 사용자가 동시에 데이터를 수정하는 API를 지원해야 하는 팀이 직면하는 과제다. 일부 API 디자이너는 HTTP를 통해 리소스 수준 잠금을 구현하는 영리한 방법을 찾는다. 그러나 HTTP에는 팀이 스스로 구축하지 못하게 하는 동시성 제어 기능이 내장돼 있다.

조건부 요청은 HTTP에서 동시성 제어를 필요로 할 때도 사용된다. ETag 또는 마지막 수정 날짜를 PUT, PATCH 또는 DELETE와 같은 상태 변경 방법과 결합해 별도의 HTTP 요청을 통해 다른 API 클라이언트가 실수로 데이터를 덮어쓰지 않게 할 수 있다.

조건부 요청을 적용하고자 API 클라이언트는 리소스의 마지막 수정 타임스탬프 또는 ETag가 변경된 경우 수정을 방지하고자 요청에 전제 조건을 추가한다. 전제 조건이 실패하면 서버에서 412 Precondition Failed 응답을 보낸다. API 서버는 요청에서 조건부 헤더를 모두 찾을 수 없는 경우 428 Precondition Required 응답을 보내고, 아니라면 동시성 제어를 시행하고자 전제 조건 헤더의 요구 사항을 수행할 수도 있다.

다음은 두 API 클라이언트가 프로젝트 수정을 시도하는 예로, 먼저 각 클라이언트는 GET 요청을 사용해 프로젝트 리소스를 검색한 다음 변경을 시도하지만 첫 번째 API 클라이언트만 변경 사항을 적용할 수 있다.

```
GET /projects/12345 HTTP/1.1
Accept: application/json;q=0.5,application/xml;q=1.0

HTTP/1.1 200 OK
Date: Tue, 22 December 2020 07:33:04 GMT
Content-Type: application/xml
Cache-Control: max-age=240
Location: /projects/12345
ETag: "b252d66ab3ec050b5fd2c3a6263ffaf51db10fcb"

<project>...</project>

PUT /projects/1234
If-Match: "b252d66ab3ec050b5fd2c3a6263ffaf51db10fcb"

{ "name":"Project 1234", "Description":"My project" }

HTTP/1.1 200 OK
```

```
Date: Tue, 22 December 2020 08:21:20 GMT
Content-Type: application/xml
Cache-Control: max-age=240
Location: /projects/12345
ETag: "1d7209c9d54e1a9c4cf730be411eff1424ff2fb6"

<project>...</project>

PUT /projects/1234
If-Match: "b252d66ab3ec050b5fd2c3a6263ffaf51db10fcb"

{ "name":"Project 5678", "Description":"No, it is my project" }

HTTP/1.1 412 Precondition Failed
Date: Tue, 22 December 2020 08:21:24 GMT
```

실패한 전제 조건 응답을 받은 두 번째 API 클라이언트는 이제 리소스 인스턴스의 현재 표현을 다시 가져와 사용자에게 변경 사항을 알리고 사용자가 변경 사항을 다시 제출할지 아니면 그대로 둘지를 요청해야 한다.

요청 헤더의 HTTP 전제 조건을 통해 API에 동시성 제어를 추가할 수 있다. ETag/마지막 수정 날짜가 변경되지 않은 경우 요청이 정상적으로 처리된다. 변경된 경우 412 응답 코드가 반환돼 2개의 개별 클라이언트가 동일한 리소스를 동시에 수정해 클라이언트가 데이터를 덮어쓰는 것을 방지한다. 이는 HTTP에 내장된 강력한 기능으로 팀이 자체 동시성 제어 지원을 개발할 필요가 없다.

▌요약

HTTP는 잘 알려지지 않은 일부 기능을 포함해 강력한 기능 세트를 갖춘 강력한 프로토콜이다. 콘텐츠 협상을 사용하면 API 클라이언트와 서버가 지원되는 미디어 유형에 동의할 수 있다. 캐시 제어 지시문은 클라이언트 측 및 중간 캐싱 지원을 제공한다. HTTP 전제 조건을 사용해 리소스가 변경 사항을 덮어쓰지 않도록 보호하면서 만료된 캐시가 여전히 유효한지 확인할 수 있다. 이러한 기술을 적용함으로써 팀은 탄력적이고 발전 가능한 방식으로 복잡한 애플리케이션을 구동하는 강력한 API를 구축할 수 있다.

| 찾아보기 |

웹 API 설계 원칙

마이크로서비스 아키텍처로의 효과적인 전환

발 행 | 2024년 1월 2일

옮긴이 | 정영민·이혁·김은호
지은이 | 제임스 히긴보텀

펴낸이 | 권성준
편집장 | 황영주
편 집 | 김진아
        임지원
디자인 | 유서비

에이콘출판주식회사
서울특별시 양천구 국회대로 287 (목동)
전화 02-2653-7600, 팩스 02-2653-0433
www.acornpub.co.kr / editor@acornpub.co.kr

책값은 뒤표지에 있습니다.